"十三五"国家重点图书出版规划项目

自动驾驶技术系列丛书

自动驾驶
汽车环境感知

甄先通 黄坚 王亮 夏添 ◎ 编著

清华大学出版社

北京

内 容 简 介

近年来,世界主要发达国家均全力支持汽车自动驾驶相关研究。从政府出台政策扶持,到企业投入巨额资金研发,再到高校及研究机构对相关技术的不断探索,推动着自动驾驶技术迅速发展和产业规模不断扩大。与之相对的是自动驾驶技术人才供不应求,企业和研究机构亟须大量专业技术人员。本书系统介绍了自动驾驶汽车环境感知技术。从自动驾驶环境感知概述开始,介绍了车载传感器及传感器标定、计算机视觉与神经网络、环境感知与识别、自动驾驶道路复杂场景语义理解,以及多传感器融合,并通过范例实践验证,可为具备一定基础的人员提供自动驾驶环境感知系统的开发指导。

本书可以作为高等院校车辆工程、交通工程和自动驾驶专业学生的教材,也可供从事自动驾驶汽车相关工作的工程技术人员参考和使用。

本书封面贴有清华大学出版社防伪标签,无标签者不得销售。
版权所有,侵权必究。侵权举报电话: 010-62782989　13701121933

图书在版编目(CIP)数据

自动驾驶汽车环境感知/甄先通等编著. —北京: 清华大学出版社,2020.6
(自动驾驶技术系列丛书)
ISBN 978-7-302-54976-5

Ⅰ. ①自… Ⅱ. ①甄… Ⅲ. ①汽车驾驶—自动驾驶系统 Ⅳ. ①U463.61

中国版本图书馆 CIP 数据核字(2020)第 030827 号

责任编辑:	黄　芝　张爱华
封面设计:	刘　键
责任校对:	梁　毅
责任印制:	沈　露

出版发行: 清华大学出版社
网　　址: http://www.tup.com.cn, http://www.wqbook.com
地　　址: 北京清华大学学研大厦 A 座　　　邮　编: 100084
社 总 机: 010-62770175　　　　　　　　　邮　购: 010-62786544
投稿与读者服务: 010-62776969, c-service@tup.tsinghua.edu.cn
质量反馈: 010-62772015, zhiliang@tup.tsinghua.edu.cn
课件下载: http://www.tup.com.cn, 010-62795954

印 装 者: 三河市龙大印装有限公司
经　　销: 全国新华书店
开　　本: 185mm×260mm　　印　张: 12.5　　字　数: 303 千字
版　　次: 2020 年 6 月第 1 版　　　　　　印　次: 2020 年 6 月第 1 次印刷
印　　数: 1~2000
定　　价: 59.80 元

产品编号: 083012-01

丛书编写委员会

主　编：王云鹏　李震宇
副主编：陈尚义　邓伟文　吕卫锋
参　编：（按姓氏拼音排列）

白　宇	鲍万宇	鲍泽文	蔡仁澜	曹耀光	陈博文
陈东明	陈竞凯	陈　卓	段　旭	冯宗宝	付骁鑫
傅轶群	郝大洋	胡　星	华　旸	黄　坚	黄科佳
黄新宇	蒋晓琳	李洪业	李　明	李晓欢	李晓辉
刘盛翔	柳长春	路　娜	马常杰	马　彧	毛继明
芮晓飞	佘党恩	申耀明	宋　国	宋适宇	唐　欣
唐　盈	陶　吉	万国伟	万　吉	王　建	王　健
王　军	王　亮	王亚丽	王　阳	王煜城	夏黎明
夏　添	肖　赟	谢远帆	辛建康	邢　亮	徐国艳
闫　淼	杨　镜	杨晴虹	杨睿刚	杨世春	杨晓龙
余贵珍	云　朋	翟玉强	张　辉	甄先通	周　彬
周　斌	周绍栋	周　珣	周　尧	周亦威	朱振广

序

随着我国汽车保有量的不断增加,伴随而来的道路交通事故频发、城市交通拥堵加剧和环境污染等一系列问题日益凸显,不仅给人们出行和城市发展乃至我国经济、社会和环境的可持续发展带来了严峻的挑战,也严重阻碍了我国汽车工业的持续健康发展。步入汽车社会不久的中国已经被交通安全、城市拥堵、大气污染、土地空间和能源短缺等诸多问题严重困扰,这些问题成为制约我国经济与社会发展、城镇化进程和汽车工业发展的主要因素。

以现代智能汽车为核心,基于人工智能、互联网、大数据和云计算技术,具有高度智能化的人、车、路、网、云和社会一体化的新型智能交通系统是解决这一矛盾的根本途径。通过对道路交通信息和车载环境感知信息的高度融合、大系统建模,实现对交通和汽车的动态实时规划,集成控制道路交通设施和汽车行驶,实现以安全、畅通、高效和绿色交通为目标的道路交通流量、流速和流向的最优化,智能汽车是其核心单元。

智能汽车是汽车电子信息化和智能化的现代高科技产物,是集环境感知、规划决策和控制执行等功能于一体的现代运载工具和移动信息处理平台,具有典型的多学科和跨学科特点,它既是传统技术的继承与发展,又是许多新兴科学技术应用的结晶。开展智能汽车从基础理论到关键技术的研究,特别是人工智能技术的应用,对于提升汽车技术、加强传统技术与现代电子信息和人工智能技术的深度融合具有十分重要的意义。这也是本丛书的出发点和立意所在。

汽车自动驾驶技术,以及未来与车联网结合实现的智能网联技术,高度融合了现代环境传感、信息处理、通信网络、运动控制等技术,以实现安全可靠的自动驾驶为目标。特别是近年来以深度学习为代表的人工智能技术,不仅成为引领这一轮科技革命和产业变革的战略性技术,而且在包括汽车自动驾驶在内的许多领域凸显其技术优势,为推动汽车自动驾驶技术的发展与大规模产业化奠定了关键的技术基础。深度学习通过构建多隐层模型,通过数据挖掘和海量数据处理,自动学习数据的特征、内在规律和表示层次,从而有效地解决汽车自动驾驶中许多复杂的模式识别难题。随着深度学习理论和算法的不断发展,可以预期许多新的技术还将不断涌现或完善,以提高深度学习的计算效率和识别或预测的准确性,从而为深度学习乃至人工智能技术在汽车自动驾驶领域的广泛且深入应用开辟更为广阔的应用前景。本丛书对此作了较为详尽的介绍,这也是其新颖之处。

百度作为一家具有过硬搜索技术的互联网公司,也在人工智能和无人驾驶等领域形成了具有重要国际影响力的技术优势。百度也是我国互联网造车势力中的重要代表力量,早在2013年就开始了无人驾驶汽车项目,近年来更是取得了世界瞩目的进展和成果。其开发的以开放性著称、面向汽车自动驾驶行业合作伙伴的软件平台Apollo就是一个典范,为合作伙伴提供技术领先、覆盖范围广、超高自动化水准的高精地图、海量数据仿真引擎、深度学习自动驾驶算法等。本丛书对Apollo平台的介绍着笔不少,相信对从事汽车自动驾驶领域研究与应用的读者会大有裨益。

这是一套共六册的关于汽车自动驾驶的系列丛书,由来自北京航空航天大学、百度等一批活跃在汽车自动驾驶理论研究与技术应用一线的中青年优秀学者和科研人员执笔撰写。它不仅涵盖的范围广泛,而且内容也十分丰富翔实。值得关注的是,它涉及的知识体系和应用领域已大大超越了传统的汽车领域,广泛地涵盖了电子信息、自动控制、计算机软硬件、无线通信、人工智能等在内的许多学科。它不仅是汽车自动驾驶的技术丛书,也是跨学科融合、多学科交叉的平台。这套丛书内容深入浅出、理论结合实践、叙述融合实例,各册彼此相对独立又相得益彰。作为教材或参考书,本丛书将为这个领域的教学与人才培养提供一个较好的选择,为刚步入智能驾驶世界的读者开启一扇大门,也为深耕智能驾驶领域的科研和工程技术人员提供一套有价值的技术参考资料。

邓伟文　北京航空航天大学交通科学与工程学院院长

前言

本书适用于高等院校车辆工程、交通工程和自动驾驶专业的学生，同时也可供从事自动驾驶汽车相关工作的工程技术人员参考和使用。全书共分为7章。第1章对自动驾驶环境感知做了简要介绍，在后续章节中，详细讲述了自动驾驶汽车环境感知的系统组成。具体地，第2章介绍了车载传感器，它是自动驾驶技术的硬件基础，是汽车感知周围环境与外界交互的硬件媒介。第3章分别介绍了摄像头、激光雷达以及多传感器组合等常见车载传感器的标定原理和标定方法；并以百度阿波罗平台为例，给出较为详细的标定实例。第4章介绍自动驾驶技术中常用的计算机视觉和机器学习算法，特别详细讲述了深度学习技术中的卷积神经网络。第5章讲述本书的重点内容，即环境感知与识别，较为系统地介绍自动驾驶环境感知的关键检测技术，包括障碍物检测、车道线检测、交通信号灯检测与识别，同时本章还介绍了针对动态环境的场景流，其中主要介绍深度估计。另外，本章还简单介绍了基于V2X的道路环境感知技术，最后给出了红绿灯检测实验。第6章探讨自动驾驶道路复杂场景语义理解，首先引入百度ApolloScape复杂场景数据集；然后分别介绍可行驶区域检测、复杂场景理解、动态场景理解、基于点云的三维分类和语义分割等典型任务；最后提供基于点云的三维分割典型算法实现。第7章简单介绍多传感器融合问题，主要包括传感器融合结构与算法，以及多传感器前融合和后融合技术。

自动驾驶汽车技术是一项庞大且复杂的系统工程，可以毫不夸张地说，它是人工智能在自动驾驶中的集中体现。作为自动驾驶的重要环节，环境感知涉及软、硬件两方面的技术，两者必须融为一体，用到了当前人工智能中计算机视觉和机器学习的先进技术。近年来，人工智能技术的发展日新月异，书中所提及的算法和技术将会不断被更新和超越，甚至被淘汰。作者以本书抛砖引玉，希望能让初学者对自动驾驶环境感知有初步的、概括性的了解。

本书由北京航空航天大学联合百度公司共同编写，在编写过程中得到了来自北京航空航天大学和百度公司的多位专家、老师、同学的参与和支持,包括北京航空航天大学的周斌老师、张辉老师,以及刘旭辉、王昊臣、杜英军、沈佳怡、商子豪、王志程、乔健、张藜千、雷开宇、马飞、周绍栋等同学;百度公司的陈东明、黄新宇、李明、李晓辉、马彧、申耀明、万吉、王军、王煜城、谢远帆、杨睿刚、翟玉强、周珣(按姓氏拼音排列)等。谨在此向他们致以深切的谢意。

同时,本书也得到国家自然科学基金(批准号:61871016、61571147)的部分资助,特此致谢。

由于编写时间短、编者水平有限,加之经验不足,书中难免有疏漏之处,恳请各位同行和读者批评指正。

作 者

2020 年 2 月

目录

第 1 章　自动驾驶环境感知概述　1
1.1　自动驾驶环境感知介绍　1
1.2　车载感知系统组成简介　3

第 2 章　车载传感器介绍　6
2.1　摄像头　6
2.1.1　概述　6
2.1.2　工作原理　6
2.1.3　优缺点　7
2.1.4　摄像头在自动驾驶汽车上的应用　7
2.2　激光雷达　8
2.2.1　概述　8
2.2.2　工作原理　8
2.2.3　优缺点　9
2.2.4　激光雷达在自动驾驶汽车中的应用　9
2.3　毫米波雷达　12
2.3.1　概述　12
2.3.2　工作原理　12
2.3.3　优缺点　13
2.3.4　毫米波雷达在自动驾驶汽车中的应用　13
2.4　超声波雷达　15
2.4.1　概述　15
2.4.2　工作原理　16
2.4.3　优缺点　16
2.4.4　超声波雷达在自动驾驶汽车上的应用　16
2.5　惯性导航　17
2.5.1　概述　17
2.5.2　工作原理　18
2.5.3　优缺点　18

2.5.4　惯性导航在自动驾驶汽车上的应用 …… 19
　2.6　本章小结 …… 21
参考文献 …… 21

第3章　传感器标定　23

　3.1　概述 …… 23
　3.2　摄像头的标定 …… 23
　　　3.2.1　摄像头内参数标定 …… 23
　　　3.2.2　摄像头间外参的标定 …… 29
　3.3　激光雷达的标定 …… 31
　　　3.3.1　激光雷达与激光雷达之间的外参标定 …… 32
　　　3.3.2　激光雷达与摄像机的标定 …… 34
　3.4　联合标定实验 …… 37
　3.5　本章小结 …… 46
参考文献 …… 46

第4章　计算机视觉与神经网络　48

　4.1　无人驾驶与计算机视觉 …… 48
　　　4.1.1　生物视觉 …… 49
　　　4.1.2　边缘检测 …… 51
　　　4.1.3　图像分割 …… 52
　　　4.1.4　神经网络与深度学习 …… 54
　　　4.1.5　深度学习与传统学习 …… 55
　　　4.1.6　计算机视觉在自动驾驶中的应用 …… 56
　4.2　深度前馈网络 …… 58
　　　4.2.1　神经元 …… 58
　　　4.2.2　网络结构 …… 62
　　　4.2.3　深度前馈网络 …… 63
　　　4.2.4　参数学习 …… 64
　4.3　卷积神经网络 …… 64
　　　4.3.1　卷积的概念 …… 65
　　　4.3.2　卷积神经网络的性质 …… 68
　　　4.3.3　卷积神经网络基本结构 …… 69
　　　4.3.4　典型卷积神经网络 …… 72
参考文献 …… 79

第5章　环境感知与识别　81

　5.1　环境感知与识别概述 …… 81

5.2 障碍物检测 …………………………………………………………………… 81
    5.2.1 基于图像的障碍物检测 ……………………………………………… 81
    5.2.2 基于激光雷达的障碍物检测 ………………………………………… 89
    5.2.3 基于视觉和激光雷达融合的障碍物检测 …………………………… 92
5.3 车道线检测 …………………………………………………………………… 92
    5.3.1 基于传统计算机视觉的车道线检测 ………………………………… 93
    5.3.2 基于深度学习的车道线检测 ………………………………………… 95
    5.3.3 基于激光雷达的车道线检测 ………………………………………… 98
5.4 红绿灯检测 …………………………………………………………………… 99
    5.4.1 基于传统视觉方法的红绿灯检测 …………………………………… 100
    5.4.2 基于深度学习的红绿灯检测 ………………………………………… 101
    5.4.3 高精地图结合 ………………………………………………………… 103
5.5 场景流 ………………………………………………………………………… 104
    5.5.1 概述 …………………………………………………………………… 104
    5.5.2 深度估计 ……………………………………………………………… 105
    5.5.3 光流估计 ……………………………………………………………… 110
5.6 基于V2X的道路环境感知技术 ……………………………………………… 113
    5.6.1 V2X技术 ……………………………………………………………… 113
    5.6.2 路侧感知技术 ………………………………………………………… 115
5.7 红绿灯检测实验 ……………………………………………………………… 117
    5.7.1 Apollo红绿灯数据集 ………………………………………………… 117
    5.7.2 实验流程 ……………………………………………………………… 119
5.8 本章小结 ……………………………………………………………………… 121
参考文献 …………………………………………………………………………… 121

第6章 自动驾驶道路复杂场景语义理解　　123

6.1 ApolloScape数据集 …………………………………………………………… 123
6.2 可行驶区域检测 ……………………………………………………………… 126
    6.2.1 基于传统计算机视觉的可行驶区域检测 …………………………… 126
    6.2.2 基于深度学习的可行驶区域检测 …………………………………… 127
6.3 复杂场景理解 ………………………………………………………………… 130
    6.3.1 问题分析与应用场景 ………………………………………………… 130
    6.3.2 CNN+LSTM实现 …………………………………………………… 131
6.4 动态场景理解 ………………………………………………………………… 133
    6.4.1 多目标跟踪 …………………………………………………………… 133
    6.4.2 路径实时预测 ………………………………………………………… 139
    6.4.3 行人手势识别 ………………………………………………………… 142
6.5 基于PointNet的点云分类和语义分割实验 ………………………………… 145
    6.5.1 应用模型介绍 ………………………………………………………… 145

6.5.2　实验环境 149
　　6.5.3　PointNet＋＋代码运行 153
6.6　本章小结 163
参考文献 163

第7章　多传感器融合 166

7.1　概述 166
7.2　多传感器信息融合基础理论 167
　　7.2.1　多传感器信息融合概述 167
　　7.2.2　多传感器融合结构 168
　　7.2.3　多传感器融合算法 172
7.3　多传感器后融合技术 175
　　7.3.1　Ulm自动驾驶：模块化的融合方法 175
　　7.3.2　FOP-MOC模型 178
7.4　多传感器前融合技术 179
　　7.4.1　MV3D 180
　　7.4.2　AVOD 181
　　7.4.3　F-PointNet 183
7.5　本章小结 184
参考文献 185

第1章 自动驾驶环境感知概述

近年来,自动驾驶技术飞速发展,在工业界和学术界都掀起了巨大的研发热潮。现有的技术多以高级辅助驾驶系统的形式出现,这些技术的目的是减少交通事故的数量和严重性,提高残疾人和老年人的活动性,减少排放,以及提高交通基础设施的使用效率。加速无人驾驶技术发展的一个重要的动机是避免人为因素造成的错误,如注意力分散、疲劳驾驶等。根据美国国家公路交通安全管理局的统计,这些人为因素在目前造成了接近94%的交通事故。对我国而言,随着国内经济的持续增长、居民生活水平的不断提高,终端消费市场活跃加速了汽车科技进步,未来市场潜力巨大,将吸引大量资本注入,加速了产业发展和升级。国内汽车保有量大量增加,伴随而来的交通事故频发、城市道路通行效率低,自动驾驶被认为是解决上述问题的重要途径。我国发展自动驾驶技术的必要性和潜力巨大,既有独特优势,又充满挑战。可以预见,自动驾驶汽车将成为继手机之后又一个大有可为的移动终端。自动驾驶四大核心技术分别是环境感知、精确定位、路径规划、线控执行。环境感知系统设计是自动驾驶发展的一个关键环节,也是自动驾驶体现智能的主要方面之一。伴随着机器学习的发展,特别是近年来深度学习技术的再度崛起,环境感知吸引了工业界和学术界人士的大量研究。本书将全面探讨自动驾驶汽车的核心技术之一——环境感知。

1.1　自动驾驶环境感知介绍

自动驾驶汽车首先是对环境信息和车内信息的采集、处理与分析,也即环境感知,它是智能车辆自主行驶的基础和前提。作为自动驾驶的第一个环节,环境感知是智能驾驶车辆与外界环境信息交互的关键,其核心在于使智能驾驶车辆更好地模拟、最终超越人类驾驶员的感知能力,准确地感知并理解车辆自身和周边环境的驾驶态势。智能驾驶车辆通过硬件传感器获取周围的环境信息。环境感知的对象主要包括路面、静态物体和动态物体等三个方面,涉及道路边界检测、障碍物检测、车辆检测、行人检测等技术。特别地,对于动态物体,不仅要检测到物体的当前位置,而且要对其轨迹进行跟踪,并根据跟踪结果,预测物体下一步的位置。环境感知所用到的传感器一般包括激光测距仪、视频摄像头、车载雷达等。由于各个传感器的天然属性不同,具有各自的适应范围和局限性,单个传感器满足不了各种工况下的精确感知,车辆在各种环境下平稳运行,就需要运用到多传感器融合技术,该技术也是环境感知的关键所在。与此同时,智能驾驶车辆通过摄像头、雷达、定位导航系统等获取环境信息,数据形式包括图像、视频、点云等。如何有效地挖掘、利用这些感知数据,去除与自动驾驶无关的冗余信息,抽取并融合对行车驾驶有用的信息,指导车辆自动行驶是环境感知的核心问题之一。检测和识别是自动驾驶中环境感知的两大基本任务,主要是通过机器学习和计算机视觉技术来实现的,也是自动驾驶汽车智能的体现。

深度学习是近年来再次兴起的人工智能技术之一,被称为第三代神经网络,被认为是一种解决自动驾驶环境感知问题的有效方案。神经网络试图通过模拟大脑认知的机理,解决各种机器学习的应用任务,涉及语音识别、自然语言处理和计算机视觉等领域。深度学习在视觉感知中的巨大进展,为自动驾驶环境感知提供了丰富的技术储备。相对于传统的计算机视觉,深度学习在视觉感知精度方面有比较大的优势。深度学习被称为第三代神经网络,它的兴起源于现代优化技术、大数据和巨大的算力资源等方面的发展。神经网络的历史可追溯到20世纪40年代,1986年反向传递算法被提出后,成功应用于神经网络的训练,曾经在八九十年代盛行,并沿用于现代的深度学习技术中。然而,神经网络参数量巨大,容易出现过拟合问题,尤其是在数据量不足的情况下,即往往在训练集上准确率很高,而在测试集上效果差。这部分归因于当时的训练数据集规模都较小,而且计算资源有限,即便是训练一个较小的网络也需要很长的时间。神经网络与支持向量机等模型相比并未在识别的准确率上体现出明显的优势。因此,神经网络的研究自20世纪80年代后进入寒冬期。2006年以后,图形处理器GPU性能飞速提升,使得计算机的计算性能也大幅提升,与此同时,互联网的飞速发展积累了大量数据。在海量数据和强大算力的推动下,深度学习或者说神经网络的研究热潮再度爆发。一个具有里程碑意义的事件是,2012年,由Krizhevsky、Sutskever和Hinton提出了第一个现代卷积神经网络AlexNet,并成功将其应用于ImageNet图像分类竞赛且赢得了冠军。AlexNet的成功体现了表征学习在计算机视觉任务的核心地位。它的巨大成功源于引入了诸多现代神经网络设计和训练的技术,如采用了Rectified Linear Unit(ReLU)作为激活函数,使用dropout(随机失活)技术防止过拟合,利用GPU进行并行训练,并采用数据增广来提高准确率。AlexNet实现了神经网络在计算机视觉上真正意义的突破,极大地推动了端对端机器学习的发展。它的出现掀起了卷积神经网络在计算机视觉领域的研究热潮。卷积神经网络的特征提取被广泛应用于计算机视觉。包括基于图像的图像分类和物体检测等,以及基于视频的行为识别等,表现出了很强的特征提取能力。自此,以卷积神经网络为主的深度学习技术席卷计算机视觉各个应用领域,颠覆了基于手工设计特征的传统模型的机器学习,更为重要的是,它极大地推动了人工智能的巨大发展。

随着自动驾驶的不断发展,海量的环境感知数据不断积累,为基于深度学习的环境感知研究和技术发展提供了重要的数据准备,也使得深度学习技术的巨大优势在自动驾驶中得以施展。深度学习可以从大数据中自动学习特征的表示,其中可以包含成千上万的参数。通常我们认为好的特征可以极大提高模式识别系统的性能,而且不依赖于强分类器。例如,在卷积神经网络中,卷积层能够学习提取具有强大表达能力的特征;全连接层本质上是线性分类器,分类性能依然很好。而且,深度学习可以针对新的应用从训练数据中很快学习得到新的有效的特征表示。传统的方法中特征提取和分类通常是相互独立的、分别优化的，获取的特征往往与任务目标缺乏直接相关，或者说所提取的特征并不是完全对任务有用。在神经网络的框架下，模型参数的学习是数据驱动的，特征表示和分类器是在同一个端对端的框架联合优化的，所以，特征提取（例如卷积神经网络的卷积层）和分类器（全连接层）的参数趋向于更优。

卷积神经网络在环境感知中的传感感知技术中发挥着关键作用。一般的卷积神经网络包括四种类型的神经网络层：输入层、卷积层、池化层和输出层。卷积神经网络的层数随任务定制，可以包含十几层甚至上百层，一般层数越多性能越好，随着网络层数和节点数的增加，可以表达更细、更多的识别物的特征，为性能的提高打下基础。但是训练网络的难度和需要的数据量就相应变大，一般情况下，我们需要根据任务的特性和拥有的数据量来设计相应的网络结构。深度学习尤其是卷积神经网络在自动驾驶技术发展中有着巨大的应用前景。与传统的视觉技术相比，深度学习在自动驾驶中的应用有着诸多优势：一是能够较为容易地迁移到新的目标种类上，只要获取足够该类别的样本就可以训练得到识别该类别的网络；二是能够提高对遮挡物体的识别准确率，这一优势主要源于卷积神经网络强大的特征提取能力；三是对光线变化相对比较健壮，能够应对光线较暗的环境，而对于传统的手工设计的特征提取算法来说光照是一个很大的挑战，神经网络的数据驱动特征提取能力能够很好地应对此类问题。

随着深度学习的发展，人们已经不满足于将深度学习应用于传统的图像、声音、文本等数据上，而是对更一般的几何对象如网络、空间点云、曲面等应用深度学习算法，这一领域被称为几何深度学习。人们尝试在不规则的非欧氏的数据上扩展卷积神经网络模型，这便有了图卷积神经网络、PointNet 等新的技术。这些新技术的出现拓展了神经网络的应用场景，也为深度学习和卷积神经网络在智能驾驶环境感知中更为广阔的应用提供契机，使得神经网络不再仅仅局限于基于视觉传感器的感知任务，还可以用于雷达获取的点云数据。一个很重要的问题就是如何进行空间中的物体探测和识别，也就是三维模型的识别和分割问题，近年来这吸引了广泛的关注和研究。

基于深度学习的感知技术并非无所不能，仍然面临很大的挑战，大量问题亟待解决和现有算法仍需提高。尤其是在中国交通状况中，路况较为复杂，像马车、吊车以及摩托车，还有摩托车拉猪、卡车拉树的现象在我们生活中经常遇到，这些场景对视觉是一个难题，提高这种复杂路况下的感知精度是对自动驾驶研究的挑战。虽然深度卷积神经网络在视觉任务尤其是基于图像的任务取得了巨大的成功，然而对视频分析的能力相对薄弱，因为无人车面对的通常是视频流，不是单个静态图像。视觉深度学习在视频分析上的算法往往从图像领域直接迁移过来，缺乏对时序性的有效描述手段，尚未形成独立的科学问题。

1.2 车载感知系统组成简介

智能驾驶车辆获取和处理环境信息主要用于状态感知和 V2X（车对外界的信息交换）网联通信。状态感知主要通过车载传感器对周边及本车环境状态信息进行采集和处理，主要包括交通状态感知和车身状态感知。然而，V2X 网联通信是结合现代通信与网络技术，实现智能驾驶车辆与外界设施以及汽车之间的互联互通、信息共享和协同控制等。本书将重点讨论基于传感器的状态感知。交通状态感知功能的实现依赖于环境感知传感器及相应的感知技术。环境感知是一个复杂的系统，它需要多种车载传感器实时获取周边环境的信息，通过多种算法处理和分析原始输入数据，给出最合理的决策。因此，环境感知是硬件设备(即感知设备)和软件算法(即感知技术)的统一体。硬件设备是感知的物理基础，主要指各种车载传感器，包括激光雷达、毫米波雷达、机器视觉系统、红外传感器、超声波传感器、惯性系统、多传感器信息融合系统、多源信息交互系统等。一般而言，原始数据的质量越高，后续数据处理与分析模块的难度就越低，而获取高质量的数据离不开性能优异的车载传感器。由于不同传感器的材料属性不同，原理功能各异，它们能够在不同的使用场景里发挥各自的优势。各个传感器能够分别获取不同局部信息，这些信息之间相互补充。多传感器融合取长补短，能够显著提高系统的冗余度和容错性，从而保证决策的快速性和正确性。多传感器融合是当前自动驾驶汽车采用的主流环境感知方案。

视觉是人类驾驶汽车获取环境信息的主要途径之一，较之其他类型的传感器，摄像头获取的信息更为直观，接近人类视觉，也更为丰富。例如交通标志、信号灯、道路标志等，这些信号为人类驾驶汽车提供了重要的决策依据。对于自动驾驶汽车，摄像头取代人类视觉，成为环境感知的重要传感器之一。机器视觉系统通过摄像头获得从不同角度拍摄的环境信息，然后通过图像增强、去雾等技术对原始的输入图像进行数据预处理，把经过处理后的图像送入视觉分析模块，计算机再通过数字图像处理技术和计算机视觉的相关算法对图像或视频进行分析，实现分类、分割、检测、跟踪，提取车道线、行人、车辆、障碍物的位置、尺寸、速度和方向信息，对可能出现的险情进行报警和紧急处理。相比于激光雷达，机器视觉系统可以获得如交通灯、公路线和指示牌提供的较为丰富的语义特征，因此具有不可替代的优势。机器视觉具有监视范围广、信息量大、成本较低的优势。伴随着计算机视觉和人工智能的发展，各种算法日新月异，尤其是在深度学习时代，性能大幅提升，大大加速了算法技术从学术界向工业界迁移的步伐，从而也加速了视觉传感器在自动驾驶中的使用。与此同时，在硬件层面，各种嵌入式设备大大降低了上述算法落地的难度。尽管机器视觉的发展非常迅猛，在能见度低、光照过弱或反光的情境的性能影响较大，而且无法全天候工作。

激光雷达通过电磁波获取目标的位置和速度信息以及周围环境的三维特征。激光雷达的原理非常简单，通过向目标发射探测激光信号，通过分析目标的反射信号获取信息。根据目标的密度信息，就可以轻易地识别汽车、行人、路障、树木、路灯等公路上常见的目标。因此，激光雷达的使用环境非常广泛。激光雷达的分辨率极高，频率比微波高 2~3 个数量级，测距精度高，角分辨率高，速度分辨率高，测量范围大，还具有抗干扰能力强等优点。因此，激光雷达在汽车防碰撞系统和辅助驾驶系统中已经有广泛的应用。然而，激光雷达的价格较高，体积较大，频率相近的激光雷达之间存在着互相干扰。此外，激光雷达受天气的影响较大，在雾霾、雨雪等能见度较低的环境中，激光雷达的可探测距离会急速衰减。目前，应用较广泛的激光雷达主要有单线激光雷达和多线激光雷达。单线激光雷达由一个高同频脉冲激光测距仪和一个旋转扫描组成。通过发射一条激光束扫描某个区域，返回发射点到扫描位置的距离和角度。根据距离和实时性要求的不同，可设置不同的频率和角分辨率。多线激光雷达是指同时发射两条或两条以上的激光束进行探测的激光雷达。相比于单线激光雷达，多线激光雷达精度更大，但体积、重量和功耗相对较大。

毫米波雷达是自动驾驶不可或缺的传感器，它是唯一可以全天候工作的传感器。毫米波雷达具有体积小、角分辨率高、频带宽、探测距离远、抗干扰能力强等优点。它与激光雷达相比，具有较好的指向性和穿透性。然而，毫米波雷达最大的弊端是无法探测平行平面内的目标信息。超声波雷达也是常用的车载传感器，它是指利用超声波进行避障的传感器，能量消耗较缓慢，在介质中传播的距离比较远，穿透性强，测距的方法简单，成本低。超声波传感器的探测距离为 $1\sim 5m$，一般用于数据简单、对实时性要求高的场景，例如，倒车报警系统、近距离障碍物检测。

上面介绍的传感器都是闭环的，即从周边环境获取信息输送给车载处理器，处理器根据获取的信息做出决策和反馈。而惯性导航系统不依赖于外部信息，而是以陀螺仪和加速度计为敏感器件的导航参数解算系统，该系统根据陀螺仪的输出建立导航坐标系，根据加速度计的输出解算出运载体在导航坐标系中的速度和位置。惯性导航系统以牛顿力学定律为基础，是一种推导式的导航方式：根据已知点的位置和速度，推算当前的加速度、速度和位置。惯性导航在室内、隧道内等 GPS 信号较弱的场景有着广泛的应用。由于不需要接收外界的信号，惯性导航的隐蔽性较好，且基本不受天气条件的限制。惯性导航的缺点也很明显，由于定位信息是通过对时间的积分获得的，因此误差会随着时间的积累而增加，因此需要利用外部信息辅助校正。

在实际的行驶场景中，仅依赖某一种类型传感器获得数据往往是不可靠的，且探测范围有限，不可避免地存在时空盲区。为保证环境感知系统能实时获取可靠的数据，自动驾驶汽车一般采用多种传感器同时采集数据。然而，多种传感器获得的信息具有互补性，同时也会存在矛盾。对于互补的信息，利用多源信息融合技术对原始数据进行分析、加权和综合，实现各个传感器优势互补，增大容错率，减小视野盲区。对于矛盾的信息，由于处理器在同一个时间点对于某个动作只能给出一个决策，因此必须对原始数据进行筛选和删减。传感器融合的目的在于获得不同传感器和传感器种类的输入内容，并且使用组合在一起的信息来更加准确地感知周围的环境。目前传感器融合主要采用数据级、特征级和决策级三种融合方式。数据级融合又称像素融合，主要通过整合像素级别的图像，增加边缘、纹理等细节特征。数据级融合的实现方式比较简单，但计算量大，对数据的格式也有着较高的要求。特征级融合是指对原始数据提取的特征向量进行融合，对于特征的融合效果一般要优于对原始数据的融合。而决策级融合是指根据多个传感器对同一目标的观察数据进行特征提取和逻辑运算，根据需求进行高级决策。

数据融合的前提是各种传感器之间的标定，其目的是实现各个传感器坐标系之间的转换，将不同传感器映射到同一个时空参考系中。传感器标定是融合的基础，包括标定每个传感器本身以及求得各个传感器坐标系之间的相互转换关系。以激光雷达标定和摄像头标定为例，激光雷达标定是指激光雷达的坐标映射到统一车体坐标系中以便于数据处理。在行驶过程中，汽车和激光雷达的相对位置一般保持不变，即刚性连接，因此可以首先获得激光雷达外部的参数，然后通过激光雷达得到的极坐标完成单个激光雷达数据的映射，最后完成多个激光雷达数据的映射。摄像头标定主要是完成图片中的像素点坐标与真实环境所处位置之间的映射关系。

第2章 车载传感器介绍

自动驾驶汽车是一种通过车载计算机系统实现无人驾驶的智能汽车系统，而环境感知作为其基础环节，需要通过多种车载传感器来采集周围环境的基本信息。车载传感器就如同自动驾驶汽车的眼睛，例如单/双目摄像头和雷达系统融合，可以提供障碍物或者移动物体的速度、距离和外观形状等信息。目前应用于自动驾驶汽车的车载传感器主要有摄像头、激光雷达、毫米波雷达、超声波雷达、惯性导航。本章较为详细地介绍这几种传感器的相关知识，以及它们在自动驾驶汽车上的应用。

2.1 摄像头

2.1.1 概述

摄像头可以采集汽车周边图像信息，与人类视觉最为接近。摄像头可以拥有较广的垂直视场角、较高的纵向分辨率，而且可以提供颜色和纹理信息等。这些信息有助于自动驾驶系统实现行人检测、车辆识别、交通标志识别等相对高层语义的任务。摄像头通过采集的图像或者图像序列，经过计算机的处理分析，能够识别丰富的环境信息，如行人、自行车、机动车、道路轨道线、路牙、路牌、信号灯等。更为重要的是通过机器学习算法加持，还可以实现车距测量、道路循迹，从而实现前车碰撞预警（FCW）和车道偏离预警（LDW）。

2.1.2 工作原理

基于车载摄像头的视觉传感系统的大致原理如下：
（1）图像处理，将图片转化为二维数据；
（2）模式识别，通过图像匹配进行识别，如车辆、行人、车道线、交通标志等；
（3）距离测量，利用物体的运动模式，或双目定位，估算目标物体与本车的相对距离和相对速度，实现测距。

硬件方面，车载摄像头主要由 CMOS 镜头（包括 lens 和光感芯片等)、芯片、其他物料(内存,SIM卡,外壳)组成。CMOS具有读取信息方式简单、输出信息速率快、耗电少、集成度高、价格低等特点,是车载摄像头市场的核心。

软件方面,以Mobileye为例,主要体现在芯片的升级和处理平台的升级,工作频率从122MHz升到332MHz,访问方式的改变使速率提升一倍,图像由640px×480px彩色像素提升到2048px×2048px(输入)和4096px×2048px(输出)等。

2.1.3 优缺点

车载摄像头的优点十分明显:技术成熟,成本低,采集信息十分丰富,包含最接近人类视觉的语义信息。其缺点主要是摄像头受光照、环境影响十分大,很难全天候工作,在黑夜、雨雪、大雾等能见度较低的情况下,其识别率大幅度降低。车载摄像头的另一缺点就是缺乏深度信息,三维立体空间感不强。

2.1.4 摄像头在自动驾驶汽车上的应用

摄像头在自动驾驶汽车领域应用十分广泛,技术较为成熟,成本也较为低廉。车载摄像头是高级驾驶辅助系统(Advanced Driver Assistance Systems,ADAS)的主要视觉传感器,是实现众多预警、识别类ADAS等功能的基础。摄像头借由镜头采集图像后,由摄像头内的感光组件电路及控制组件对图像进行处理并转化为计算机能处理的数字信号,从而实现感知车辆周边的路况,实现前向碰撞预警、车道偏移报警和行人检测等ADAS功能。表2-1是摄像头可实现的ADAS功能。

表2-1 摄像头可实现的ADAS功能

ADAS功能	使用摄像头	功能简介
车道偏离预警(LDW)	前视	当前摄像头检测到车辆即将偏离车道线时,就会报警
前向碰撞预警(FCW)	前视	当前摄像头检测到与前车距离过近,可能发生追尾时,就会发出警报
交通标志识别(TSR)	前视、侧视	识别前方道路两侧的交通标志
车道保持辅助(LKA)	前视	当前摄像头检测到车辆即将偏离车道线时,就会向控制中心发出信息,然后由控制中心发出指令,及时纠正行驶方向
行人碰撞预警(PCW)	前视	前视摄像头会标记前方道路行人,并在可能发生碰撞时及时发出警报
盲点监测(BSD)	侧视	利用侧视摄像头,将后视镜盲区内的影像显示在驾驶舱内
全景泊车(SVP)	前视、侧视、后视	利用车辆前后左右的摄像头获取的影像和图像拼接技术,输出车辆周边全景图
泊车辅助(PA)	后视	泊车时将车尾的影像显示在驾驶舱内,预测并标记倒车轨迹,辅助驾驶员泊车
驾驶员注意力监测	内置	安装在车内,用于监测驾驶员是否疲劳、闭眼等

根据不同的ADAS功能的要求,摄像头的安装位置也不尽相同。按安装位置的不同,可分为前视、后视、侧视和内置四个部分。其中前视摄像头的使用频率最高,单一摄像头可实现多重功能,如行车记录、车道偏离预警、前向碰撞预警、行人识别等。前视摄像头根据系

统有效距离的需求选择不同。当系统需要有效距离较远时,前视摄像头需要长焦镜头;当系统需要有效距离较近、视角较广时,前视摄像头一般使用广角镜头。前视摄像头一般安装在车内后视镜上或者前挡风玻璃上较高的位置。

目前,侧视摄像头将代替后视镜成为发展趋势。由于后视镜的范围有限,存在视觉盲区,当另一辆在斜后方的车位于这个范围之外,驾驶员就无法发现此车。盲区的存在大大增加了交通事故发生的概率。而在车辆两侧加装侧视摄像头可以基本覆盖盲区,当有车辆进入盲区时,就会自动提醒驾驶员注意。

另外,车载摄像头应用可分为单目、双目以及多目,而单目摄像头还是未来的主流。伴随着360°全景泊车和环视系统的发展,未来单辆车载摄像头预计达到六个以上,其中一个是前视,一个是后视,另外四个是侧视。全景泊车系统通过安装在车身周围的多个超广角摄像头,同时采集车辆四周的影像,经过图像处理单元矫正和拼接之后,形成一幅车辆四周的全景俯视图,实时将其传送至中控台的显示设备上。驾驶员坐在车中即可以"上帝视角"直观地看到车辆所处的位置以及车辆周边的障碍物。

在车载单目ADAS开发领域,Mobileye生产的芯片EyeQ系列能够根据摄像头采集的数据,对车道线、路中的障碍物进行识别。

2.2 激光雷达

2.2.1 概述

激光雷达,即LiDAR(Light Detection and Ranging),是以发射激光束探测目标的位置、速度等特征量的雷达系统。其工作原理是向目标发射探测信号(激光束),然后将接收到的从目标反射回来的信号(目标回波)与发射信号进行比较,做适当处理后,就可获得目标的有关信息,如目标距离、方位、高度、速度、姿态,甚至形状等参数,从而对障碍物、移动物体等目标进行探测、跟踪和识别。

2.2.2 工作原理

激光雷达是一种激光测距系统,用于获取数据并生产精确的数字高程模型(DEM)。激光本身具有非常精确的测距能力,其测距精度可达厘米级。而随着商用GPS和IMU(惯性测量单元)的发展,通过激光雷达从移动平台上获得高精度的数据已经成为现实并被广泛应用。

激光扫描测量是通过激光扫描器和距离传感器来获取被测目标的表面形态的。激光扫描器一般由激光发射器、接收器、时间计数器、微计算机等组成。激光脉冲发射器周期地驱动激光二极管发射激光脉冲,然后由接收透镜接收目标表面后向反射信号,产生接收信号,利用稳定的石英时钟对发射与接收时间差做计数,经由微机对测量资料进行内部微处理,显示或存储、输出距离和角度资料,并与距离传感器获取的数据相匹配,最后经过相应系统软件进行一系列处理,获取目标表面三维坐标数据,从而进行各种量算或建立立体模型。激光雷达通过脉冲激光不断地扫描目标物,就可以得到目标物上全部目标点的数据,使用这些数据进行图像处理后,就可以得到精确的三维立体图像。另外,激光束发射的频率一般是每秒几万个脉冲以上。举例而言,一个频率为每秒一万次脉冲的系统,接收器将会在一分钟内记录六十万个点。图 2-1 为激光雷达的工作示意图。

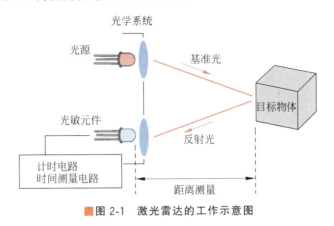

图 2-1　激光雷达的工作示意图

2.2.3　优缺点

与普通微波雷达相比,激光雷达由于使用的是激光束,工作频率较微波高了许多,因此有很多优点,主要包含:

(1) 分辨率高,精度高。激光雷达可以获得极高的角度、距离分辨率。角分辨率可以达到 0.1°,也就是说可以分辨 3km 距离上相距 5m 的两个目标(这是微波雷达无论如何也办不到的),并可同时跟踪多个目标;距离分辨率可达 0.1m。分辨率高是激光雷达的最显著的优点,其多数应用都是基于此。

(2) 抗有源干扰能力强。与微波雷达易受自然界广泛存在的电磁波影响的情况不同,自然界中能对激光雷达起干扰作用的信号源不多,因此激光雷达抗有源干扰的能力很强。

(3) 获取的信息量丰富。可直接获得目标的距离、角度、反射强度、速度等信息,生成目标的多维图像。

但是,激光雷达也有明显的缺点:

(1) 雨雪、雾霾天气精度下降。其工作时受天气和大气影响大。激光一般在晴朗的天气里衰减较小,传播距离较远。而在大雨、浓雾等坏天气里,衰减急剧加大,传播距离大受影响。

(2) 激光雷达难以分辨交通标志的含义和红绿灯颜色。在自动驾驶系统中,必须使用其他的传感器(如摄像头等)辅助进行车辆与环境的交互过程。

(3) 激光雷达接收的是光信号,容易受太阳光、其他车辆的激光雷达等光线影响。大气环流还会使激光束发生畸变、抖动,直接影响激光雷达的测量精度。

(4) 现阶段成本较高。

2.2.4　激光雷达在自动驾驶汽车中的应用

未来,以激光雷达为代表的高新技术将在多等级三维空间目标的实时获取方面产生重大突破。将激光雷达嵌入地面车载或移动系统可用于城市道路、堤坝、隧道及大型建筑物等复杂三维空间目标的实时监测与模型化,是建立三维城市地理信息系统(Geographic Information System 或 Geo-Information System,GIS)最迫切需要的技术之一。

2012年5月,谷歌研发的自动驾驶汽车正式获得了美国内华达州车辆管理局(DMV)颁发的执照,这是自动驾驶汽车首次获得美国颁发的执照,激光雷达也首次正式在自动驾驶汽车上崭露头角。

与其他雷达系统相比,激光雷达有着探测范围更广、探测精度更高的优势。激光雷达也因此成为了目前自动驾驶汽车上应用最广泛的传感器之一。激光雷达在自动驾驶中有两个核心功能:三维环境感知和SLAM加强定位。在三维环境感知方面,激光雷达通过激光扫描可以得到汽车周围环境的三维模型,运用相关算法比对上一帧和下一帧环境的变化可以较为容易地探测出周围的车辆和行人,并进行障碍物的检测、分类和跟踪。在SLAM加强定位方面,激光雷达可以通过扫描得到的点云数据实现同步创建地图,因此,激光雷达在生成高精地图中是一个非常重要的传感器。另外,激光雷达有着较为稳定的优势,受环境光照的影响较小,因此定位和地图创建的精度高。在加强定位过程中,一方面通过GPS得到初始位置信息,再通过IMU和车辆的编码器(encoder)配合得到车辆的初始位置;另一方面,将激光雷达的三维点云数据,包括几何信息和语义信息进行特征提取,并结合车辆初始位置进行空间变化,获取基于全局坐标系下的矢量特征。最后,将初始位置信息、激光雷达提取的特征跟高精度地图的特征信息进行匹配,从而获取一个准确的定位。图2-2为基于激光雷达的定位示意图。

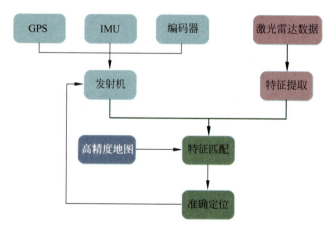

图2-2 基于激光雷达的定位示意图

激光雷达按线束数量分,可以分为单线束激光雷达和多线束激光雷达。传统的单线束激光雷达已经被广泛应用,例如扫地机器人。单线束激光雷达扫描一次只能产生一条扫描线,可以获取事物的二维信息,但是无法获得高度信息,其生成的只是平面信息。虽说如此,单线束雷达由于测量速度更快的特点也有着广泛的应用空间,如地形测绘等方面。而多线束雷达可以获取事物的三维数据。目前应用到自动驾驶中的激光雷达产品主要有4线束、16线束、32线束、40线束以及64线束,功能更加强大的128线束激光雷达也已经亮相。

激光雷达迄今为止最为成熟、应用最广的形态为机械式激光雷达。机械式激光雷达是指其发射系统和接收系统存在宏观意义上的转动,也就是通过不断旋转发射头,将速度更快、发射更准的激光从"线"变为"面",并在竖直方向上排布多束激光(如32线、64线雷达),形成多个面,达到动态三维扫描并动态接收信息的目的。比如64线激光雷达,其竖直排布的激光发射器呈不同角度向外发射,实现垂直角度的覆盖,同时在高速旋转的马达壳体的带动下,实现水平角度360°的全覆盖。图2-3为百度Apollo无人驾驶汽车安装在车顶的激光雷达示意图。目前,许多自动驾驶汽车的激光雷达安装在车顶,通过高速旋转对周围进行360°扫描,获得周围空间的点云数据,实时绘制出车辆周边的三维空间地图,为下一步的车辆操控建立决策依据。因为激光雷达通过发射激光工作,所以在黑夜等各种照明条件下都可以正常工作。但是,激光雷达的缺点也十分明显,在雨雾等极端天气下性能较差,采集的数据量过大,十分昂贵。比如如今市场上的32线激光雷达每秒就能扫描约70万个三维数据点,精度高,造价可达数万美元。特别是激光雷达线束多少直接与垂直角分辨率有关,线束越多,垂直角分辨率越准,但价格也就越昂贵。

图2-3 百度Apollo无人驾驶汽车安装在车顶的激光雷达示意图

表2-2以Velodyne产品为例,介绍了多种线束激光雷达的特点。

表2-2 Velodyne激光雷达参数

产品	通道数	探测距离	测量精度	垂直视角	垂直角分辨率	水平视角	水平视角分辨率	数据量
VLP-16	16	100m	±3cm	−15°~+15°	2°	360°	0.1°~0.4°	30万点/秒
HDL-32E	32	100m	±2cm	−30°~+10°	1.33°	360°	0.1°~0.4°	139万点/秒
VLP-32C	32	200m	±3cm	−25°~+15°	0.33°	360°	0.1°~0.4°	120万点/秒
HDL-64E	64	120m	±2cm	−24.8°~+2°	0.4°	360°	0.08°~0.35°(可调)	220万点/秒
VLS-128	128	300m	±3cm	−25°~+15°	0.11°	360°	0.1°~0.4°	960万点/秒

其中值得一提的是,VLS-128是Velodyne的128线激光雷达,它被称为是Velodyne开发过的最强大的激光雷达,其探测距离是上一代产品HDL-64E的2倍以上,达到300m,最小垂直角分辨率可以到0.1°。但是,除了价格昂贵之外,机械式激光雷达也存在着十分显

著的缺点,其耐久度差,可靠性随时间降低。因为激光雷达的电动机外壳和光学透镜的重量与体积较大,容易造成机械磨损,长时间使用会造成性能降低。信号接收比因光学透镜变脏而降低。

综合考虑成本、体积、安全性、量产能力等因素,机械式激光雷达不是最理想的产品。目前激光雷达领域的企业都在努力开发轻量化、低成本的新型产品,固态激光雷达和混合固态激光雷达便是其杰出的代表。固态激光雷达即去除了机械式雷达里面的机械旋转部件,采用电子方案来达到全范围探测,因而固态激光雷达体积更小,方便集成在车身内部,系统可靠性提高,成本也可大幅降低。但由于缺乏旋转部件,水平视角小于180°,所以需要多个固态雷达组合一起配合使用才行。图 2-4 为 Quanery S3 固态激光雷达,其使用了相位矩阵新技术,在宏观和微观尺度上均不含任何移动或振动部件。这在很大程度上提高了产品的使用寿命和成本,可以实现最高水平的性能,并且功耗也大大减小。另外,S3 能够进行电子束控制,使得传感器扫描可以根据实时情景分析动态变化,以提供对周围环境无法预知的信息。

图 2-4　Quanery S3 固态激光雷达

而混合固态激光雷达介于固态激光雷达和机械式激光雷达之间,从外观上看,混合固态激光雷达基本看不到旋转部件,但其实内部仍存在一些机械旋转部件。

在激光雷达领域内,领先的公司有美国的 Velodyne、Luminar,以色列的 Innoviz,德国的 Valeo,国内有禾赛光电科技、速腾聚创 RoboSense、光珀智能、北醒光子等。

2.3　毫米波雷达

2.3.1　概述

毫米波雷达是工作在毫米波波段(millimeter wave)探测的雷达,其与普通雷达相似,通过发射无线电信号并接收反射信号来测定与物体间的距离。毫米波频率通常在 30~300GHz(波长为 1~10mm),波长介于厘米波和光波之间,因此毫米波雷达兼有微波雷达和光电雷达的一些优点,非常适合于自动驾驶汽车领域的应用。因为毫米波雷达具有较强的穿透性,能够轻松地穿透保险杠上的塑料,所以常被安装在汽车的保险杠内。

2.3.2　工作原理

毫米波雷达采集的原始数据基于极坐标系(距离＋角度),与激光雷达的笛卡儿(XYZ)坐标系不同。在汽车雷达领域,调频连续波(FMCW)的波形比较常见,其工作时,振荡器会产生一个频率随时间逐渐增加的信号(chirp),这个信号遇到障碍物之后,会反弹回来,其时延为 2 倍的距离除以光速。返回的波形和发出的波形之间有个频率差,这个频率差是呈线性关系的:物体越远,返回的波收到得越晚,那么它跟入射波的频率差值就越大。将这两个频率做一个减法,就可以得到二者频率的差拍频率,通过判断差拍频率的高低就可以判断障碍物的距离。毫米波的测速原理是基于 chirp 之间的多普勒效应。

在自动驾驶汽车领域，车载毫米波雷达通过天线发射毫米波，接收目标反射信号，经后方处理后快速准确地获取汽车车身周围的物理环境信息（如汽车与其他物体之间的相对距离、相对速度、角度、运动方向等），然后根据所探知的物体信息进行目标追踪和识别分类，进而结合车身动态信息进行数据融合，最终通过电子控制单元（ECU）进行智能处理。经合理决策后，以声、光及触觉等多种方式告知或警告驾驶员，或及时对汽车做出主动干预，从而保证驾驶过程中的安全性和舒适性，减少事故发生的概率。图 2-5 所示为车载毫米波雷达工作简图。

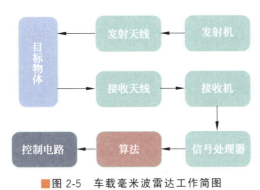

■ 图 2-5　车载毫米波雷达工作简图

2.3.3　优缺点

毫米波雷达主要有以下优点：

（1）高分辨率，小尺寸。由于天线和其他的微波元器件尺寸与频率有关，因此毫米波雷达的天线和微波元器件较小，小的天线尺寸可获得窄波束。

（2）与红外、激光、电视等光学导引头相比，毫米波导引头穿透雾、烟、灰尘的能力强，测距精度受天气因素和环境因素影响较小，可以基本保证车辆在各种日常天气下的正常运行。

（3）与常常用来与毫米波雷达相比的红外系统相比，毫米波雷达的一个优点是可以直接测量距离和速度信息。

毫米波雷达的缺点主要有：

（1）与微波雷达相比，毫米波雷达的发射机的功率低，波导器件中的损耗大。

（2）行人的后向散射截面较弱，如果需要探测行人，雷达的探测阈值需要设低，其负面效应可能会有更多虚报物体出现。

（3）毫米波器件昂贵，现阶段不能大批量生产装备。

2.3.4　毫米波雷达在自动驾驶汽车中的应用

毫米波雷达的诸多优点使其能够准确地测量自动驾驶汽车与周边车辆之间的距离，从而提供变道辅助、自主控制车速、碰撞预警等帮助，实现自适应巡航功能，提高驾驶舒适度，降低事故发生率。与激光雷达相比，毫米波雷达成本很低，是一种相对容易大范围应用的传感器。

按目前应用市场的主流分类，自动驾驶汽车上的毫米波雷达频率主要包括 24GHz 和

77GHz两种。其中24GHz频段的雷达通常用于感知车辆周围的障碍物,为换道决策提供感知信息,其能够实现的ADAS功能有盲点监测、变道辅助等;77GHz频段的雷达波长更短,产品尺寸更小,性能良好的77GHz雷达的最大检测距离可以达到160m以上,因此常被安装在前保险杠上,正对汽车的行驶方向。77GHz毫米波雷达能够用于实现紧急制动、高速公路跟车等ADAS功能。现在毫米波雷达的发展趋势是用更大的天线阵来达到更好的角度分辨率,用更大的带宽来达到好的距离分辨率,弥补现有毫米波雷达技术在探测精度方面的不足。图2-6为毫米波雷达测距示意图。

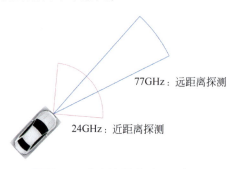

图2-6 毫米波雷达测距示意图

由公式:光速＝波长×频率,可以得到频率越高的毫米波雷达,其波长越短。波长越短,意味着分辨率越高。相比于24GHz的毫米波雷达,77GHz的车载雷达发展前景更大,更可能成为未来的主流。原因主要有:77GHz频段受到各国政策上的支持,世界主流频段将得到统一;另外,77GHz的毫米波雷达带宽更大、分辨率更高、抗干扰能力更强、产品尺寸更小。

毫米波雷达实现自适应巡航等功能的核心技术是目标识别与追踪。在接收天线收到雷达回波并解调后,控制器对模拟信号进行数字采样并做相应的滤波。接下来用快速傅里叶变换(FFT)手段将信号变换至频域,然后寻找信号中距离、速度和角度信息,并且用阈值来去掉噪声值留下信号能量峰值。在这一步还不能得到我们需要的目标,获取的仅仅是雷达波的反射点的信息。并且,对于很多高性能毫米波雷达来说,此时获得的多个反射点可能来自一个物体,例如一辆货车可能形成5~10个反射点。所以首先还要将很可能属于同一物体的反射点匹配到同一个反射点集群中。接下来通过跟踪各个反射点集群,形成对物体的分布的猜测。在下一个测量循环中,例如通过卡尔曼滤波,基于上一次的物体分布,预测本测量循环中可能的物体分布,然后尝试将当前得到的反射点集群与预测结果进行匹配,例如通过比较物体的位置和速度等参数。当反射点集群与上一测量循环得到的物体信息匹配成功时,就得到了该物体的"轨迹",同时该物体的可信度增加,反之则可信度下降。只有当一个物体的可信度超过一定门限时,该物体才会成为我们关心的目标而进入所谓的目标列表。

目前,从整个车载毫米波雷达的市场来看,主要由德国、美国、日本等一些国外厂商垄断,其中大陆、博世、电装、奥托立夫、安波福(原德尔福)最为著名,特别是77GHz的毫米波雷达,主要由博世、大陆、安波福(原德尔福)、电装、天合、富士通天、日立等公司掌握。国内厂商也积极在毫米波雷达领域寻求突破,北京行易道研发出的77GHz防撞雷达已经装配在北汽的无人车上,另外,沈阳承泰科技、深圳卓泰达等公司也取得了不小的成就。表2-3为目前市场上主要的毫米波雷达产品。

表 2-3　目前市场上主要的毫米波雷达产品

主要公司	主要产品	雷达频率	探测距离
瑞典奥托立夫（Autoliv）	短距离雷达	24～25GHz	—
美国安波福（Aptiv）（原德尔福 Delphi）	中距离雷达 ESR2.5，MRR2/3	76～77GHz	前向：不大于 174m
	短距离雷达 SRR3/4		—
德国博世（Bosch）	中距离雷达 MRR	76～77GHz	前向：不大于 160m 后向：不大于 80m
	长距离雷达 LRR4	76～77GHz	前向：不大于 250m
德国大陆（Continental）	短距离雷达 SRR320	24～25GHz	—
	长距离雷达 ARS410	76～77GHz	前向：不大于 170m
	长距离雷达 ARS430	76～77GHz	前向：不大于 250m
日本富士通天（Fujitsu Ten）	—	76～77GHz	
德国天合（ZF-TRW）	中距离雷达 AC100	24～25GHz	前向：不大于 150m
日本电装	长距离雷达	76～77GHz	—

2.4 超声波雷达

2.4.1 概述

据相关调查统计，在普通驾驶汽车中，15% 的汽车碰撞事故是因倒车时汽车的后视能力不良造成的。因此，增加汽车的后视能力，研制汽车后部探测障碍物的倒车雷达便成为近年来的研究热点。安全避免碰撞障碍物的前提是快速、准确地测量障碍物与汽车之间的距离。为此，利用超声波实现无接触测距的倒车雷达系统对自动驾驶汽车是必要的。

超声波雷达是通过发射并接收 40kHz 的超声波，根据时间差算出障碍物距离的，其测距精度大约是 1～3cm。其构造一般分为等方性传感器和异方性传感器，其中等方性传感器为水平角度与垂直角度相同，而异方性传感器水平角度与垂直角度不同。等方性传感器的缺点在于垂直照射角度过大，容易探测到地，无法侦测较远的距离。异方性超声波的缺点在于其探头产生的超声波波形强弱较不稳定，而容易产生误报警的情况。超声波雷达的技术方案，一般有模拟式、四线式数位、二线式数位、三线式主动数位，其中前三种在信号干扰的处理效果上依次提升，但依然存在。在技术难度、装配以及价格上各有优劣，总体呈递进趋势。而三线式主动数位倒车雷达，每个倒车雷达传感器（探头）内部带有 CPU，独自完成信号的发射接收及数据处理，基本上不存在信号在传输上的干扰及损失；具有非常好的 EMC 及 EMI 性能；探头通过 CPU 可以各自及时地对各种信号进行处理和运算，并对检知器（超声波传感器本体）进行控制，从而取得非常精准的信号和判断。常见的超声波雷达有两种：第一种是安装在汽车前后保险杠上的，也就是用于测量汽车前后障碍物的倒车雷达，称为超声波驻车辅助传感器（Ultrasonic Parking Assistant，UPA）；第二种是安装在汽车侧面的，用于测量侧方障碍物距离的超声波雷达，称为自动泊车辅助传感器（Automatic Parking Assistant，APA）。

2.4.2 工作原理

超声波的指向性强,能量消耗缓慢,遇到障碍物后反射效率高,是测距的良好载体。测距时由安装在同一位置的超声波发射器和接收器完成超声波的发射与接收,由定时器计时。首先由发射器向特定方向发射超声波并同时启动计时器计时,超声波在介质传播途中一旦遇到障碍物后就被反射回来,当接收器收到反射波后立即停止计时。这样,计时器就记录下了超声波自发射点至障碍物之间往返传播经历的时间 $t(s)$。由于常温下超声波在空气中的传播速度约 340m/s,计时器通过记录时间 t,就可以测算出从发射点到障碍物之间的距离长度 (s),即 $s=340t/2$。

超声波雷达的工作可用图 2-7 的数学模型来表示,其中 α 为超声波雷达的探测角,一般 UPA 的探测角为 120°左右,APA 的探测角较小,为 80°左右;β 为超声波雷达检测宽度范围的影响元素之一,该角度一般较小,一般 UPA 的角度为 20°左右,APA 的较为特殊,为 0°;R 也是超声波雷达检测宽度范围的影响元素之一,UPA 和 APA 的 R 值差别不大,都在 0.6m 左右;D 是超声波雷达的最大量程。UPA 最大量程为 2~2.5m,APA 的最大量程至少是 5m,目前已有超过 7m 的 APA 雷达投入应用。

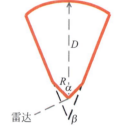

■图 2-7 超声波雷达数学模型

2.4.3 优缺点

在实际使用中,超声波能量消耗较为缓慢,防水、防尘,即使有少量的泥沙遮挡也不影响,在介质中的传播距离较远,穿透性强,测距方法简单,成本低,且不受光线条件的影响,有着众多的优点,在短距离测量中,超声波雷达测距有着非常大的优势。

但是,超声波是一种机械波,使得超声波雷达有着以下几种局限性。

(1) 对温度敏感。超声波雷达的波速受温度影响,近似关系为:

$$C = C_0 + 0.607 \times T$$

其中,C_0 为零度时的波速,为 332m/s,T 为温度(单位:℃)。波速受温度影响,因此测量的精度也与温度直接相关。对于超声波测距精度要求达到 1mm 时,就必须把超声波传播的环境温度考虑进去。例如当温度为 0℃时是 332m/s,30℃时超声波速度是 350m/s,温度变化引起的超声波速度变化为 18m/s。若超声波在 30℃的环境下以 0℃的声速测量 100m 距离所引起的测量误差将达到 5m,测量 1m 误差将达到 5mm。传播速度较慢时,若汽车行驶速度较快,使用超声波测距无法跟上汽车车距的实时变化,误差较大。

(2) 超声波散射角大,方向性较差,无法精确描述障碍物位置。在测量较远距离的目标时,其回波信号较弱,影响测量精度。

2.4.4 超声波雷达在自动驾驶汽车上的应用

超声波测距原理简单,成本低,制作方便,但其传输速度受天气影响较大,不能精确测距;另外,超声波能量与距离的平方成正比衰减。由于距离越远灵敏度越低,超声波雷达在自动驾驶汽车上主要用于泊车系统、辅助刹车等。通常一套倒车雷达需要安装 4 个 UPA,

而自动泊车系统是在倒车雷达的基础上再加 4 个 UPA 和 4 个 APA。UPA 的探测距离一般在 15～250cm，主要用于测量汽车前后方向的障碍物。APA 的探测距离一般在 30～500cm，探测范围更远，因此相比于 UPA 成本更高，功率也更大。APA 的探测距离优势让它不仅能够检测左右侧的障碍物，而且还能根据超声波雷达返回的数据判断停车库位是否存在。APA 是自动泊车系统的核心部件，探测距离较远，可用作探测车位宽度，获得车位尺寸及车辆的位置信息。APA 与倒车雷达工作频率不同，不形成干扰。

超声波雷达最基础的应用就是倒车辅助。在这个过程中，超声波传感器通常需要同控制器和显示器结合使用，从而以声音或者更直观的显示告知驾驶员周围障碍物的情况，解除驾驶员泊车、倒车和启动车辆时前后左右探视引起的困扰，并帮助驾驶员扫除视野死角和视线模糊的缺陷，提高驾驶安全性。除了检测障碍物外，超声波雷达还有许多更加强大的功能，例如泊车库位检测、高速横向辅助等。泊车库位检测是自动泊车系统的第一步，主要依赖安装在车辆侧方的 APA。在汽车缓缓驶过库位时，利用汽车侧方的 APA 会得到一个探测距离与时间的关系，然后可以计算得到库位的近似长度。当检测的库位长度大于汽车泊入所需的最短长度时则认为当前空间有车位。另外，超声波雷达还可应用于高速横向辅助，例如特斯拉 Model S 实现了高速公路的巡航功能，并通过使用 APA 实现了高速横向辅助功能，有效提高了巡航功能的安全性和舒适性。假设在汽车行驶过程中，左后方有车辆渐渐驶近，在离自车距离较近时，Model S 在确保右侧有足够空间的情况下，自主地向右微调，降低与左侧车辆的碰撞风险。目前大部分车型搭载的超声波雷达都是倒车雷达 UPA，而随着自动驾驶技术的不断推进，基于超声波的自动泊车功能逐渐进入大众视野，APA 的市场也会逐渐打开。

超声波雷达的主要生产商有国外的博世、法雷奥、村田、尼塞拉、电装、三菱、松下，国内的同致电子、深圳航盛电子、深圳豪恩、辉创、上富、奥迪威等。传统的超声波雷达多用于倒车雷达，这部分市场基本被博世(Bosch)、法雷奥(Valeo)、村田(Murata)等占据，国内厂商很多，但能进前装市场的寥寥无几。国内外厂商之间的差距，主要在于传感器实现上的稳定性和可靠性。博世公司的产品主要有倒车雷达、半自动泊车、全自动泊车，其超声波雷达可以增加整个探测范围，提高刷新时间，每一个超声波雷达有一个代码，避免超声波雷达有噪声，更加精准。第六代超声波雷达可以很好地识别第五代产品无法识别的低矮物体。博世车用超声波传感器的检测范围为 20～450cm。同致电子主要生产汽车倒车雷达、遥控中控、后视摄像头、智能车内后视镜等产品，是国内各大汽车厂(如上海通用、上海大众、东风日产、上海汽车、神龙汽车、奇瑞汽车、吉利汽车、福特汽车等)的供应商，也是目前亚洲倒车雷达 OEM(代工生产)市场第一供应商。

2.5 惯性导航

2.5.1 概述

惯性导航系统(Inertial Navigation System，INS)是一种不依赖于外部信息、也不向外辐射能量的自主式导航系统，是以陀螺仪和加速度计为敏感器件的导航参数解算系统。该系统根据陀螺仪的输出建立导航坐标系,根据加速度计输出解算出运载体在导航坐标系中的速度和位置。惯性导航系统至少包括计算机及含有加速度计、陀螺仪或其他运动传感器的平台(或模块)。目前的高级驾驶辅助系统(ADAS)包括加速度计、陀螺仪、压力传感器和磁力仪等类型的惯性传感器的运用。其中加速度计用来测量运动体的加速度大小和方向,经过对时间的一次积分得到速度,速度再经过对时间的一次积分即可得到位移;陀螺仪用来测量运动体围绕各个轴向的旋转角速率值,通过四元数角度解算形成导航坐标系,使加速度计的测量值投影在该坐标系中,并可给出航向和姿态角;磁力仪用来测量磁场强度和方向,定位运动体的方向,通过地磁向量得到的误差表征量,可反馈到陀螺仪的姿态解算输出中,校准陀螺仪的漂移。

2.5.2 工作原理

惯性导航的基本工作原理是以牛顿力学定律为基础,通过测量载体在惯性参考系的加速度,将它对时间进行积分,且把它变换到导航坐标系中,就能够得到在导航坐标系中的速度、偏航角和位置等信息。

惯性导航系统是一种不依托于外在参考系的自主式导航系统。惯性系统导航使用陀螺仪测量物体的角速度,一方面通过四元数角度解算形成自主的导航坐标系,另一方面计算得到物体的航向和姿态角。在自主形成的导航坐标系中,加速度计首先测量物体的加速度,其次对该加速度一次积分和二次积分得到在该坐标系中的速度和位移。

在实际应用中,由 GPS 或其他外界系统给出物体当前准确的初始位置以及速度,惯性导航系统可以实时从陀螺仪和加速度计中解算出速度和位移,从而不断更新物体当前位置和速度。在给定初始位置以及速度的情况下,惯性导航系统的优势在于不依靠外部参照就可以实现自主导航。惯性导航系统具体的解算过程包括惯性速率和惯性位置两个层面。惯性导航系统首先通过陀螺仪和加速度计记录系统当前角速度以及线加速度,然后以起始速度作为初始条件对惯性加速度进行积分从而得到系统的惯性速率,最后惯性导航系统以给定的起始位置作为初始条件对惯性速率进行积分得到惯性位置。

与其他常见的导航系统(天文导航、卫星导航、无线电导航等等)相比,惯性导航系统是唯一具有自主导航能力的系统。其特性在于既不需要向外界辐射信号,也不需要连续接收外部信号。该特性使得惯性导航系统不仅隐蔽性好,而且在复杂电磁环境和外界干扰下仍能正常工作、精确定位。

2.5.3 优缺点

在自动驾驶汽车上使用惯性导航系统有诸多优点:

(1) 自主式导航。不依靠外部参照,给定初始值使用自身的运动传感器即可解算出物体当前的位置及速度。

(2) 环境适应性强。由于惯性导航系统既不依托外界信息同时也不需向外部辐射能量,故而不易受到外界复杂电磁环境的干扰,能在各种极端气象条件和地理位置下仍然保持良好的工作性能。可全天候工作于空中地上以及水下。

(3) 导航信息延迟低。惯性导航系统可以实时从陀螺仪和加速度计中解算出速度和位移,从而不断更新运动物体的位置、速度、航向和姿态角数据,帮助物体精准保持动态基准。因此,惯性导航系统数据更新率高,系统稳定好,短期精度高。

与此同时,惯性导航系统的缺点也是显而易见的:

(1) 长期精度差。由于惯性导航系统解算物体的运动信息使用一次积分和二次积分,该误差随着时间增大而增大,因此需要外部信息进行修正,保证系统的可靠性。

(2) 每次使用前进行的初始校准时间过长。

(3) 设备的成本与其他导航系统而言比较昂贵。

(4) 缺少时间信息。

2.5.4 惯性导航在自动驾驶汽车上的应用

自动驾驶技术的核心内容包括四个模块:定位模块、感知模块、决策模块、执行模块。其中定位模块作为所有模块的基础,是十分重要的。而惯性导航在自动驾驶的定位模块中具有十分关键的作用。定位模块的主要目的是确定车辆所处的绝对位置。在自动驾驶技术中,高精地图、全球卫星导航系统和惯性导航系统是相互配合、相辅相成的,共同确定车辆的绝对位置。其中全球卫星导航系统依赖卫星信号可以提供全局的定位信息,惯性导航不依赖外界信息提供相对的局部信息。将全球卫星导航系统和惯性导航系统的联合信息与本地的高精度地图进行比对,即可得到当前车辆在该高精地图中的绝对位置,从而为后续的感知、决策和执行模块提供数据基础。

惯性导航数据更新率高,导航信息延时低,而且系统稳定不易受到干扰的特点使其可以给自动驾驶的数据中心不断提供准确的车辆位置及速度信息,从而进行更好的宏观调控数据处理。惯性导航在自动驾驶系统中主要有三个关键作用:

(1) 辅助全球卫星导航系统进行高精度定位。在复杂的城市环境中,由于受地面高层建筑物的遮挡,卫星发出的信号无法覆盖全部的地方。在一些全球卫星导航系统信号丢失或者很弱的情况(例如隧道、高架桥、地下车库等)下,惯性导航系统可以及时启用,不依赖外界信息,暂时充当车辆的"眼睛",使用自身携带的运动传感器和运动方程解算出真实的位置和速度信息,弥补全球卫星导航系统信号丢失造成的影响。在实际应用中,全球卫星导航系统和惯性导航联合进行高精度定位使自动驾驶可以适应复杂的外在环境。GNSS+IMU方案是一种最常用的设计组合惯导系统的方案。GNSS虽然可以提高精准的绝对定位,但是在局部区域卫星信号丢失或者微弱时会导致定位信息延迟而造成车辆失控;惯性导航虽然可以不依托外在信息,无惧极端环境提供稳定的位置和速度信息,但是长期系统具有累计误差。将 GNSS 和 IMU 提供的定位信息进行融合形成组合惯导系统可以发挥两种导航系统的优势,提高车辆导航系统的健壮性。图 2-8 为 GNSS+IMU 算法示意图。

(2) 配合激光雷达进行定位。(1)中所述的组合惯导系统为激光雷达的位置和脉冲发射的姿态提供高精度信息,帮助建立激光雷达云点的三维坐标系。在实际应用中,自动驾驶系统首先通过全球卫星导航系统得到初始位置信息,再通过惯性导航和车辆的编码器配合得到车辆的初始位置。其次,对激光雷达实时扫描单次的点云数据(包括其几何信息和语义

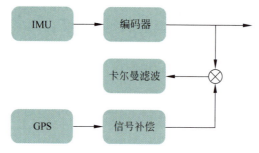

图 2-8　GNSS＋IMU 算法示意图

信息)进行特征提取,并结合车辆初始位置进行空间变化,获取基于全局坐标系下的矢量特征。最后,将初始位置信息、激光雷达提取的特征跟高精度地图的特征信息进行匹配,从而获取一个准确的定位。在该过程中组合惯性导航系统提供给车辆的初始位置并建立激光云点的坐标系起到了十分重要的作用。

(3)辅助主动车距控制巡航系统(ACC)预测路径。惯性导航系统与 ACC 联合预测路径并将该路径连接到障碍物的检测上实现主动地车距控制。特别地,惯性导航装置还能做到在坡道上对车辆的姿态控制。该装置让低重力传感器利用向下的重力方向来确定倾斜度,使正在上坡的车辆不会向后滑动,进一步提高自动驾驶的爬坡的稳定性。

综上所述,在自动驾驶系统中惯性导航系统是定位模块进行信息融合的核心。惯性导航系统不仅可以提供高频词的测量信息,而且可以将各类传感器(例如雷达、激光雷达、视觉传感器等等)的信息进行有效融合,不断为后续的决策和执行模块提供精准可靠的车辆位置、速度和姿态信息。以百度阿波罗的多传感器融合定位架构为例,惯性导航系统处于定位模块的中心位置,模块将 IMU、GNSS、LiDAR 等定位信息进行融合,通过惯性导航系统解算修正后输出 6 个自由度的位置信息。

惯性导航系统应用于自动驾驶技术中还属于初步阶段。现阶段短期内,惯性导航系统的竞争主要在于算法层面。算法决定了惯性导航系统的稳定性和健壮性。算法内容主要包括对惯性传感器传回的硬件信息的处理、速度、加速度、航向及姿态的解算,以及惯性导航作为定位模块的核心与其他传感器和车身信息融合的技术。随着自动驾驶技术的发展,惯性导航系统的竞争长远看可能会从算法层面转向惯性传感器的芯片设计。惯性导航系统的算法不断成熟,现阶段惯性传感器芯片的硬件性能可能不满足算法的具体需求。提高惯性传感器芯片的硬件性能可以给算法设计提供更大的发展空间。相应地,后期惯性导航技术发展的关键在于惯性传感器芯片的设计、制造、封测以及标定。表 2-4 为自动驾驶对惯性传感器芯片的基本要求。

表 2-4　自动驾驶对惯性传感器芯片的基本要求

指标需求	L2 智能驾驶	L3 及以上级别自动驾驶
MEMS(微机电系统)陀螺不稳定性	10°/h	1～5°/h
MEMS 加速度计精度	10mg	2mg
组合定位精度	5m	10cm
惯导系统形式	惯性测量单元	惯性组合导航系统

2.6 本章小结

本章基于自动驾驶感知层,介绍了几种常用的车载传感器:摄像头、激光雷达、毫米波雷达、超声波雷达和惯性导航。其中,摄像头是实现众多预警、识别类 ADAS 功能的基础,能够识别丰富的环境信息;激光雷达功能强大,探测精度高,可获得周围空间的点云数据,在自动驾驶中有两个核心功能:三维的环境感知和 SLAM 加强定位;毫米波雷达通过发射和接收毫米波,从而得到物体的距离,并能够获得目标的速度信息,可分为短距离雷达(24GHz)和长距离雷达(77GHz),可提供变道辅助、自主控制车速、碰撞预警等帮助,从而实现自适应巡航功能;超声波雷达在短距离测距中有很大的优势,在自动驾驶汽车上主要用于泊车系统、辅助刹车等;惯性导航可以配合 GPS 实现自动驾驶汽车的精确定位,在 GPS 信号丢失或者很弱的情况下,用积分法取得最接近真实的三维高精度定位。最后,我们对比一下自动驾驶汽车应用最多的三个传感器:摄像头、激光雷达和毫米波雷达的性能,如表 2-5 所示。

表 2-5 摄像头、激光雷达和毫米波雷达的性能对比

	摄 像 头	毫米波雷达	激光雷达
最远探测距离	50m	250m	300m
精度	一般	较高	极高
功能	车道偏离预警、前向碰撞预警、交通标志识别、全景泊车、驾驶员注意力监测	自适应巡航、自动紧急制动	实时建立周围环境的三维模型
优势	成本低,信息丰富,可识别物体	不受天气影响,探测距离远,精度高,可获得速度信息	精度极高,扫描周围环境实时建立三维模型的功能,暂无完美替代方案
劣势	依赖光线,极端天气可能失效,难以精确测距	对金属敏感,难以探测行人,缺少高度信息	受恶劣天气影响,成本极高

参考文献

[1] 张科科,傅丹鹰,周峰,等. 空间目标可见光摄像头探测能力理论计算方法研究[J]. 航天返回与遥感,2006(04):22-26.
[2] DANAKIS C, AFGANI M, POVEY G, et al. Using a CMOS camera sensor for visible light communication[C]//2012 IEEE Globecom Workshops. IEEE, 2012:1244-1248.
[3] 李清泉,李必军,陈静. 激光雷达测量技术及其应用研究[J]. 武汉大学学报信息科学版,2000,25(5):387-392.
[4] REUTEBUCH S E, ANDERSEN H E, MCGAUGHEY R J. Light detection and ranging (LIDAR):an emerging tool for multiple resource inventory[J]. Journal of Forestry,2005,103(6):286-292.
[5] 同武勤,凌永顺,蒋金水,等. 毫米波雷达的应用及发展[J]. 光电技术应用,2004,19(4):51-54.
[6] 刘洪恩. 汽车倒车防撞超声波雷达的设计[J]. 仪表技术,2008(04):8-9,12.
[7] 王红云. 基于超声波测距的倒车雷达系统设计[J]. 国外电子元器件,2008,8:69-70.

[8] 张炎华,王立端,战兴群,等.惯性导航技术的新进展及发展趋势[J].中国造船,2008,49(S1):134-144.

[9] 张荣辉,贾宏光,陈涛,等.基于四元数法的捷联式惯性导航系统的姿态解算[J].光学精密工程,2008(10):1963-1970.

[10] GLÄSER C, BÜRKLE L, NIEWELS F. An inertial navigation system for inner-city ADAS[C]// 16th International IEEE Conference on Intelligent Transportation Systems (ITSC 2013). IEEE, 2013:1503-1508.

[11] LU M, WEVERS K, HEIJDEN R. Technical feasibility of advanced driver assistance systems (ADAS) for road traffic safety[J]. Transportation Planning and Technology, 2005, 28(3):167-187.

[12] 刘专,吴朝辉,胡静,等.LIDAR技术的发展及应用[J].国土资源导刊,2013,10(10):85-87.

[13] 曲金玉,崔振民.汽车电器与电子控制技术[M].2版.北京大学出版社,2012.

[14] 杨艳.智能网联产业链分析:超声波雷达的市场竞争态势[J].汽车与配件,2019(08):71-73.

[15] 莫林夫.超声波测距应用研究[J].电子技术与软件工程,2014(21):163.

[16] 刘湘云,王定山,朱志伟.基于超声波技术的导盲杖设计[J].科技信息,2011(14):22-23.

[17] 垚澍儿.毫米波雷达为何还未被激光雷达取代?[EB/OL].http://blog.sina.com.cn/s/blog_8ee654680102x5sr.html,2017-10-19.

[18] 无人驾驶传感器盘点,国产差距明显[EB/OL].http://www.360doc.com/content/17/0402/15/30123241_642322641.shtml,2017-04-02.

[19] 杨艳,高玉英.智能网联产业链分析:毫米波雷达成关键部件[J].汽车与配件,2019(06):64-69.

[20] 郭访社,于云峰,等.捷联惯性导航系统姿态算法研究[J].航天控制,2010,28(01):37-39.

第3章 传感器标定

3.1 概述

标定传感器是自动驾驶感知系统中的必要环节,是后续传感器融合的必要步骤和先决条件,其目的是将两个或者多个传感器变换到统一的时空坐标系,使得传感器融合具有意义,是感知决策的关键前提。任何传感器在制造、安装之后都需要通过实验进行标定,以保证传感器符合设计指标,保证测量值的准确性。第2章介绍了智能网联车上搭载的各种类型传感器,传感器在安装到自动驾驶汽车上之后,需要对其进行标定;同时,在车辆行驶过程中,由于震动等原因,会导致传感器位置与原位置产生偏离,因此有必要每隔一定的时间对传感器进行校准。自动驾驶汽车通过多种类型的传感器同时工作以进行环境感知与自感知,传感器的健壮性和准确性在自动驾驶汽车感知环节中尤为重要。以下将对自动驾驶领域中经典的标定问题进行详细介绍。

3.2 摄像头的标定

车载摄像头以一定的角度和位置安装在车辆上,为了将车载摄像头采集到的环境数据与车辆行驶环境中的真实物体相对应,即找到车载摄像头所生成的图像像素坐标系中的点坐标与摄像机环境坐标系中的物点坐标之间的转换关系,需要进行摄像头标定。下面介绍车载摄像头中常用的单目摄像头和双目摄像头的标定。

3.2.1 摄像头内参数标定

传感器的标定是建立传感器输出与现实中的值的对应关系。对单目摄像头来说,这种关系体现为现实物体在图像中的位置。因此,单目视觉的标定本质上是建立物体在环境坐标系中的坐标与图像坐标系中的坐标之间的关系。

1. 摄像头模型的建立

图 3-1 是摄像头成像示意图。坐标 $Oxyz$ 是环境坐标系。设现实世界中一个物体 P，在环境坐标系中的位置为 (x_w, y_w, z_w)。为了得到 P 在图像上的投影位置（即图像上哪个像素位置表示 P），需要建立三个辅助坐标系：摄像头坐标系、图像物理坐标系、图像像素坐标系，最终需要得到的是 P 点在图像像素坐标系上的投影。

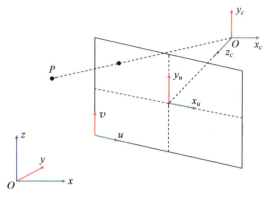

■ 图 3-1 摄像机成像示意图

1) 摄像头坐标系与环境坐标系的转换

如图 3-2 所示，摄像头坐标系以镜头中心为原点，以垂直镜头平面的直线为 z 轴建立空间直角坐标系，x 轴与 y 轴在镜头平面上，x, y, z 满足右手坐标系。

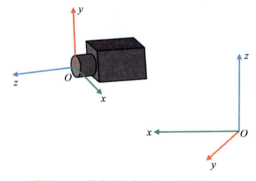

■ 图 3-2 摄像头坐标系与环境坐标系

摄像头在空间中有一个位置，因此可以建立环境坐标系与摄像机坐标系之间的关系 $[R, T]$，其中 T 为摄像机坐标系原点相对于环境坐标系原点的平移，即摄像机的镜头中心在环境坐标系的坐标，R 为摄像机坐标系相对环境坐标系的旋转矩阵。空间中的点 P 在摄像机坐标系中的坐标可以通过以下公式求解：

$$\begin{bmatrix} x_c \\ y_c \\ z_c \end{bmatrix} = \boldsymbol{R} \begin{bmatrix} x_w \\ y_w \\ z_w \end{bmatrix} + \boldsymbol{T}$$

对上述公式进行转换，得到：

$$\begin{bmatrix} x_c \\ y_c \\ z_c \\ 1 \end{bmatrix} = \begin{bmatrix} \boldsymbol{R} & \boldsymbol{T} \\ 0 & 1 \end{bmatrix} \begin{bmatrix} x_w \\ y_w \\ z_w \\ 1 \end{bmatrix}$$

这样,就建立了环境坐标系与摄像机坐标系之间的转换关系。

2)图像坐标系与图像像素坐标系

在计算机视觉中,图像常常以点阵的方式存储,每个像素对应着点阵中的一行与一列。图像像素坐标系完全对应这种关系。图像像素坐标系以图像左上角为原点,向右的方向为 u 坐标轴,向下的方向为 v 轴,像素在该坐标系下用二元组 (u,v) 表示。图 3-3 所示为摄像头坐标系示意图。

图像像素坐标系符合计算机图像处理逻辑,但图像像素坐标系坐标 (u,v) 仅仅代表像素的列数与行数,不带有任何物理单位,而空间中的坐标点则必须用带有物理量的单位(如厘米、米等)表示,因此引入图像物理坐标系。定义摄像头光轴与图像平面的交点为图像主点,图像物理坐标系以主点为原点,x 轴与 y 轴分别平行于图像像素坐标系的 u 轴与 v 轴,如图 3-4 所示。

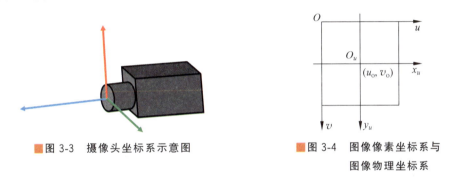

图 3-3 摄像头坐标系示意图

图 3-4 图像像素坐标系与图像物理坐标系

设像元底边长为 width,高为 height,主点在图像像素坐标系下的坐标为 (u_0,v_0),在不考虑图像畸变的情况下,图像物理坐标系下的点 (x_l,y_l) 在图像像素坐标系下的坐标可通过以下公式算出:

$$\begin{bmatrix} u \\ v \\ 1 \end{bmatrix} = \begin{bmatrix} \dfrac{1}{\text{width}} & 0 & u_0 \\ 0 & \dfrac{1}{\text{height}} & v_0 \\ 0 & 0 & 1 \end{bmatrix} \begin{bmatrix} x_l \\ y_l \\ 1 \end{bmatrix}$$

3)小孔成像与图像物理坐标系

图 3-5 所示为小孔成像模型示意图。

摄像头成像的理论基础是小孔成像。小孔成像将现实世界中的物体与图像上的投影联系起来。从摄像机成像原理上来看,图像物理坐标系的原点与摄像机的光学中心重合。当摄像头坐标系的 x 轴与 y 轴与图像物理坐标系的 x 轴与 y 轴平行时,就可以构建起图像坐标系与摄像机坐标系之间的关系。

对于物体 P,在摄像机坐标系下的坐标为 (x_c,y_c,z_c)。根据几何关系,有

$$\triangle OPA \backsim \triangle O'P'A'$$

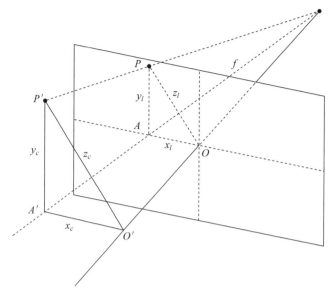

■ 图 3-5 小孔成像模型示意图

因此,成立以下关系

$$\frac{x_l}{x_c} = \frac{y_l}{y_c} = \frac{f}{z_c}$$

由上式可得

$$x_l = \frac{1}{z_c} \cdot f \cdot x_c$$

$$y_l = \frac{1}{z_c} \cdot f \cdot y_c$$

令 $s = z_c$,则有

$$s \cdot \begin{bmatrix} x_l \\ y_l \\ 1 \end{bmatrix} = \begin{bmatrix} f & 0 & 0 & 0 \\ 0 & f & 0 & 0 \\ 0 & 0 & 1 & 0 \end{bmatrix} \begin{bmatrix} x_c \\ y_c \\ z_c \\ 1 \end{bmatrix}$$

如此即可得到摄像头坐标系与图像物理坐标系之间的关系。

4)环境坐标系与图像像素坐标系的转换

在得到环境坐标系-摄像机坐标系、摄像机坐标系-图像像素坐标系之间的关系后,便可以求出环境坐标系与图像像素坐标系之间的转换关系。

对现实世界的点 P,其在环境坐标系下的坐标为 (x_w, y_w, z_w),在图像中的位置为 (u, v),两者有如下的关系:

$$s \cdot \begin{bmatrix} u \\ v \\ 1 \end{bmatrix} = \begin{bmatrix} \frac{1}{width} & 0 & u_0 \\ 0 & \frac{1}{height} & v_0 \\ 0 & 0 & 1 \end{bmatrix} \cdot \begin{bmatrix} f & 0 & 0 & 0 \\ 0 & f & 0 & 0 \\ 0 & 0 & 1 & 0 \end{bmatrix} \begin{bmatrix} \boldsymbol{R} & \boldsymbol{T} \\ 0 & 1 \end{bmatrix} \begin{bmatrix} x_w \\ y_w \\ z_w \\ 1 \end{bmatrix}$$

$$= \begin{bmatrix} \alpha_x & 0 & u_0 & 0 \\ 0 & \alpha_y & v_0 & 0 \\ 0 & 0 & 1 & 0 \end{bmatrix} \begin{bmatrix} R & T \\ 0 & 1 \end{bmatrix} \begin{bmatrix} x_w \\ y_w \\ z_w \\ 1 \end{bmatrix} = M_1 M_2 X_w$$

其中,$\alpha_x = \dfrac{f}{\text{width}}$,$\alpha_y = \dfrac{f}{\text{height}}$。

矩阵 M_2 为环境坐标系到摄像头坐标系的坐标转换关系,是摄像头在世界坐标系下的位置姿态矩阵。在计算机视觉中,确定 M_2 矩阵的过程通常称为视觉定位。自动驾驶汽车在车载摄像头安装之后,需要标定在车辆坐标系下的摄像头位置。此外,由于汽车行驶的颠簸和震动,车载摄像头的位置会随着时间进行缓慢的变化,因此自动驾驶汽车需要定期对摄像头位置进行重新标定,这一过程称为校准。

对矩阵 M_1,其四个常量 α_x,α_y,u_0,v_0 与摄像机的焦距、主点以及传感器等设计技术指标有关,而与外部因素(如周边环境、摄像机位置)无关,因此称为摄像头的内参。内参在摄像头出厂时就是确定的。然而由于制作工艺等问题,即使是同一生产线生产的摄像头,内参都有着些许差别,因此往往需要通过实验的方式来确定摄像头的内参。对单目摄像头的标定,通常就是指通过实验手段确定摄像头的内参。

2. 摄像头畸变矫正

在实际使用中,摄像头并不能完全精确地按照理想的针孔摄像机模型进行透视投影,通常会存在透镜畸变,即物点在实际的摄像头成像平面上生成的像与理想成像之间存在一定光学畸变误差,其畸变误差主要是径向畸变误差和切向畸变误差。其中,径向畸变是沿着透镜半径方向分布的畸变,产生的原因是光线在远离透镜中心的地方比靠近中心的地方更加弯曲,切向畸变是由于透镜本身与摄像头传感器平面(成像平面)或图像平面不平行而产生的,这种情况多是由于透镜被粘贴到镜头模组上的安装偏差所导致。图 3-6 所示为图像的畸变示意图 3-6(a)中畸变导致了建筑物变弯曲。

(a) 畸变图像　　　　　　　　(b) 正常图像

■ 图 3-6　图像的畸变

畸变是透镜的固有特性(凸透镜汇聚光线、凹透镜发散光线),无法消除,只能改善。在自动驾驶汽车上,影响摄像头工作的畸变一般有两种:一种称为桶形畸变;另一种称为枕形畸变。枕形畸变是由镜头引起的画面向中间"收缩"的现象。人们在使用长焦镜头或使用变焦镜头的长焦端时,较容易察觉枕形失真现象。桶形畸变则是由于镜头中透镜物理性能以及镜片组结构引起的成像画面呈桶形膨胀状的失真现象。通常在使用广角镜头或使用变焦镜头的广角端时,较容易察觉桶形失真现象。桶形畸变与枕形畸变统称为径向畸变。

在计算机视觉中,径向畸变对场景重建有着非常重要的影响。自动驾驶系统对环境的感知,要求摄像头能够实现对周边环境的高精确度重建,如果不对畸变加以矫正,是无法得到精确的环境信息。例如,环境中的目标可能出现在图像的任何区域,如果不对畸变加以矫正,那么通过视觉技术得到的目标位置和大小往往是不准确的,这会直接影响自动驾驶汽车的行驶安全。此外,自动驾驶汽车安装有多个摄像头,且在不同位置,若不考虑径向畸变,在图像拼接过程中,就会因对应特征的误注册从而导致拼接图像的模糊效应。

对一般的摄像头来讲,图像的径向畸变往往描述为一个低阶多项式模型。设观测到的图像中的某个像素(u,v)在没有畸变的情况下的图像像素坐标为(u',v'),则二者之间的变换可以通过以下公式确定:

$$\begin{cases} u = u'(1 + \kappa_1 r_c^2 + \kappa_2 r_c^4) \\ v = v'(1 + \kappa_3 r_c^2 + \kappa_4 r_c^4) \end{cases}$$

其中,$r_c^2 = u'^2 + v'^2$;$\kappa_1, \kappa_2, \kappa_3, \kappa_4$称为径向畸变系数,也属于摄像头内参。

诸多方法可以实现标定畸变系数,其中最简单的方法称为铅垂线方法(plumb-line method),其基本思想是拍摄多条直线,特别是与图像的边缘对齐的场景图像,然后通过调整畸变参数来使得图像中所有的线条都变成直线。另一种方法是使用若干个重叠图像,将径向畸变参数的估计与图像配准过程相结合,典型的代表有 Sawhney and Kumar(2009),其将多层次运动模型与二次畸变矫正项用在一个从粗到精的过程中,使用基于亮度的最小化方法计算配准。Stein(1997)使用基于特征的方法,结合三维运动模型和二次径向畸变,进行畸变矫正与配准。

在现阶段,径向畸变参数的标定一般与其余内参同时进行,文献(Zhang, Hartley and Kang, 2007; Tardif, Sturm, Trudeau, et al, 2009)中均提到了这些方法。感兴趣的读者可进一步阅读相关文献,探究上述的标定方法。

3. 常见的摄像头内参标定方法

摄像头标定的研究起源于摄像测量学。最初的摄像头标定都需要在一个很宽阔的地带来观察远处已经事先通过测量工具确定好位置的目标。这种标定方式成本很高,对标定人员的技术水平也有较高要求。工作人员希望有一种更加简单的标定方法。随着摄影测量学和计算机视觉技术的进步,以及室内机器人应用的需求,两种全新的标定方法——平面标定模式与自标定被开发出来。

平面标定模式是指制作一块标定板,在工作区的空间内使用一种可控的移动方式来移动该目标。这种方法称为"N-平面标定法"。

在一系列的平面标定模式方法中,目前应用最广泛的是张正友于2000年提出的张正友标定法。张正友标定法通过在不同位置拍摄棋盘标定板的方式,在每个图像中找到棋盘标定板的内角点,通过内角点之间的对应关系建立对矩阵$\boldsymbol{B} = \boldsymbol{K}^{-\mathrm{T}}\boldsymbol{K}^{-1}$的约束,从而恢复内参矩阵$\boldsymbol{K}$。感兴趣的读者可阅读文献[8]或在互联网中搜索"张正友标定法"来学习。此外,在本章实验中,读者可调用OpenCV的接口来使用张正友标定法进行摄像头内参的标定。

当没有标定板时,也可以通过摄像机的运动来进行标定,这种不使用已知目标进行标定的方法称为自标定。在文献(Faugeras, Luong and Maybank, 1992; Hartley and

Zisserman,2004；Moons，Van Gool and Vergauwen,2010)中提出了几种自标定的方法。自标定的方法往往需要大量精准的图像。在自动驾驶汽车系统中,通常可以在程序中设定一个周期,当使用时间到达这个周期时,摄像头开始执行自标定。

此外,当仅需恢复焦距时,还可以使用消失点方法(Caprile and Torre,1990；Becker and Bove,1995；Liebowitz and Zisserman,1998；Cipolla，Drummond and Robertson,1999；Antone and Teller,2002；Criminisi，Reid and Zisserman,2000；Hartley and Zisserman,2004；Pflugfelder,2008)。

3.2.2 摄像头间外参的标定

自动驾驶汽车中,为了尽可能减少感知盲区,往往采用多摄像头的模式。多摄像头之间需要确定它们之间的相对位置关系,这个过程称为摄像机的外参标定。

从另一个角度来说,摄像机的外参标定也可以称为"姿态估计"问题。两个摄像头之间相对位姿$[R|t]$有六个自由度(空间位置(x,y,z)与旋转关系(α,β,γ)),从理论上来讲,只要两个摄像头同时获取空间中3个点即可恢复二者之间的相对姿态。从三对对应点恢复摄像头之间的相对姿态的问题,称为"透视三点问题"(Perspective-3-Point-Problem，P3P)。在现实中,常常使用3个以上的点来恢复相对姿态,以提高健壮性,P3P问题被推广为PnP问题。

最初研究者使用直接线性法(Direct Linear Transform，DLT)解决PnP问题,之后为了提升精度,研究者们提出了健壮线性化的重投影误差,开始采用迭代的方法来求解PnP问题,并由此提出了姿态估计中著名的光束平差法(Bundle Adjustment，BA)。

自动驾驶汽车中,典型的外参标定有双目摄像头的外参标定、长焦摄像头与广角摄像头的外参标定。

双目立体视觉(Binocular Stereo Vision)是机器视觉的一种重要形式,它是基于视差原理并利用成像设备从不同的位置获取被测物体的两幅图像,通过计算图像对应点间的位置偏差,来获取物体三维几何信息的方法。在自动驾驶领域,双目视觉在实现目标识别的同时,还可以获取目标的深度信息。在很多低成本的自动驾驶技术中,会选择双目视觉来替代激光雷达。图3-7所示为标准双目视觉模型示意图。

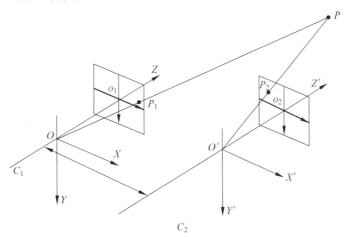

■ 图3-7 标准双目视觉模型示意图

在图 3-7 所示的这种放置方式中，要求两个摄像头光轴平行、光心处于同一水平线上。在标准双目视觉中，要求摄像机的型号、配置、内参等完全一样，因此，在双目标定之前，需要对两个摄像头的内参数分别进行校准。

图 3-7 中，O_1，O_2 分别为左、右摄像头光心，O，O' 分别为左、右成像中心。线段 O_1O 和 O_2O' 长度相同，均为摄像机有效焦距 f。摄像头的基准线平行于 X 轴，且基准线长为 L。

设空间中有一点 P，P 在左、右摄像头坐标系下的坐标分别为 $P(x_{c1}, y_{c1}, z_{c1})$、$P(x_{c2}, y_{c2}, z_{c2})$。点 P 通过透镜成像在像平面上的点分别为 P_1，P_2，P_1 在左图像坐标系下的坐标为 $P_1(x_1, y_1)$，P_2 在右图像坐标系下的坐标为 $P_2(x_2, y_2)$。根据 P 在环境坐标系、图像像素坐标系中的位置，可以利用 3.2.1 节提到的方法对两个摄像头分别进行标定。

由于在显示中，双目立体视觉中的双摄像头的安装不可能严格满足光轴平行、光心处于同一水平线的条件，因此需要对两个摄像头的位置进行校正。

设左侧摄像头相对于环境坐标系的旋转矩阵为 $\boldsymbol{R}_1^*$，平移量为 $\boldsymbol{T}_1^*$，右侧摄像头相对于环境坐标系的旋转矩阵为 $\boldsymbol{R}_2^*$，平移量为 $\boldsymbol{T}_2^*$，则两个摄像头之间的关系可表示为：

$$\boldsymbol{R}^* = \boldsymbol{R}_2^* \boldsymbol{R}_1^{*-1}$$

$$\boldsymbol{T}^* = \boldsymbol{T}_2^* - \boldsymbol{R}^* \boldsymbol{T}_1^*$$

双目立体视觉系统的两个摄像头之间的外参可通过上述公式表示。

如图 3-8 所示，两台摄像头的光轴不是平行的，同时两台摄像头间的基线也没有对准，这时必须要对两台摄像头的坐标系进行相应的平移和旋转才能达到理想的效果。

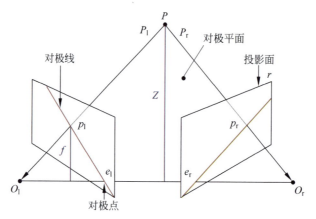

图 3-8　双目图像翻转

这样就能通过旋转矩阵 $\boldsymbol{R}$ 来实现图像平面的旋转。根据 Bouguet 算法，将右摄像头图像平面旋转到左摄像头图像平面的旋转矩阵应被平分成两部分，左、右摄像头分别各旋转一半。平移主要通过平移向量 $\boldsymbol{T}$ 来实现，它表示将一个图像平面坐标系的原点平移到另一个图像平面坐标系原点的平移向量。以左侧摄像头图像平面原点为基准，将右侧摄像头图像原点 P_r 平移到左侧图像原点 P_l 上，则平移向量 $\boldsymbol{T} = P_l - P_r$。这样，两图像平面按下式进行平移和旋转，就能使两摄像头平面的光轴互相平行，同时也能保证两摄像头间的行对准。

$$P_{\text{corrected}} = R^*(P - T^*)$$

设空间中有三维点 p，左摄像头的光心与点 p 的射线用 $\hat{x}_0$ 表示，则点 p 在左图像中的观测位置为 $p_0 = d_0 \hat{x}_0$。设左摄像头与右摄像头之间的变换关系为 $[R|t]$，则点 p 在右图像

中的坐标为 $d_1\hat{x}_1 = \bm{R}p_0 + t$。经过数学变换,可以得到 $\hat{x}_0$ 与 $\hat{x}_1$ 之间的约束关系:
$$\hat{x}_1 \bm{E} \hat{x}_0 = 0$$

上式中,$\bm{E}$ 称为本质矩阵(essential matrix)。可以在左、右图像中寻找若干个对应点来求解本质矩阵,通过本质矩阵进一步分解出 $[R|t]$,这样就实现了双目摄像头外参的标定。

双目摄像头的标定遵循以下步骤:
(1) 对原始的左右视图分别进行内参标定,根据内参进行畸变矫正;
(2) 根据对应特征点计算本质矩阵;
(3) 从本质矩阵中恢复出摄像头外参 $[\bm{R}|t]$;
(4) 进行图像剪裁。

3.3 激光雷达的标定

激光雷达作为 Apollo 自动驾驶平台的主要传感器之一,在感知、定位方面发挥着重要作用。同摄像头一样,激光雷达在使用之前也需要对其内外参数进行标定。内参标定指的是其内部激光发射器坐标系与雷达自身坐标系的转换关系,在出厂之前已经标定完成,可以直接使用。自动驾驶系统需要进行的是外参的标定,即激光雷达自身坐标系与车体坐标系的关系。

激光雷达与车体为刚性连接,两者间的相对姿态和位移固定不变。为了建立激光雷达之间以及激光雷达与车辆之间的相对坐标关系,需要对激光雷达的安装进行标定,并使激光雷达数据从激光雷达坐标系统转换至车体坐标系上。以 Velodyne VLP-16 激光雷达为例,该激光雷达以正上方为 z 轴,电缆线接口方向为 y 轴的负方向,通过右手法则来确定 x 轴方向。图 3-9 所示为激光雷达坐标系。

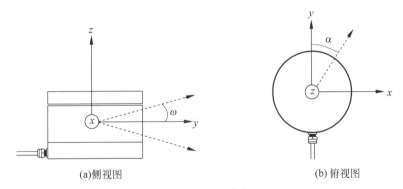

(a)侧视图 (b)俯视图

图 3-9　激光雷达坐标系

车体坐标系以车辆后轴中心为坐标原点,垂直地面向上为 z 轴,朝前为 x 轴,按照右手坐标系,确定坐标系 y 轴方向。两个三维空间直角坐标系之间的转换关系可以用旋转矩阵加平移矩阵来表示。如图 3-10 所示,P 点在 $Oxyz$ 坐标系下的坐标为 $P(x, y, z)$,在 $Ox'y'z'$ 坐标系下的坐标为 $P'(x', y', z')$。P' 点和 P 点的坐标转换关系可以表示为

$$\begin{pmatrix} x \\ y \\ z \end{pmatrix} = \bm{R} \begin{pmatrix} x' \\ y' \\ z' \end{pmatrix} + \bm{T}$$

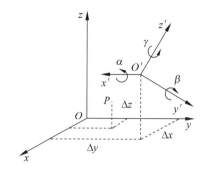

图 3-10　车体坐标系与激光雷达坐标系

可见,如果知道了 α、β、γ 三个角度以及 x、y、z 三个平移量,就可以求得两个坐标系的旋转、平移矩阵,实现坐标转换。这六个物理量分别代表旋转和平移,易于理解和检验标定结果是否正确。当然直接测量这些物理量可能会有困难,为此进一步推导坐标转换方程,可得

$$\begin{Bmatrix} x \\ y \\ z \\ 1 \end{Bmatrix} = \begin{Bmatrix} \cos\beta\cos\gamma & \cos\alpha\cos\gamma - \cos\gamma\sin\alpha\sin\beta & \sin\alpha\sin\gamma + \cos\alpha\cos\gamma\cos\beta & \Delta x \\ -\cos\beta\sin\gamma & \cos\alpha\cos\gamma + \sin\alpha\sin\beta\sin\gamma & \cos\alpha\sin\beta\sin\gamma & \Delta y \\ -\sin\beta & -\cos\beta\sin\alpha & \cos\alpha\cos\beta & \Delta z \\ 0 & 0 & 0 & 1 \end{Bmatrix} \begin{Bmatrix} x' \\ y' \\ z' \\ 1 \end{Bmatrix}$$

令 H 等于上式中的转化矩阵,那么标定的目的可以看成获取矩阵 H 中的 6 个参数。

通过实验采集同一个点在两个坐标系下的真实坐标,即同名点,建立一系列的方程组,可以求出这 16 个未知参数。

在自动驾驶汽车上,通常需要将激光雷达与惯性导航单元(IMU)坐标系进行标定,来建立激光雷达与车体坐标系之间的关系。激光雷达与车体之间的外参是感知系统建立环境模型的重要参数之一,不准确的外参会对感知系统及规划和决策系统产生负面影响。尽管激光雷达与车体之间的外参可以通过测量得到,但为了获得更精确的外参信息,自动驾驶工程师会在自动驾驶汽车出厂之后对二者进行标定。参考文献(J. Underwood, A. Hill, and S. Scheding, 2007)中,作者将反光带覆盖在固定于平坦地面的垂直杆上,通过不同的航向角在极点周围驾驶车辆来收集数据,使用顺序二次规划的方法来估计激光雷达的外参。本书篇幅所限,就不展开描述,感兴趣的读者可自行阅读了解。

在自动驾驶汽车中,已经越来越多地使用激光雷达与 IMU 相融合来进行定位。激光雷达与 IMU 之间的外参标定,除了能够建立激光雷达与车体之间的关系,还可应用于车辆定位。激光雷达与 IMU 可以一起为车辆提供精确的姿态估计。IMU 可快速地测量车体的运动状态,但随着时间的推移,IMU 的定位误差会不断累积,导致位置的测量发生漂移。激光雷达能够通过激光光束精确测量出从传感器到物体的距离和方位角的位置,与 IMU 的定位信息相结合,能够为车辆提供高精度的定位信息。

3.3.1　激光雷达与激光雷达之间的外参标定

对自动驾驶汽车来说,有时会存在多个激光雷达的情况,每一个激光雷达获取的外部环境都必须准确地映射到车体坐标系下。因此,当存在多个激光雷达时,需要对多个激光雷达

的相对位置进行标定和校准。

激光雷达之间的外参标定有多种思路,其中较为常用的是通过不同激光雷达与车体之间的坐标转换关系来间接推导出激光雷达之间的坐标转换关系。

在文献(C. Cao,M. Sands,and J. Spletzer,2010)中,作者提出了一种应用在移动车辆平台上的自动在线的过激光雷达标定方法。该方法设定一条标定路线,让车辆沿着这条线行驶,进行自标定。作者受到激光雷达-摄像头外参标定的启发,在标定路线上的垂直杆上贴上反光带作为特征点,以这些特征点建立外参的约束条件,进行标定,如图 3-11 所示。

 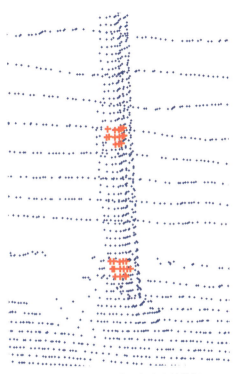

(a) 贴着反光纸的路标　　　　　　(b) 路标的点云图像与提取出的特征

■图 3-11　贴着反光纸的路标和路标的点云图像与提取出的特征

设在标定路线上有 N_t 个路标点,车上共有 N_l 个激光雷达。设激光雷达 L_i 扫描到一个特征点 X_{j,L_i},根据坐标转换,在时刻 t,其在空间中的真实坐标为

$$X_{j,W} = R_V^W(t)(R_{L_i}^V X_{j,L_i} + T_{L_i}^V) + T_V^W(t)$$

上式中,$[R_V^W(t) | T_V^W(t)]$ 可通过 IMU 测量出来,因此上式中的未知量仅有 $[R_{L_i}^V | T_{L_i}^V]$。当我们能够得到特征点在空间中的位置估计时,可以直接利用最小二乘法来求解参数:

$$\min_{R_{L_i}^V, T_{L_i}^V, X_{j,w}^*} \sum_{i=1}^{N_l} \sum_{j=1}^{N_t} \| X_{j,w} - X_{j,w}^* \|^2$$

式中,$X_{j,w}^*$ 为特征点在空间中的位置估计。本文中将上述的最小二乘问题转化为二阶锥优化(SOCP)来求解,求解出激光雷达与车体之间的关系,并进一步推导出激光雷达与激光雷达之间的外参,如图 3-12 所示。

(a) 未标定外参的两个激光雷达扫描图

(b) 标定之后的激光雷达扫描图

■ 图 3-12 未标定外参的两个激光雷达扫描图和标定之后的激光雷达扫描图

作者对其算法进行了测试,实验结果表明,本书的方法无论从精度还是计算时间,均优于前人的算法。

3.3.2 激光雷达与摄像机的标定

在自动驾驶车辆上,激光雷达与无人驾驶汽车为刚性连接,两者间的相对姿态和位移固定不变,因此,激光雷达扫描获得的数据点,在环境坐标系中有唯一的位置坐标与之对应。同样,摄像机在环境坐标系中也有一个位移的位置坐标,因此,激光雷达与摄像机之间存在着固定的坐标转换。激光雷达与摄像机的联合标定,就是通过提取标定物在单线激光雷达和图像上的对应特征点,完成单线激光雷达坐标、摄像机坐标、图像像素坐标等多个传感器坐标的统一,实现激光雷达与摄像机的空间校准。

当完成摄像机外参标定、激光雷达外参标定之后,二者之间的关系其实就可以完全确定,激光雷达扫描点可投影到图像像素坐标系。

当摄像机与激光雷达同时观察点 P 时,点 P 在摄像机自身环境坐标系中的坐标为 $P_{vc}(x_{vc}, y_{vc}, z_{vc})$,在摄像机图像的图像像素坐标系下的投影坐标为 $U=(u,v,1)^{\mathrm{T}}$,在激光雷达坐标系下的坐标为 $P_l(x_l, y_l, z_l)$。

设激光雷达-摄像机的转换关系为 $[\boldsymbol{R}^* | \boldsymbol{T}^*]$,则激光点云中的扫描点 (x_l, y_l, z_l) 在图像像素坐标系中的坐标 (u,v) 可通过以下方式算出:

$$\begin{pmatrix} u \\ v \\ 1 \end{pmatrix} = \boldsymbol{K} \left(\boldsymbol{R}^* \begin{pmatrix} x_l \\ y_l \\ z_l \end{pmatrix} + \boldsymbol{T}^* \right)$$

其中,$\boldsymbol{K} = \begin{pmatrix} f_x & 0 & u_0 \\ 0 & f_y & v_0 \\ 0 & 0 & 1 \end{pmatrix}$为摄像机的内参矩阵。

对上式进行变换可得

$$\boldsymbol{R}^* \begin{pmatrix} x_l \\ y_l \\ z_l \end{pmatrix} + \boldsymbol{T}^* = \boldsymbol{K}^{-1} \begin{pmatrix} u \\ v \\ 1 \end{pmatrix}$$

激光雷达与摄像机的标定,就是去求解上式中的$[\boldsymbol{R}^* | \boldsymbol{T}^*]$。

易知,$[\boldsymbol{R}^* | \boldsymbol{T}^*]$共有 12 个参数需要求解,因此理论上至少需要 4 组激光雷达的对应点才能得到结果。为了提高精度,一般在标定过程中使对应点的数量 $n > 4$,使用最小二乘法进行求解。

激光雷达与摄像机的外参标定是学术界研究的热点问题。目前的标定方法主要分为两个流派:使用标定目标(标定板或标定块)的标定方法与自标定方法。使用标定板来进行标定的典型方法(R. Unnikrishnan and M. Hebert,2005; G. Pandey,J. McBride,S. Savarese and R. Eustice,2010; F. M. Mirzaei,D. G. Kottas and S. I. Roumeliotis,2012)不少。2005 年 R. Unnikrishnan 开创了使用黑白棋盘的激光雷达-摄像机外参标定方法,逐渐引出了各种各样的标定方法。然而 R. Unnikrishnan 的方法需要人工的介入,需要选择关键点来进行标定,因此在自动驾驶中往往只用于激光雷达的出厂标定。在 2018 年,Lipu Zhou 等人提出了基于线和平板的自动外参标定方法,相比前人的方法,该算法在实现更高的精度的同时,所需要的信息更少,对自动驾驶汽车来说,有着广泛的应用。

Lipu Zhou 使用一块黑白标定板,在摄像机图像中使用边界分割来找到标定板的边界,在激光雷达点云中使用 RANSAC 算法找到标定板扫描线的边界,通过这两个边界来建立激光雷达与摄像机之间位姿关系的约束,如图 3-13 所示。

(a) 从图像中提取的标定板边界

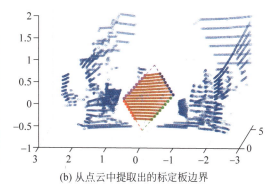
(b) 从点云中提取出的标定板边界

■图 3-13 从图像和点云中提取出的标定板边界

在点云中,扫描到标定板上的线,对应于图像中的一条极线,且激光雷达扫描到的标定板与摄像机坐标系下的标定板平行,这样可以建立起激光雷达坐标系-摄像机坐标系的左边转换关系方程式,通过最小二乘法来求解出外参。

除棋盘标定板之外,还可以使用带孔洞的标定板来进行标定,如文献(Carlos Guindel,2017)中,就采用带有四个圆形孔洞的标定板来进行标定,如图3-14所示。

 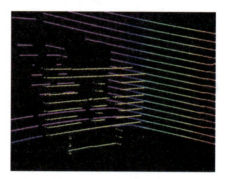

■ 图3-14 带有四个孔洞的标定板与其激光点云扫描图

基于标定目标的标定方法大多属于离线标定(offline),当我们在室外时,可以采用自标定的方法来进行在线标定。随着计算机视觉的发展,近几年越来越多地出现了基于特征表达的在线自标定算法,如G. Pandey(2014)、Z. Taylor and J. Nieto(2012)等基于激光反射值互信息(mutual information)的在线标定方法(见图3-15),J. Castorena(2016)基于结构光边缘对准的在线标定方法(见图3-16),J. Levinson and S. Thrun(2013)、S. Bileschi(2009)基于密度图的在线标定方法(见图3-17),都是目前在线标定方法的翘楚。有兴趣的读者可通过阅读这些文献来学习这些方法。

■ 图3-15 基于激光反射值互信息的在线标定方法

■ 图 3-16 基于结构光边缘对准的在线标定方法

■ 图 3-17 基于密度图的在线标定方法

3.4 联合标定实验

自动驾驶汽车中的传感器数量多。例如,搭载 Apollo 平台的自动驾驶汽车中的传感器包括激光雷达、长焦镜头、短焦镜头、毫米波雷达、超声波雷达、GPS/IMU 组合惯导,我们需要标定长焦镜头与短焦镜头、摄像机组与激光雷达、激光雷达与GPS/IMU组合惯导等传感器之间的外参。

一对一对进行标定往往费时费力，因此研究者们提出了"联合标定"的概念。联合标定是指同时标定两组以上的外参。在Apollo中，提供了可以使用的联合标定工具，下面对Apollo平台标定工具的使用方式做一个简单说明。

在Apollo中，有3项标定功能：摄像机到摄像机的标定、摄像机到多线激光雷达的标定，以及毫米波雷达到摄像机的标定。Velodyne HDL-64用户还可以使用Apollo 1.5提供的标定服务平台。标定工具均以车载可执行程序的方式提供。用户仅需要启动相应的标定程序，即可实时完成标定工作并进行结果验证。标定结果以.yaml文件形式返回。

1. 准备工作

1）下载标定工具

下载标定工具，并解压缩到＄APOLLO_HOME/modules/calibration目录下（APOLLO_HOME是Apollo代码的根目录）。

2）摄像机内参文件

内参包含摄像机的焦距、主点和畸变系数等信息，可以通过一些成熟的摄像机标定工具来获得，例如ROS Camera Calibration Tools和Camera Calibration Toolbox for Matlab。内参标定完成后，需将结果转换为.yaml格式的文件。下面是一个正确的内参文件样例：

```
header:
  seq: 0
  stamp:
    secs: 0
    nsecs: 0
  frame_id: short_camera
height: 1080
width: 1920
distortion_model: plumb_bob
D: [-0.535253, 0.259291, 0.004276, -0.000503, 0.0]
K: [1959.678185, 0.0, 1003.592207, 0.0, 1953.786100, 507.820634, 0.0, 0.0, 1.0]
R: [1.0, 0.0, 0.0, 0.0, 1.0, 0.0, 0.0, 0.0, 1.0]
P: [1665.387817, 0.0, 1018.703332, 0.0, 0.0, 1867.912842, 506.628623, 0.0, 0.0, 0.0, 1.0, 0.0]
binning_x: 0
binning_y: 0
roi:
  x_offset: 0
  y_offset: 0
  height: 0
  width: 0
do_rectify: False
```

建议每一只摄像机都要单独进行内参标定，而不是使用统一的内参结果。这样可以提高外参标定的准确性。

初始外参文件本工具需要用户提供初始的外参值作为参考。一个良好的初始值可以帮助算法得到更精确的结果。下面是一个正确的摄像机到激光雷达的初始外参文件样例，其中translation为摄像机相对激光雷达的平移距离关系，rotation为旋转矩阵的四元数表达形式：

```
header:
  seq: 0
  stamp:
    secs: 0
    nsecs: 0
  frame_id: velodyne64
child_frame_id: short_camera
transform:
  rotation:
    y: 0.5
    x: -0.5
    w: 0.5
    z: -0.5
  translation:
    x: 0.0
    y: 1.5
    z: 2.0
```

注意：摄像机到激光雷达的标定方法比较依赖于初始外参值的选取，一个偏差较大的外参，有可能导致标定失败。所以，请在条件允许的情况下，尽可能提供更加精准的初始外参值。

2. 标定场地

我们的标定方法是基于自然场景的，所以一个理想的标定场地可以显著地提高标定结果的准确度。建议选取一个纹理丰富的场地，如有树木、电线杆、路灯、交通标志牌、静止的物体和清晰的车道线。图 3-18 所示是一个较好的标定环境示例。

■图 3-18　一个较好的标定场地

所需 topics 确认程序所需传感器数据的 topics 均有输出。各个程序所需的 topics 如表 3-1～表 3-3 所示。

表 3-1　摄像机到摄像机标定所需的 topics

传 感 器	topics 名称	topics 发送频率/Hz
Short_Camera	/apollo/sensor/camera/traffic/image_short	9
Long_Camera	/apollo/sensor/camera/traffic/image_long	9
INS	/apollo/sensor/gnss/odometry	100
INS	/apollo/sensor/gnss/ins_stat	2

表 3-2　摄像机到 64 线激光雷达标定所需 topics

传 感 器	topics 名称	topics 发送频率/Hz
Short_Camera	/apollo/sensor/camera/traffic/image_short	9
LiDAR	/apollo/sensor/velodyne64/compensator/PointCloud2	10
INS	/apollo/sensor/gnss/odometry	100
INS	/apollo/sensor/gnss/ins_stat	2

表 3-3　毫米波雷达到摄像机标定所需 topics

传 感 器	topics 名称	topics 发送频率/Hz
Short_Camera	/apollo/sensor/camera/traffic/image_short	9
INS	/apollo/sensor/gnss/odometry	100
INS	/apollo/sensor/gnss/ins_stat	2

3. 标定流程

所有标定程序需要用到车辆的定位结果。请确认车辆定位状态为 56,否则标定程序不会开始采集数据。输入以下命令可查询车辆定位状态:

rostopic echo /apollo/sensor/gnss/ins_stat

1) 摄像机到摄像机

(1) 运行方法。

使用以下命令来启动标定工具:

cd /apollo/scripts
bash sensor_calibration.sh camera_camera

(2) 采集标定数据。

由于两个摄像机的成像时间无法完全同步,所以在录制数据的时候,尽量将车辆进行慢速行驶,可以有效地缓解因时间差异所引起的图像不匹配问题。

两个摄像机需有尽量大的图像重叠区域,否则该工具将无法进行外参标定运算。

(3) 配置参数。

配置文件保存在以下路径,配置项说明请参照表 3-4。

/apollo/modules/calibration/camera_camera_calibrator/conf/camera_camera_calibrtor.conf

表 3-4 摄像机到摄像机标定程序配置项说明

配 置 项	说 明
long_image_topic	长焦摄像机的图像
short_image_topic	广角摄像机的图像
odometry_topic	车辆定位
ins_stat_topic	车辆定位状态
long_camera_intrinsics_filename	长焦摄像机的内参文件路径
short_camera_intrinsics_filename	广角摄像机的内参文件路径
init_extrinsics_filename	初始外参文件路径
output_path	标定结果输出路径
max_speed_kmh	最大车速限制,单位为 km/h

(4) 输出内容。

外参文件:长焦摄像机到广角摄像机的外参文件。

验证参考图片:包括一张长焦摄像机图像、一张广角摄像机图像及一张长焦摄像机依据标定后的外参投影到广角摄像机的去畸变融合图像。

2) 摄像机到多线激光雷达

(1) 运行方法。

使用以下命令来启动标定工具:

cd /apollo/scripts
bash sensor_calibration.sh lidar_camera

(2) 采集标定数据。

为避免时间戳不同步,在录制数据的时候,尽量使车辆慢速行驶,这样可以有效地缓解因时间差异所引起的标定问题。

摄像机中需看到一定数量的投影点云,否则该工具将无法进行外参标定运算。因此,建议使用短焦距摄像机来进行摄像机-激光雷达的标定。

(3) 配置参数。

配置文件保存在以下路径,配置项说明请参照表 3-5。

/apollo/modules/calibration/lidar_camera_calibrator/conf/lidar_camera_calibrtor.conf

表 3-5 摄像机到多线激光雷达标定程序配置项说明

配 置 项	说 明
image_topic	摄像机的图像
lidar_topic	LiDAR 的点云
odometry_topic	车辆定位
ins_stat_topic	车辆定位状态
camera_intrinsics_filename	摄像机的内参文件路径
init_extrinsics_filename	初始外参文件路径
output_path	标定结果输出路径
calib_stop_count	标定所需截取的数据站数
max_speed_kmh	最大车速限制,单位为 km/h

(4)输出内容。

外参文件:摄像机到多线激光雷达的外参文件。

验证参考图片:两张激光雷达点云利用标定结果外参投影到摄像机图像上的融合图像,分别是依据点云深度渲染的融合图像和依据点云反射值渲染的融合图像。

3)摄像机到毫米波雷达

(1)运行方法。

使用以下命令来启动标定工具:

```
cd /apollo/scripts
bash sensor_calibration.sh radar_camera
```

(2)采集标定数据。

请将车辆进行低速直线行驶,标定程序仅会在该条件下开始采集数据。

(3)配置参数。

配置文件保存在以下路径,配置项说明请参照表3-6。

/apollo/modules/calibration/radar_camera_calibrator/conf/radar_camera_calibrtor.conf

表3-6 摄像机到毫米波雷达标定程序配置项说明

配 置 项	说 明
image_topic	摄像机的图像
radar_topic	Radar的数据
odometry_topic	车辆定位
ins_stat_topic	车辆定位状态
camera_intrinsics_filename	摄像机的内参文件路径
init_extrinsics_filename	初始外参文件路径
output_path	标定结果输出路径
max_speed_kmh	最大车速限制,单位为km/h

(4)输出内容。

外参文件:短焦摄像机到毫米波雷达的外参文件。

验证参考图片:将毫米波雷达投影到激光雷达坐标系的结果,需运行radar_lidar_visualizer工具。具体方法可参阅标定结果验证章节。

4)标定结果获取

所有标定结果均保存在配置文件中所设定的output路径下,标定后的外参以.yaml格式的文件提供。此外,根据传感器的不同,标定结果会保存在output目录下的不同文件夹中,具体如表3-7所示。

表3-7 标定结果保存路径

传 感 器	外参保存路径
Short_Camera	[output]/camera_params
Long_Camera	[output]/camera_params
Radar	[output]/radar_params

5)标定结果验证

当标定完成后,会在[output]/validation目录下生成相应的标定结果验证图片。下面会详细介绍每一类验证图片的基本原理和查看方法。

（1）摄像机到摄像机标定。

基本方法：根据长焦摄像机投影到短焦摄像机的融合图像进行判断，绿色通道为短焦摄像机图像，红色和蓝色通道是长焦投影后的图像，目视判断检验对齐情况。在融合图像中的融合区域，选择场景中距离较远处（50m 以外）的景物进行对齐判断，能够重合则精度高，出现粉色或绿色重影（错位）则存在误差，当误差大于一定范围（范围依据实际使用情况而定）时，标定失败，需重新标定（正常情况下，近处物体因受视差影响，在水平方向存在错位，且距离越近错位量越大，此为正常现象。垂直方向不受视差影响）。

结果示例：图 3-19 为满足精度要求外参效果，图 3-20 为不满足精度要求的现象，需重新进行标定过程。

■ 图 3-19　良好的长焦摄像头与短焦摄像头标定结果

■ 图 3-20　错误的长焦摄像头与短焦摄像头的标定结果

(2) 摄像机到多线激光雷达标定。

基本方法：在产生的点云投影图像内，可寻找其中具有明显边缘的物体和标志物，查看其边缘轮廓对齐情况。如果 50m 以内的目标，点云边缘和图像边缘能够重合，则可以证明标定结果的精度很高。反之，若出现错位现象，则说明标定结果存在误差。当误差大于一定范围（范围依据实际使用情况而定）时，该外参不可用。

结果示例：图 3-21 为准确外参的点云投影效果，图 3-22 为有偏差外参的点云投影效果。

■ 图 3-21 良好的摄像机到多线激光雷达标定结果

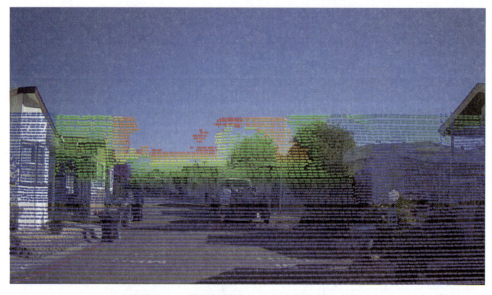

■ 图 3-22 错误的摄像机到激光雷达标定结果

(3) 毫米波雷达到摄像机。

基本方法：为了更好地验证毫米波雷达与摄像机间外参的标定结果，引入激光雷达作为桥梁,通过同一系统中毫米波雷达与摄像机的外参和摄像机与激光雷达的外参,计算得到毫米波雷达与激光雷达的外参,将毫米波雷达数据投影到激光雷达坐标系中与激光点云进行融合,并画出相应的鸟瞰图进行辅助验证。在融合图像中,白色点为激光雷达点云,绿色实心圆为毫米波雷达目标,通过图中毫米波雷达目标与激光雷达检测目标是否重合匹配进行判断,如果大部分目标均能对应匹配,则满足精度要求,否则不满足,需重新标定。

结果示例:图3-23为满足精度要求外参效果,图3-24为不满足精度要求外参效果。

■图3-23 良好的毫米波雷达到激光雷达投影结果

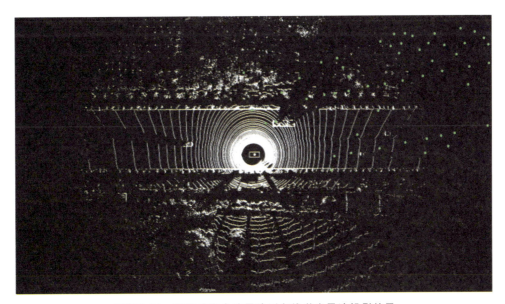

■图3-24 错误的毫米波雷达到多线激光雷达投影结果

注意事项:为了得到毫米波雷达目标和激光雷达点云融合的验证图像,系统会自动或手动调用毫米波雷达到激光雷达的投影工具(radar_lidar_visualizer)进行图像绘制和生成过程。该投影工具在启动时会自动载入毫米波雷达与摄像机的外参文件及摄像机与激光雷达的外参文件,因此在启动之前,需要先进行相应的标定工具或将两文件以特定的文件名放在相应路径中,以备工具调用。

使用以下命令来启动 radar_lidar_visualizer 工具:

cd /apollo/scripts bash sensor_calibration.sh visualizer

radar_lidar_visualizer 工具的配置文件保存在以下路径,配置项说明请参照表 3-8。

/apollo/modules/calibration/radar_lidar_visualizer/conf/radar_lidar_visualizer.conf

表 3-8 毫米波雷达到激光雷达投影工具配置项说明

配 置 项	说 明
radar_topic	Radar 的数据
lidar_topic	LiDAR 的点云
radar_camera_extrinsics_filename	毫米波雷达到摄像机的外参文件
camera_lidar_extrinsics_filename	摄像机到激光雷达的外参文件
output_path	标定结果输出路径

验证图片同样保存在[output]/validation 目录下。

3.5 本章小结

自动驾驶采用多传感器组合实现对环境的感知,为了提高信息的可信度,可以采用多传感器数据融合技术,为了进行融合首先必须进行传感器的标定,即进行各种传感器坐标系之间的转换。本章分别介绍了摄像机、激光雷达以及多传感器组合等常见车载传感器的标定原理和标定方法,包括摄像机的标定以及多传感器外参标定等;最后,以搭载 Apollo 平台的自动驾驶车辆为例,介绍了 Apollo 平台标定工具的使用。

参考文献

[1] Baidu. Apollo 2.0 传感器标定方法使用指南[EB/OL]. https://github.com/LHospitalLKY/apollo/blob/master/docs/quickstart/apollo_2_0_sensor_calibration_guide_cn.md.
[2] 王苏娅. 双目立体视觉分析方法研究[D]. 西安:西安电子科技大学,2011.
[3] 王文豪,高利. 一种基于 OpenCV 的车道线检测方法[J]. 激光杂志,2019,40(01):44-47.
[4] DUANE C B. Close-range camera calibration[J]. Photogramm Eng,1971,37(8):855-866.
[5] 张书佩. 基于双目视觉的目标跟踪测速[A]. Information Engineering Research Institute,USA、Asia Pacific Human-Computer Interaction Research Center,Hong Kong. Proceedings of 2017 4th International Conference on Power and Energy Systems(PES 2017)[C]. Information Engineering Research Institute,USA,Asia Pacific Human-Computer Interaction Research Center,Hong Kong:智能信息技术应用学会,2017:7.
[6] ASADA N,AMANO A,BABA M. Photometric calibration of zoom lens systems[C]//Pattern Recognition,1996. Proceedings of the 13th International Conference IEEE,1996,1:186-190.

[7] ZHANG Z. A flexible new technique for camera calibration[J]. IEEE Transactions on Pattern Analysis and Machine Intelligence, 2000, 22.

[8] LI M. Camera calibration of a head-eye system for active vision[C]//European Conference on Computer Vision. Springer, Berlin, Heidelberg, 1994: 541-554.

[9] 叶刚. 城市环境基于三维激光雷达的自动驾驶车辆多目标检测及跟踪算法研究[D]. 北京：北京理工大学, 2016.

[10] LIU W. LiDAR-IMU time delay calibration based on iterative closest point and iterated sigma point kalman filter[J]. Sensors, 2017, 17(3): 539.

[11] GAO C, SPLETZER J R. On-line calibration of multiple LIDARs on a mobile vehicle platform[C]//2010 IEEE International Conference on Robotics and Automation. IEEE, 2010: 279-284.

[12] ZHOU L, LI Z, KAESS M. Automatic extrinsic calibration of a camera and a 3D lidar using line and plane correspondences[C]//2018 IEEE/RSJ International Conference on Intelligent Robots and Systems (IROS). IEEE, 2018: 5562-5569.

[13] GUINDEL C, BELTRÁN J, MARTÍN D, et al. Automatic extrinsic calibration for lidar-stereo vehicle sensor setups[C]//2017 IEEE 20th International Conference on Intelligent Transportation Systems (ITSC). IEEE, 2017: 1-6.

[14] PANDEY G, MCBRIDE J R, SAVARESE S, et al. Automatic extrinsic calibration of vision and lidar by maximizing mutual information[J]. Journal of Field Robotics, 2015, 32(5): 696-722.

[15] TAYLOR Z, NIETO J. A mutual information approach to automatic calibration of camera and lidar in natural environments[C]//Australian Conference on Robotics and Automation. 2012: 3-5.

[16] FREMONT V, BONNIFAIT P. Extrinsic calibration between a multi-layer lidar and a camera[C]//Multisensor Fusion and Integration for Intelligent Systems, 2008. MFI 2008. IEEE International Conference. IEEE, 2008: 214-219.

[17] WANG C C. Extrinsic calibration of a vision sensor mounted on a robot[J]. IEEE Transactions on Robotics and Automation, 1992, 8(2): 161-175.

[18] MIRZAEI F M, KOTTAS D G, ROUMELIOTIS S I. 3D LIDAR-camera intrinsic and extrinsic calibration: Identifiability and analytical least-squares-based initialization[J]. The International Journal of Robotics Research, 2012, 31(4): 452-467.

[19] PANDEY G, MCBRIDE J R, SAVARESE S, et al. Automatic Targetless Extrinsic Calibration of a 3D Lidar and Camera by Maximizing Mutual Information[C]//AAAI. 2012.

第4章 计算机视觉与神经网络

随着汽车产业的蓬勃发展，无人驾驶或人机混合驾驶的智能汽车，逐渐成为汽车领域和各大汽车厂商关注的新方向。根据美国汽车工程师协会（Society of Automotive Engineers，SAE）的定义，智能汽车的驾驶自动化可分为以下五个等级：一级为辅助驾驶，二级为部分自动驾驶，三级为有条件自动驾驶，四级为高度自动驾驶，五级为安全自动驾驶。其中，具备一至五级功能的系统均可称为驾驶自动化系统，三到五级可称为自动驾驶系统。

无人驾驶汽车的关键技术主要涉及以下几个方面：环境感知、路径规划、定位导航和运动控制等。其中环境感知是利用传感器技术对车辆周围环境数据进行采集，获取车辆行驶周围环境信息，并对数据进行处理和分析，为规划和决策系统提供支持。根据美国加利福尼亚州机动车辆管理局最新公布的 2017 年在加利福尼亚州进行自动驾驶测试公司的"脱离报告"，复杂交通环境依然是智能汽车面临的最大挑战。可以说，实现对周围环境，特别是复杂交通环境的全面认知，是智能汽车实现第三级、迈向更高等级自动驾驶的决定性因素。复杂交通环境的全面认知程度和目前的人工智能技术，尤其是计算机视觉技术的成熟与否有直接关系。

4.1 无人驾驶与计算机视觉

无人驾驶在城市交通、公共安全以及军事国防等具有广阔的应用前景和使用价值，引起许多国家的高度重视。而环境感知是无人驾驶的核心技术，环境感知的实时性、准确性、对光照变化及阴影噪声的健壮性、对复杂道路环境以及恶劣天气的适应能力等因素直接影响无人驾驶技术的发展。无人驾驶系统的环境感知中，毫米波雷达和视觉传感器起到重要作用。其中利用视觉传感器进行信号处理和计算机技术发展息息相关。

计算机视觉（Computer Vision，CV）是一门用计算机模拟生物视觉的学科，就是让计算机代替人眼实现对目标的识别、分类、跟踪和场景理解。计算机视觉是人工智能的重要分支，是目前人工智能最为活跃的研究方向之一，在自动驾驶汽车中发挥重要作用。它也是一门综合性很强的学科,涉及计算机科学、信号处理、光学、应用数学、统计学、神经生理学和认知科学等学科。

4.1.1 生物视觉

人类感知外界信息,其中80%以上是通过视觉获得。人类通过眼睛和大脑来获取、处理与理解视觉信息。周围环境中的物体在可见光照射下,在人眼的视网膜上形成图像,由感光细胞转换成神经脉冲信号,经神经纤维传入大脑皮层进行处理与理解。视觉,不仅指对光信号的感受,它包括了对视觉信息的获取、传输、处理、存储与理解的全过程。

由视觉通路可以看到,眼、外侧膝状核与视皮层构成对视觉信息处理的三个层次结构。不同区域的神经细胞具有不同的功能。视觉通路上各层次的神经细胞由简单到复杂,它们所处理的信息分别对应于视网膜上的一个局部区域,层次越深入,该区域就越大,这就是著名的感受野(Receptive Field)与感受野等级假设。具体视觉通路如图 4-1 所示。

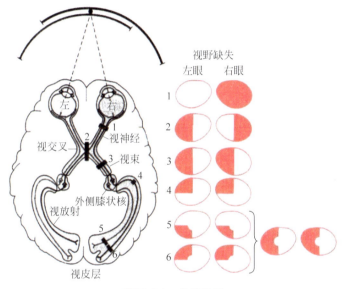

图 4-1 视觉通路

视觉传导通路由三级神经元组成。第一级神经元为视网膜的双极细胞,其周围支与形成视觉感受器的视锥细胞和视杆细胞形成突触,中枢支与节细胞形成突触。第二级神经元是节细胞,其轴突在视神经盘(乳头)处集合向后穿过巩膜形成视神经。视神经向后经视神经管入颅腔,形成视交叉后,延为视束。在视交叉中,只有一部分纤维交叉,即来自两眼视网膜鼻侧的纤维交叉,走在对侧视束中;颞侧的不交叉,走在同侧视束中。因此,左侧视束含有来自两眼视网膜左侧的纤维,右侧视束含有来自两眼视网膜右侧的纤维。视束行向后外,绕过大脑脚,多数纤维止于外侧膝状核。第三级神经元的胞体在外侧膝状核内,它们发出的轴突组成视辐射,经内囊后肢,终止于大脑距状沟周围的枕叶皮质(视区)。还有少数纤维经上丘臂终止于上丘和顶盖前区。顶盖前区与瞳孔对光反射通路有关。

其中第一级神经元中,视网膜上的神经节细胞(Gauglion Cell,GC)将感光细胞上接收到的光信号转换成电信号再由它的轴突传出。但每一个 GC 只能接收视网膜上一个局部区域信号,该区域就是 GC 的感受野,其对光信号的转换作用有以下几种。

(1) 对空间亮度变化敏感的感受野,形状可用两个同心圆表示。其同心圆形状的感受野按其对光信号的转换作用可以分为中心兴奋区、周边抑制区组成的 on-中心型以及中心抑制、周边兴奋区组成的 off-中心型。当视网膜上光信号为一边亮一边暗的具有一定对比度的信号时,只有当亮暗边缘线过同心圆中心时,GC 的输出与感受野受到均匀光照时一样,为平均输出。而当边缘线位于同心圆其他位置时,输出分别高于或低于该平均输出。如将输出看作实际输出减去平均输出,则由 GC 的输出与感受野位置可以检测亮暗边缘线,这也是边缘抽取的生物学基础。

(2) 除了 GC 细胞(x 型细胞)外,还有一种 y 型细胞,它相应对亮度空间变化不敏感,而对时间变化敏感。即当感受野圆形区域内的亮度随时间变化时,GC 输出会增大或减少,y 型细胞也可划分为 on 型或 off 型,这种对局部亮度随时间变化敏感的性质,是物体运动分析的基础。

上述的 x 型/y 型细胞是视觉信息处理中视觉传导通路第一级神经元。对于更高层次,包括外侧膝状核细胞与初级视皮层,也有类似的性质,即每一个单个细胞只接收视网膜上的局部信息,但层次越高感受野越大,即信息处理是从局部到更大的区域。例如外侧膝状核上的一个细胞,可以接收来自空间感受野相邻的多个 GC 信息,由于每个 GC 有一个感受野,多个 GC 的感受野就组成了一个更大的区域,而且该区域也具有同心圆的形状。

感受野的等级假设与局部性质主要支持视觉信息处理的自下而上的分层次串行处理性质。但视觉系统的任务不是单一的,它要识别物体的形状与颜色,要得到三维物体的深度信息,要检测物体的方位与运动参数。另外,物体的空间与时间频率性质也有很大差异。例如较细的表面纹理表现了物体表面较高的空间频率特征;较快的运动表现为图像较高的时间频率特征。神经生物学的研究表明,视觉通路的各层次上存在着基本互相独立的并行通道,分别完成不同的视觉任务。具体通道如下所示。

1) x、y 型通道

如视网膜神经节细胞的感受野有 x、y 型之分,更深层次的细胞感受野也有 x、y 型之分。由于 x、y 型感受野的不同,x 型通道传递高空间分辨率的,时间上变化慢速的信息与颜色信息;而 y 型通道传递低空间分辨率的,高时间变化率的信息。

2) 空间与时间频率通道

x、y 型细胞分别对具有空间频率或时间频率的信息敏感。心理物理学实验证明,外侧膝状核上的某一个神经细胞并不对所有频率的信息敏感,而是对某一频率的信息呈现较强的反应,在视觉皮层也发现了类似的证据,即皮层的某一部分只对某一特定频率的信号敏感。这些证据表明,在视觉通路中存在处理不同频率的信号的独立通道。

3) 颜色信息通道

视网膜存在不同的光感受细胞,即锥状细胞与杆状细胞,其中杆状细胞对颜色不敏感,而锥状细胞又分为对不同光谱(红、绿、蓝)敏感的三种细胞,对外侧膝状核与视觉皮层 17 区的分析也表明,它们都有专门的区域从事颜色信息的处理与识别。

4) 左右眼信息通道与立体视觉

由图 4-1 可以看出,眼睛、外侧膝状核与视皮层都有左右两侧,分析表明,左右两侧的神经细胞分别处理来自左右两眼的半侧的信息。也就是说,每一个眼睛的左右侧视野的信息是交叉投射到左右侧外侧膝状核与视皮层。视皮层处理来自两眼的信息,其得到的两眼视差信息,就是立体视觉的基础。只有比较来自两眼的信息,才能使我们有深度感。最近的研究表明,视皮层的17、18、19区还存在独立处理不同视差的并行通道。

5) 空间方位信息通道

早期对视觉通路信息处理的研究认为,视皮层细胞对空间几何元素的方位敏感,阮迪云等对外侧膝状核细胞的研究表明,这种方位敏感也存在于外侧膝状核细胞,即具有详细最优方位敏感的细胞在外侧膝状核层次已经聚集在一起。

6) 视皮层对形状、颜色、运动与深度信息的并行处理

对视皮层17区至更高层次的研究表明,对物体的形状、颜色、运动与深度等不同视觉信息的处理已明显分离开。对视皮层不同区域分别处理什么信息已有大量的研究,最近发展的功能核磁共振与高分辨率脑地形图为分析视皮层各部分的功能提供了技术手段。

4.1.2 边缘检测

边缘检测是图像处理和计算机视觉中的基本问题,边缘检测的目的是标识数字图像中亮度变化明显的点。图像属性中的显著变化通常反映了属性的重要事件和变化。这些包括深度上的不连续、表面方向不连续、物质属性变化和场景照明变化。边缘检测是图像处理和计算机视觉中,尤其是特征提取中的一个研究领域。

1. 边缘检测与微分运算

对于二维图像而言,边缘一般发生在一阶微分的最大值处或者二阶微分的过零点处。设二维图像信号为 $f(x,y)$,这里 (x,y) 表示像素点的位置。则其一阶导数为

$$g = \nabla f(x,y) = \left(\frac{\partial f}{\partial x}, \frac{\partial f}{\partial y}\right)^{\mathrm{T}}$$

而对于二阶导数,一般采用一种各向同性的二阶微分算子,即拉普拉斯算子:

$$\nabla^2 f(x,y) = \frac{\partial^2 f}{\partial x^2} + \frac{\partial^2 f}{\partial y^2}$$

由于实际信号经常会有噪声,如果只是按照一阶和二阶微分的最大值和过零点检测边缘点,则会由于噪声的存在而出现很多假的边缘点。因此在实际处理中,一般先进行去噪。噪声信号一般是高频信号,可以通过对其进行平滑滤波,去除噪声。平滑滤波器表示为 $h(x,y)$,滤波过程实际是在空域上的一个卷积运算。具体如下:

$$f(x,y) \otimes h(x,y)$$

将一阶和二阶微分操作和滤波去噪的过程结合,并利用卷积操作的性质,可以分别得到下述表达式:

$$f(x,y)' \otimes h(x,y) = (f(x,y) \otimes h(x,y))' = f(x,y) \otimes h(x,y)'$$
$$f(x,y)'' \otimes h(x,y) = (f(x,y) \otimes h(x,y))'' = f(x,y) \otimes h(x,y)''$$

则可以先计算出平滑滤波器的一阶微分和二阶微分,而后和图像本身做一次卷积操作即可。平滑滤波器一般选择为高斯滤波器,其二维表示及其一阶和二阶微分如下所示:

$$h(x,y) = \frac{1}{2\pi\sigma^2} e^{-\frac{x^2+y^2}{2\sigma^2}}$$

$$\frac{\mathrm{d}h(x,y)}{\mathrm{d}x} = \frac{-1}{2\pi\sigma}\mathrm{e}^{-\frac{y^2}{2\sigma^2}} \frac{x}{\sqrt{2\pi}\sigma^3}\mathrm{e}^{-\frac{x^2}{2\sigma^2}}$$

$$\frac{\mathrm{d}h(x,y)}{\mathrm{d}y} = \frac{-1}{2\pi\sigma}\mathrm{e}^{-\frac{x^2}{2\sigma^2}} \frac{x}{\sqrt{2\pi}\sigma^3}\mathrm{e}^{-\frac{y^2}{2\sigma^2}}$$

$$\nabla^2 h(x,y) = \frac{1}{2\pi\sigma^4}\left(\frac{x^2+y^2}{\sigma^2} - 2\right)\mathrm{e}^{-\frac{x^2+y^2}{2\sigma^2}}$$

2. 离散信号的差分滤波

实际存储于计算机内的信号为离散信号,离散卷积运算可以看作算子运算,即将下述窗口算子沿信号移动,在每一点滤波后的值等于窗口内信号的加权平均。常用的表示微分操作的算子包括Robert算子(见图4-2)、Prewitt算子(见图4-3)、Sobel算子(见图4-4)和拉普拉斯算子(见图4-5)。其窗口算子具体如下。

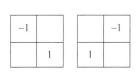

■ 图4-2　Robert算子　　　　　　　　■ 图4-3　Prewitt算子

■ 图4-4　Sobel算子　　　　　　　　■ 图4-5　拉普拉斯算子

图4-2分别为两个45°方向的一阶差分滤波器,称为Robert算子。用它们对图像滤波,可计算沿两个45°方向的一阶差分。图4-3左边为y方向一阶差分与x方向的平滑滤波,图4-3右边为x方向一阶差分与y方向的平滑滤波。图4-4表示的Sobel算子与图4-3表示的Prewitt算子类似,但平滑部分的权值有些差异。图4-5表示的是二阶差分滤波器,也称为拉普拉斯算子,该算子不包含平滑滤波器。

上述滤波器窗口一般都是3×3滤波器,也可以用σ较大的高斯函数的差分或者其他平滑函数差分设计较大窗口的差分算子,以有效抑制噪声。但窗口越大,计算复杂性也越高。

4.1.3　图像分割

图像分割是计算机视觉的基础任务之一,也是被广泛研究的方向,在自动驾驶中有重要的应用,然而至今未能完全解决。图像分割就是把图像分成若干个特定的、具有独特性质的区域并提出感兴趣目标的技术和过程,具体如图4-6所示。利用图像分割技术,可以有效将前景和背景信息分离,并可以进一步分离出物体信息。现有的图像分割方法主要分以下几类:基于阈值的分割方法、基于区域的分割方法、基于边缘检测的分割方法以及基于深度模型的分割方法等。

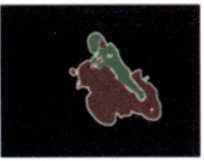

图 4-6　图像分割示例

1. 基于阈值的分割方法

基于阈值的分割方法简称阈值分割法。阈值分割法是一种传统的图像分割方法，因其实现简单、计算量小、性能较稳定而成为图像分割中最基本和应用最广泛的分割技术。阈值分割法的基本原理是通过设定不同的特征阈值，把图像像素点分为具有不同灰度级的目标区域和背景区域的若干类。它特别适用于目标和背景占据不同灰度级范围的图。阈值分割法的关键是确定阈值。阈值确定后，将阈值与像素点的灰度值比较以及对各像素的分割并行地进行。常用的阈值选择方法有利用图像灰度直方图的峰谷法、最小误差法、基于过渡区法、利用像素点空间位置信息的变化阈值法、结合连通信息的阈值方法、最大相关性原则选择阈值和最大熵原则自动阈值法。

2. 基于区域的分割方法

基于区域的分割方法是以直接寻找区域为基础的分割技术，其有两种基本形式：一种是区域生长，从单个像素出发，逐步合并以形成所需要的分割区域；另一种是区域分裂合并，从全局出发，逐步切割至所需的分割区域。

1）区域生长

区域生长的基本思想是将具有相似性质的像素集合起来构成区域。具体是先对每个需要分割的区域找一个种子像素点作为生长的起点，然后将种子像素周围邻域中与种子像素有相同或相似性质的像素合并到种子像素所在的区域中。将这些新像素当作新的种子像素继续进行上述过程，直到再没有满足条件的像素可被包括进来，这样一个区域就长成。

区域生长的优点是计算简单，对于较均匀的连通目标有较好的分割效果。它的缺点是需要人为地选取种子，对噪声较敏感，可能会导致区域内有空洞。此外它是一种串行算法，当目标较大时分割速度较慢，因此在算法设计时应尽量提高运行效率。

2）区域分裂合并

区域生长是从某个或者某些像素点出发，最后得到整个区域，进而实现目标提取。而区域分裂合并可以说是区域生长的逆过程。区域分裂合并是从整个图像出发，不断分裂得到各个子区域，然后再把前景区域合并，得到前景目标，继而实现目标的提取。区域分裂合并的假设是对于一幅图像，前景区域是由一些相互连通的像素组成的，因此如果把一幅图像分裂到像素级，那么就可以判定该像素是否为前景像素。当所有像素点或者子区域完成判断以后,把前景区域或者像素合并就可以得到前景目标。

在实际应用中,通常是将区域生长算法和区域分裂合并算法这两种基本形式结合使用。该类算法对某些复杂物体定义的复杂场景的分割或者对某些自然景物的分割等类似先验知识不足的图像分割,效果较为理想。

3. 基于边缘检测的分割方法

基于边缘检测的分割方法简称边缘检测方法,它试图通过检测包含不同区域的边缘来解决分割问题,它可以说是人们研究的最多的方法之一。通常不同的区域之间的边缘上像素灰度值的变化往往比较剧烈,这是边缘检测方法得以实现的主要假设之一。边缘检测方法一般利用图像一阶导数的极大值或二阶导数的过零点信息来提供判断边缘点的基本依据。常用的一阶导数算子有 Robert 算子、Prewitt 算子和 Sobel 算子,二阶导数算子有拉普拉斯算子。

虽然边缘检测的优点是边缘定位准确、运算速度快,但它有两大难点限制了其在图像分割中的应用:一是单纯的边缘检测不能保证边缘的连续性和封闭性;二是边缘检测方法在高细节区存在大量的碎边缘,难以形成一个大区域,但是又不宜将高细节区分为小碎片。由于上述两个难点,因此无论采用什么方法,单独的边缘检测只能产生边缘点,而不是完整意义上的图像分割过程。边缘点信息需要后续处理或与其他相关算法相结合,才能完成分割任务。

4. 基于深度模型的分割方法

随着神经网络以及深度学习的发展,在图像分割应用中也提出很多效果良好的深度模型。在后续中会陆续介绍利用深度模型进行图像分割的方法。

4.1.4 神经网络与深度学习

随着神经科学、认知科学的发展,我们逐渐了解到人类的智能行为都和大脑活动有关。人的大脑是一个非常神奇的器官,人的听、说、读、写,以及很多智能、复杂的行为都与大脑有关,人的大脑是一个可以产生意识、思想和情感的器官,不仅如此,大脑还具有非常强大的学习能力,它能够学习和处理各种各样的信息,对于不同的外界信号,它都能够产生相应的反应。总之,大脑是一个非常强大的学习体。人工神经网络(Artificial Neural Network,ANN)简称神经网络,是一种受人脑神经网络工作方式启发而构造的一种数学模型。和目前计算机的结构不同,人脑是一个高度复杂、非线性、并行的信息加工、处理系统。人脑神经网络可以将声音、视觉等信号经过多层的编码,从最原始的低层特征不断加工、抽象,最终得到原始信号的语义编码。

神经网络研究经历几次浪潮。第一波神经网络研究浪潮被称为控制论,其主要是从线性模型出发,输出和输入是简单的线性关系。线性模型有很多局限性,比如它无法学习异或函数,因此导致神经网络热潮的第一次退潮。神经网络研究的第二次浪潮在很大程度上伴随一个被称为联结主义或并行分布处理潮流。联结主义的中心思想是,当网络将大量简单的计算单元连接在一起时可以实现智能行为。这种思想同样适用于生物神经系统中的神经元,因为它和计算模型中的隐藏单元起着类似的作用。神经网络研究的第二次浪潮一直持续到 20 世纪 90 年代中期,在这期间,机器学习的其他领域取得很大进步,包括核方法和图模型都在很多重要任务上实现很好的效果,这导致神经网络的第二次衰退,这次衰退一直持续到 2006 年。在这期间，神经网络在某些任务上还是获得了令人深刻的表现。加拿大高级研究所（CIFAR）通过其神经计算和自适应感知（NCAP）研究计划帮助维持神经网络研究。该计划联合了分别由 Geoffrey Hinton、Yoshua Bengio 和 Yann LeCun 领导的多伦多大学、蒙特利尔大学和纽约大学的机器学习研究小组。这个多学科的 CIFAR NCAP 研究计划还囊括了神经科学家、人类和计算机视觉专家。近年来，随着大规模并行计算以及 GPU 设备的普及，计算机的计算能力得以大幅提高。此外，可供机器学习的数据规模也越来越大。在计算能力和数据规模的支持下，计算机已经可以训练大规模的人工神经网络。各大科技巨头公司都投入巨资研究深度学习，神经网络迎来第三次高潮。神经网络研究的第三次浪潮始于 2006 年的突破。Geoffrey Hinton 表明，名为深度信念网络的神经网络可以使用一种称为贪婪逐层预训练的策略来有效地训练（Hinton et al.，2006a）。其他 CIFAR 附属研究小组很快表明，同样的策略可以被用来训练许多其他类型的深度网络（Bengio and LeCun，2007a；Ranzato et al.，2007b），并能系统地帮助提高在测试样例上的泛化能力。神经网络研究的这一次浪潮普及了"深度学习"这一术语的使用，强调研究者现在有能力训练以前不可能训练的比较深的神经网络，并着力于深度的理论重要性上（Bengio and LeCun，2007b；Delalleau and Bengio，2011；Pascanu et al.，2014a；Montufar et al.，2014）。此时，深度神经网络已经优于与之竞争的基于其他机器学习技术以及手工设计功能的 AI 系统。目前，神经网络的第三次发展浪潮仍在继续，尽管深度学习的研究重点在这一段时间内已经发生了巨大变化。第三次浪潮已开始着眼于新的无监督学习技术和深度模型在小数据集的泛化能力，但目前更多的兴趣点仍是比较传统的监督学习算法和深度模型充分利用大型标注数据集的能力。

2018 年的 ACM 图灵奖颁发给了蒙特利尔大学的教授 Yoshua Bengio、多伦多大学的名誉教授 Geoffery Hinton 和纽约大学的教授 Yann Lecun，以表彰他们在深度神经网络概念和工程上的突破。深度神经网络的再度崛起为人工智能的发展发挥巨大的推动作用，它促进了现代计算机科学的极大进步，在解决计算机视觉、语音识别、自然语言处理领域的长期问题方面取得了巨大的进展。正如谷歌人工智能负责人 Jeff Dean 所言，深度神经网络显著提升了计算机感知世界的能力，它不仅改变了计算机领域，也几乎改变了科学和人类奋斗的所有领域。

4.1.5 深度学习与传统学习

典型的模式识别系统构成如图 4-7 所示。该系统一般包括数据预处理、特征提取、特征转换和预测识别几个组成部分。

图 4-7 典型的模式识别系统构成

数据预处理：包括去除噪声，文本分类中去除停用词等。

特征提取：从原始数据中提取一些有效的特征。如在图像分类中，提取边缘、尺度不变特征变换（Scale Invariant Feature Transform，SIFT）特征等。

特征转换：对特征进行一定的加工，如降维和升维。降维包括特征抽取（feature extraction）和特征选择（feature selection）两种途径。常用的特征转换方法有主成分分析（Principal Components Analysis，PCA）、线性判别分析（Linear Discriminant Analysis，LDA）等。

预测识别：机器学习的核心部分，学习一个函数进行预测。

在典型的模式识别系统中，预测识别的机器学习模型一般为浅层模型，或浅层学习。浅层学习的一个重要特点是不涉及特征学习，其特征主要靠人工经验或特征转换方法来抽取。而在深度学习中，一般将特征提取和预测识别结合在一个模型中，并将特征提取用多层特征学习或表示学习替代。要提高表示能力，其关键是构建具有一定深度的多层次特征表示。一个深层结构的优点是可以增加特征的重用性，从而指数级地增加表示能力。其中，从底层特征开始，一般需要多步非线性转换才能得到较为抽象的高层语义特征。深度模型识别系统构成如图4-8所示。

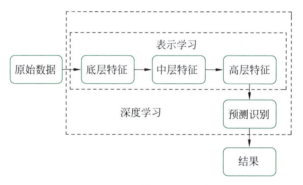

图4-8　深度模型识别系统构成

4.1.6　计算机视觉在自动驾驶中的应用

随着汽车的大规模普及，汽车已成为人工智能技术的一个主要应用方向。利用人工智能技术，汽车的辅助驾驶功能及应用越来越多。根据自动驾驶汽车的功能需求，可将自动驾驶系统分为定位、环境感知、路径规划、决策控制等关键功能模块。计算机视觉主要应用在自动驾驶汽车的环境感知阶段，其具体的应用场景主要有以下六个方面：

（1）使用双目视觉系统获取场景中的深度信息。无人驾驶中可借助双目视觉系统帮助探索可行驶区域和目标障碍物。双目视觉系统可以得到周围场景每个像素的深度信息，这与激光雷达获取的三维点云数据非常像。其成本虽便宜，但缺点也十分明显：测量距离可能没有激光雷达远，并且对计算能力要求较高。

（2）对点云数据的检测。激光雷达作为自动驾驶汽车感知系统最重要的传感器之一，可以通过采集点云数据实现感知功能。利用机器视觉技术，可从点云数据中得到物体的种类、位置等信息。但在较远的地方点云数据较为稀疏，分类效果没有RGB图像的检测效果好。如图4-9(取自Apollo公开数据平台)所示,绿色框表示的是机动车,红色框表示的是行人,蓝色框表示的是非机动车,黄色框表示的是其他障碍物。

图4-9 点云检测

(3) 运动估计。通过一段视频来估计每一个像素的运动方向和运动速度,可在自动驾驶中帮助估计车身的运动。除此之外,还可以估计周围场景中感兴趣物体的运动方向,这对于后续的决策模块、路径规划模块非常有意义。另外,可以根据某个感兴趣物体的历史运动轨迹,对其后续的运动方向和轨迹进行预测。

(4) 对物体的检测、识别与追踪。通过深度学习的方法,可以检测在行驶途中遇到的物体,如行人、地上的标志、交通信号灯,以及旁边的车辆等。更精细一点,还可以识别车门的开闭、车尾灯的亮灭等。如图4-10所示,可以检测到道路上交通信号灯的位置,并识别出其指代信息,图中的标注1表示红灯,标注2表示绿灯。另外,由于行人以及旁边的车辆等物体都是在运动的,能够跟踪这些物体以达到防止碰撞的目的。

图4-10 交通信号灯检测

(5) 场景分割。场景分割主要包括两个方面:一是道路线检测;二是在道路线检测下把场景每一个像素加上标签。

如图 4-11（取自 Apollo 公开数据平台）所示，通过场景分割，将整个场景加标签，如深紫色是路面，粉色是道路栏杆，蓝色是车辆，绿色是树木等。如果有每个像素的标签图，就可以得到语义信息，对避障以及路径规划等决策模块提供有价值的参考。

图 4-11　场景分割

（6）同步地图构建和自身定位。同步地图构建和自身定位即 SLAM（Simultaneous Localization and Mapping）技术。该技术最早在机器人领域中应用，在这里主要指摄像头的 SLAM 技术，其通过摄像头和其他多种廉价传感器的融合，能够递增创建周围环境地图，同时利用多种传感器提供的位置信息去实现自身位置的精确定位。例如，无人驾驶对于定位的要求非常高，需要达到分米级别的定位。如果只使用惯性传感器、GPS 等，得到的精度是远远不够的。但借助视觉传感器、视觉地图，再融合这些惯性传感器和 GPS 等，可得到非常准确的定位效果。

4.2　深度前馈网络

4.2.1　神经元

一个生物神经元模型如图 4-12 所示。由图可以看出，生物神经元由胞体（soma）、树突（dendrites）、突触（synapse）和轴突（axon）等构成。胞体是神经元的代谢中心，胞体一般生长有许多树状突起，称为树突，它是神经元的主要接收器。胞体还延伸出一条管状纤维组织，称为轴突。树突是神经元的生物信号输入端，与其他的神经元相连；轴突是神经元的信号输出端，连接到其他神经元的树突上。生物神经元有两种状态：兴奋和抑制，平时生物神经元都处于抑制状态，轴突无输入，当生物神经元的树突输入信号大到一定程度，超过某个阈值时，生物神经元由抑制状态转为兴奋状态，同时轴突向其他生物神经元发出信号。轴突的作用主要是传导信息，传导的方向是由轴突的起点传向末端。通常，轴突的末端分出许多末梢，它们同后一个生物神经元的树突构成一种称为突触的机构。其中，前一个神经元的轴突末梢称为突触的前膜,后一个生物神经元的树突称为突触的后膜;前膜和后膜两者之间的窄缝空间称为突触的间隙,前一个生物神经元的信息由其轴突传到末梢之后,通过突触对后面各个神经元产生影响。

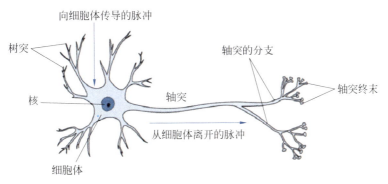

■图 4-12　生物神经元模型

人工神经元(artificial neuron)简称神经元(neuron),是构成神经网络的基本单元,其主要是模拟生物神经元的结构和特性,接收一组输入信号并产出输出。其数学模型具体表述如图 4-13 所示。

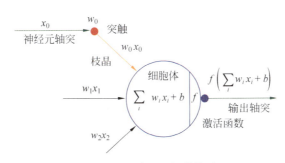

■图 4-13　神经元数学模型

用数学公式将图 4-13 表示如下:

$$f\left(\sum_i \omega_i x_i + b\right)$$

其中,f 为激活函数。为了增强网络的表达能力以及学习能力,一般使用连续非线性激活函数(activation function)。因为连续非线性激活函数可导,所以可以用最优化的方法来学习网络参数。

1) sigmoid 激活函数

sigmoid 激活函数可以有两种形式:一种为 logistic 函数;另一种为 tanh 函数。

logistic 函数定义为 $\sigma(x)$,具体如下:

$$\sigma(x) = \frac{1}{1+e^{-x}}$$

logistic 函数形状如图 4-14(a)所示,其可以看成是一个"挤压"函数,把一个实数域的输入"挤压"到(0,1)。当输入值在 0 附近时,sigmoid 型函数近似为线性函数;当输入值靠近两端时,对输入进行抑制。输入越小,其值越接近于 0;输入越大,其值越接近于 1。这样的特点也和生物神经元类似,对一些输入会产生兴奋(输出为 1),对另一些输入产生抑制(输出为 0)。和感知器使用的阶跃激活函数相比,logistic 函数是连续可导的,其数学性质更好。

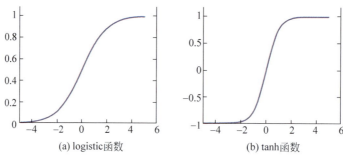

图 4-14　logistic 函数和 tanh 函数

tanh 函数定义为 $\tanh(x)$,具体如下:

$$\tanh(x) = \frac{e^x - e^{-x}}{e^x + e^{-x}} = 2\sigma(2x) - 1$$

tanh 函数可以看作是放大并平移的 logistic 函数,如图 4-14(b)所示。

2) Hard-Logistic 和 Hard-tanh 函数

logistic 函数和 tanh 函数都是 sigmoid 型函数,具有饱和性,但是计算开销较大。因为这两个函数都是在中间(0 附近)近似线性,两端饱和,因此,这两个函数可以通过分段函数来近似。以 logistic 函数 $\sigma(x)$ 为例,其导数为 $\sigma'(x) = \sigma(x)(1-\sigma(x))$。logistic 函数在 0 附近的一阶泰勒展开式为

$$gl(x) \approx \sigma(0) + x \times \sigma'(0) = 0.25x + 0.5$$

$$\text{hard-lohistic}(x) = \begin{cases} 1 & gl(x) \geqslant 1 \\ gl(x) & 0 < gl(x) < 1 \\ 0 & gl(x) \leqslant 0 \end{cases} = \max(\min(gl(x),1),0)$$

同样,tanh 函数在 0 附近的一阶泰勒展开式为

$$gt(x) \approx \tanh(0) + x \times \tanh'(0) = x$$

则

$$\text{hard-tanh}(x) = \max(\min(gt(x),1),-1) = \max(\min(x,1),-1)$$

图 4-15 给出了 hard-logistic 和 hard-tanh 两种函数的形状。

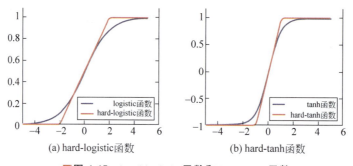

图 4-15　hard-logistic 函数和 hard-tanh 函数

3) 修正线性单元

修正线性单元(Rectified Linear Unit,ReLU)也叫 rectifier 函数,是目前深层神经网络中经常使用的激活函数。ReLU 实际上是一个斜坡(ramp)函数,定义为

$$\text{rectifier}(x) = \begin{cases} x & x \geqslant 0 \\ 0 & x < 0 \end{cases} = \max(0, x)$$

采用 ReLU 的神经网络只需要进行加、乘和比较的操作,计算上也更加高效。此外,rectifier 函数被认为有生物上的解释性。神经科学家发现,部分生物神经元除了具有单侧抑制的特性外,其兴奋程度也可以非常高,即有一个宽兴奋边界。此外,生物神经元只对少数输入信号选择性响应,处于兴奋状态的神经元非常稀疏,大脑中在同一时刻大概只有 1%～4% 的神经元处于活跃状态。Sigmoid 系激活函数会导致一个非稀疏的神经网络,这不符合神经科学的发现。而 ReLU 却具有很好的稀疏性,大约 50% 神经元会处于激活状态。

rectifier 函数为左饱和函数,在 $x > 0$ 时导数为 1,在 $x \leqslant 0$ 时导数为 0。这样在训练时,如果学习率设置过大,在一次更新参数后,一个采用 ReLU 的神经元在所有的训练数据上都不能被激活。那么,这个神经元在以后的训练过程中永远不能被激活,这个神经元的梯度就永远都会是 0。

在实际使用中,为了避免上述情况,有几种 ReLU 的变种也会被广泛使用。

(1) 带泄漏的 ReLU。

带泄漏的 ReLU(Leaky ReLU)在输入 $x < 0$ 时,保持一个很小的梯度。这样当神经元非激活时也能有一个非零的梯度可以更新参数,避免永远不能被激活。带泄漏的 ReLU 的定义如下:

$$f(x) = \max(0, x) + \gamma \min(0, x) = \begin{cases} x & x \geqslant 0 \\ \gamma x & x < 0 \end{cases}$$

其中,$\gamma \in (0, 1)$ 是一个很小的常数,如 0.01。

(2) 带参数的 ReLU。

带参数的 ReLU(Parametric ReLU,PReLU)引入一个可学习的参数,不同神经元可以有不同的参数。对于第 i 个神经元,其 PReLU 的定义为

$$\text{PReLU}_i(x) = \max(0, x) + \gamma_i \min(0, x) = \begin{cases} x & x > 0 \\ \gamma_i x & x \leqslant 0 \end{cases}$$

其中,γ_i 为 $x \leqslant 0$ 时函数的斜率。因此,PReLU 是非饱和函数。如果 $\gamma_i = 0$,那么 PReLU 就退化为 ReLU。如果 γ_i 为一个很小的常数,则 PReLU 可以看作带泄漏的 ReLU。PReLU 可以允许不同神经元具有不同的参数,也可以一组神经元共享一个参数。

(3) softplus 函数。

softplus 函数可以看作是 rectifier 函数的平滑版本,其定义为

$$\text{softplus}(x) = \log(1 + e^x)$$

softplus 函数的导数刚好是 logistic 函数。softplus 虽然也有具有单侧抑制、宽兴奋边界的特性,却没有稀疏激活性。

图 4-16 给出了 rectifier 函数、softplus 函数以及 PReLU 的示例。

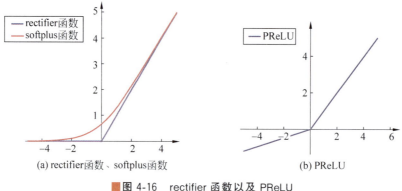

(a) rectifier 函数、softplus 函数　　　　(b) PReLU

■ 图 4-16　rectifier 函数以及 PReLU

4.2.2　网络结构

一个生物神经细胞的功能比较简单，而人工神经元只是生物神经细胞的理想化和简单实现，功能更加简单。要想模拟人脑的能力，单一的神经元是远远不够的，需要通过很多神经元一起协作来完成复杂的功能。这样通过一定的连接方式或信息传递方式进行协作的神经元可以看作是一个网络，就是神经网络。

到目前为止，研究者已经发明了各种各样的神经网络结构。目前常用的神经网络结构有以下三种。

1. 前馈网络

网络中各个神经元按接收信息的先后分为不同的组。每一组可以看作一个神经层。每一层中的神经元接收前一层神经元的输出，并输出到下一层神经元。整个网络中的信息是朝一个方向传播，没有反向的信息传播。前馈网络可以用一个有向无环路图表示。前馈网络可以看作一个函数，通过简单非线性函数的多次复合，实现输入空间到输出空间的复杂映射。这种网络结构简单，易于实现。前馈网络包括全连接前馈网络和卷积神经网络等。

2. 反馈网络

网络中神经元不但可以接收其他神经元的信号，也可以接收自己的反馈信号。和前馈网络相比，反馈网络在不同的时刻具有不同的状态，具有记忆功能，因此反馈网络可以看作一个程序，也具有更强的计算能力。反馈神经网络可用一个完备的无向图来表示。

3. 记忆网络

记忆网络在前馈网络或反馈网络的基础上，引入一组记忆单元，用来保存中间状态。同时，根据一定的取址、读写机制，来增强网络能力。和反馈网络相比，记忆网络具有更强的记忆功能。

三种网络结构如图 4-17 所示。

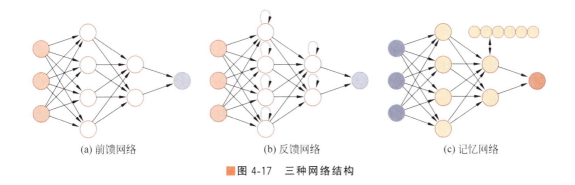

■ 图 4-17 三种网络结构

4.2.3 深度前馈网络

在前馈神经网络中,各神经元分别属于不同层。每一层的神经元可以接收前一层神经元的信号,并产生信号输出到下一层。第一层为输入层,最后一层为输出层,其他中间层为隐藏层。整个网络中无反馈,信号从输入层向输出层单向传播,可用一个有向无环图表示,如图 4-18 所示。

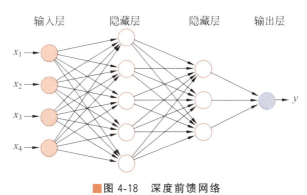

■ 图 4-18 深度前馈网络

用下面的记号来描述一个前馈神经网络。

L:表示神经网络的层数;

n^l:表示第 l 层神经元的个数;

$f_l(\cdot)$:表示 l 层神经元的激活函数;

$\boldsymbol{W}^{(l)} \in \boldsymbol{R}^{n^l \times n^{l-1}}$:表示 $l-1$ 层到第 l 层的权重矩阵;

$\boldsymbol{b}^{(l)} \in \boldsymbol{R}^{n^l}$:表示 $l-1$ 层到第 l 层的偏置;

$\boldsymbol{z}^{(l)} \in \boldsymbol{R}^{n^l}$:表示 l 层神经元的净输入;

$\boldsymbol{a}^{(l)} \in \boldsymbol{R}^{n^l}$:表示 l 层神经元的输出。

前馈神经网络通过下面公式进行信息传播:

$$\boldsymbol{z}^{(l)} = \boldsymbol{W}^{(l)} \boldsymbol{a}^{(l-1)} + \boldsymbol{b}^{(l)}$$
$$\boldsymbol{a}^{(l)} = f_l(\boldsymbol{z}^{(l)})$$

这样,前馈神经网络可以通过逐层的信息传递,得到网络最后的输出 $\boldsymbol{a}^{(L)}$。整个网络可以看作一个复合函数 $\varphi(x; \boldsymbol{W}, \boldsymbol{b})$ 将输入 x 作为第 1 层的输入 $\boldsymbol{a}^{(0)}$,将第 l 层的输出 $\boldsymbol{a}^{(l)}$ 作

为整个函数的输出 y。

4.2.4 参数学习

在深度前馈神经网络中，$(\boldsymbol{W},\boldsymbol{b})$ 是模型参数，给定输入和输出数据对 (x,y)，得到模型参数的过程称为训练或学习。其中学习的目标函数可以有多种形式，常见的有交叉熵损失函数。下面以交叉熵损失函数为例，介绍整体学习过程。

$$L(\boldsymbol{y},\hat{\boldsymbol{y}}) = -\boldsymbol{y}^\top \log \hat{\boldsymbol{y}}$$

其中，y 为对应的 one-hot（独热）向量表示。

给定训练集为 $D=\{(x^{(i)},y^{(i)})\}$, $1 \leq i \leq N$，将每个样本 $x^{(i)}$ 输入给前馈网络，得到网络输出 $\hat{y}^{(i)}$，其在数据集 D 上的风险函数为

$$R(\boldsymbol{W},\boldsymbol{b}) = \frac{1}{N}\sum_{i=1}^{N} L(y^{(i)},\hat{y}^{(i)}) + \frac{1}{2}\lambda \|\boldsymbol{W}\|_F^2$$

这里，$\boldsymbol{W}$ 和 $\boldsymbol{b}$ 包含了每一层的权重矩阵和偏置向量；$\|\boldsymbol{W}\|_F^2$ 是正则化项，用来防止过拟合；λ 是为正数的超参。λ 越大，$\boldsymbol{W}$ 越接近于 0。

有了学习准则和训练样本，网络参数可以通过梯度下降法来进行学习。在梯度下降法的每次迭代中，第 l 层的参数 $\boldsymbol{W}^{(l)}$ 和 $\boldsymbol{b}^{(l)}$ 更新方式为

$$\boldsymbol{W}^{(l)} \leftarrow \boldsymbol{W}^{(l)} - \alpha \frac{\partial R(\boldsymbol{W},\boldsymbol{b})}{\partial \boldsymbol{W}^{(l)}}$$

$$= \boldsymbol{W}^{(l)} - \alpha \left(\frac{1}{N}\sum_{i=1}^{N} \frac{\partial L(y^{(i)},\hat{y}^{(i)})}{\partial \boldsymbol{W}^{(l)}} + \lambda \boldsymbol{W}^{(l)} \right)$$

$$\boldsymbol{b}^{(l)} \leftarrow \boldsymbol{b}^{(l)} - \alpha \frac{\partial R(\boldsymbol{W},\boldsymbol{b})}{\partial \boldsymbol{b}^{(l)}}$$

$$= \boldsymbol{b}^{(l)} - \alpha \left(\frac{1}{N}\sum_{i=1}^{N} \frac{\partial L(y^{(i)},\hat{y}^{(i)})}{\partial \boldsymbol{b}^{(l)}} \right)$$

其中，α 为学习率。

梯度下降法需要计算损失函数对参数的偏导数，如果通过链式法则逐一对每个参数进行求偏导效率比较低。在神经网络的训练中经常使用反向传播算法来高效地计算梯度。

4.3 卷积神经网络

研究者在使用全连接前馈网络处理图像时发现效果并不好，主要存在以下两个问题。

(1) 参数量巨大：假如输入图像像素为 1000×1000 像素（即高度和宽度都为 1000）。在全连接前馈网络中，第一个隐藏层的每个神经元到输入层都有 1 000 000（1000×1000）个相互独立的连接，对应 1 000 000 个权重参数。如果是 RGB 彩色图，还要再乘以 3，即 3 000 000 个参数。如果想要得到更好的效果，再加几个隐层，参数的规模还会继续翻倍增加。这会导致整个神经网络的训练效率非常低，也容易出现过拟合。

(2) 局部不变性特征：自然图像中的物体都具有局部不变性特征，如尺度缩放、平移、旋转等操作不影响其语义信息。而全连接前馈网络很难提取这些局部不变特征，一般需要

进行数据增强来提高性能。因此诞生了卷积神经网络。

卷积神经网络(Convolutional Neural Network,CNN)是一种具有稀疏连接、权值共享等特性的深层前馈神经网络,最早用于处理图像信息。卷积神经网络是受生物学上感受野(receptive field)的机制而提出。感受野主要是指听觉、视觉等神经系统中一些神经元的特性,即神经元只接收其所支配的刺激区域内的信号。1980 年,福岛邦彦(Kunihiko Fukushima)提出了一种带卷积和子采样操作的多层神经网络——新知机(neocognitron)。但当时还没有反向传播算法,新知机采用了无监督学习的方式来训练,并没有得到太大的关注。Rumelhart 等人于 1986 年提出了反向传播算法,通过以误差为主导进行自学习,旨在得到最优的全局参数矩阵,用以替代如 Sobel、Prewitt 等这一类利用人类经验精心设计的算子。LeCun 在 1989 年将反向传播算法引入神经网络,发明了卷积神经网络,并在 1998 年将其应用到手写体数字识别上取得了巨大成功,当时被广泛应用于美国银行系统中的识别支票上的手写数字这一场景中。

如今卷积神经网络一般是由卷积层、池化层和全连接层交叉叠加而成的前馈神经网络,使用反向传播算法进行训练。卷积神经网络有三个结构的特性:稀疏连接、权值共享和旋转不变性。和前馈神经网络相比,卷积神经网络的参数更少。卷积神经网络最擅长处理图像和视频数据,如图像分类、人脸识别、物体识别、图像分割、物体检测等。自 2012 年开始,卷积神经网络凭借其远超其他神经网络模型的准确率,不断在历届的 ILSVRC 图像识别竞赛(全球最权威的计算机视觉竞赛)中大放异彩,并衍生出各种优化和改进算法,瞬间使卷积神经网络和深度学习成为当今最炙手可热的研究领域,近年来也被广泛地应用到自然语言处理、推荐系统等领域。

4.3.1 卷积的概念

这里从点积的概念出发,引入卷积的概念。

1. 点积

点积和卷积这两种操作名称相近且都经常出现在向量运算中,希望读者们不要弄混了。在说卷积前,先来回顾一个高中数学知识:点积。点积有两种定义方式:代数方式和几何方式。

代数定义:对于二维空间内的两个向量 $\boldsymbol{u},\boldsymbol{v} \in \boldsymbol{R}^n$,其中 $\boldsymbol{u}=[u_1,u_2,\cdots,u_n]$,$\boldsymbol{v}=[v_1,v_2,\cdots,v_n]$,$\boldsymbol{u}$ 和 $\boldsymbol{v}$ 的点积定义如下:

$$\boldsymbol{u} \cdot \boldsymbol{v} = \sum_{i=1}^{n} u_i v_i = u_1 v_1 + u_2 v_2 + \cdots + u_n v_n$$

几何定义:对于二维空间内的两个向量 $\boldsymbol{u},\boldsymbol{v} \in \boldsymbol{R}^n$,其大小分别表示为 $|\boldsymbol{u}|$ 和 $|\boldsymbol{v}|$,它们的夹角为 $\theta(0 \leqslant \theta \leqslant \pi)$,$\boldsymbol{u}$ 和 $\boldsymbol{v}$ 的点积定义如下:

$$\boldsymbol{u} \cdot \boldsymbol{v} = |\boldsymbol{u}||\boldsymbol{v}|\cos\theta$$

这个运算可以形象地理解为:一个向量 $\boldsymbol{u}$ 在另一个向量 $\boldsymbol{v}$ 方向上的分量的长度和 $\boldsymbol{v}$ 的长度相乘得到的值。其中,$\boldsymbol{u}$ 在 $\boldsymbol{v}$ 上的分量的长度称为 $\boldsymbol{u}$ 在 $\boldsymbol{v}$ 上的投影。

向量的点积是一个非常重要的概念,它是计算两个向量相似性的一种重要度量,在归一化的情况下,形状越是相似的两个向量,点积得到的值倾向越大;利用它可以很方便地证明平面几何许多命题,如勾股定理、菱形的对角线相互垂直等。它还是神经网络技术的数学基础之一。

2. 卷积

卷积的概念最初常用在信号处理中,原本是一种积分变换的数学方法,通过两个函数 f 和 g 生成第三个函数的算子。

一维卷积 假设一个信号发生器每个时刻 t 产生一个信号 x_t,其信息衰减率为 f_k,即在 $k-1$ 个时间步长后,信息为原来的 f_k 倍。假设 $f_1=1, f_2=1/2, f_3=1/4$,那么在时刻 t 收到的信号 y_t 为当前时刻产生的信息和以前时刻延迟信息的叠加。

$$y_t = 1 \times x_t + 1/2 \times x_{t-1} + 1/4 \times x_{t-2}$$
$$= f_1 \times x_t + f_2 \times x_{t-1} + f_3 \times x_{t-2}$$
$$= \sum_{k=1}^{3} f_k \cdot x_{t-k+1}$$

把 $f_1, f_2, \cdots$ 称为滤波器(filter),在深度学习中更习惯于把它称为卷积核(convolution kernel)。

假设卷积核 $\boldsymbol{W}=[w_1, w_2, \cdots w_m]$ 大小为 m,它和一个信号序列 $\boldsymbol{X}=[x_1, x_2, \cdots x_n]$ 的卷积记为

$$\boldsymbol{Y} = \boldsymbol{W} * \boldsymbol{X}$$

其中,$y_t = \sum_{k=1}^{m} w_k \cdot x_{n-k+1}$,星号 * 表示卷积运算。

一般情况下,卷积核的大小 m 远小于信号序列长度 n。图 4-19 给出了一维卷积示例,下面序列为输入,连接边上的数字为权重,即卷积核为 $[1, 0, -1]$,上面序列为输出。

以上是离散型卷积的说明,推广到连续情形,设 $f(x), g(x)$ 是两个可积函数,其卷积定义为

$$(f * g)(n) = \int_{-\infty}^{\infty} f(\tau) g(n - \tau) \mathrm{d}\tau$$

二维卷积 目前在深度学习中讨论的卷积更多是应用在图像处理中,而图像都是二维结构,所以要将一维卷积进行扩展。给定一个图像 $\boldsymbol{X} \in \boldsymbol{R}^{M \times N}$ 和卷积核 $\boldsymbol{W} \in \boldsymbol{R}^{m \times n}$,其卷积为

$$y_{ij} = \sum_{u=1}^{m} \sum_{v=1}^{n} w_{uv} \cdot x_{i-u+1, j-v+1}$$

图 4-20 给出了二维卷积的计算示例。卷积操作实际上就是对输入函数的每一个位置进行加权累加,卷积核就是对应输入函数在每一个位置上的权重向量(一维)或权重矩阵(二维)。

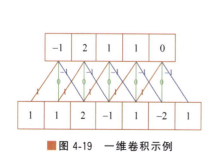

图 4-19 一维卷积示例

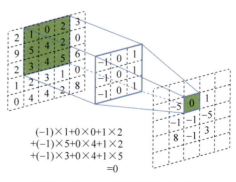

图 4-20 二维卷积的计算示例

3. 卷积和互相关

从前面的卷积定义中可以看到,在进行卷积操作时要把卷积核翻转,然后在不同位置和相同大小的区域做点积。这个翻转会让人感觉有点别扭,实际上一般会以不用翻转的互相关来代替卷积,从而减少不必要的操作。互相关(cross-correlation)是一个衡量两个序列相关性的函数,通常用滑动窗口的点积计算来实现。给定一个图像 $X \in R^{M \times N}$ 和卷积核 $W \in R^{m \times n}$,其互相关为

$$y_{ij} = \sum_{u=1}^{m} \sum_{v=1}^{n} w_{uv} \cdot x_{i+u-1, j+v-1}$$

和卷积公式相比可知,卷积和互相关的区别仅在于卷积核是否翻转。在神经网络中,卷积的作用是特征提取,卷积核是否翻转并没有什么影响。因此,为了实现上和描述上的方便,一般用互相关代替卷积。

互相关操作使用符号 $\otimes$ 表示,这时卷积公式可以表述为

$$Y = W \otimes X$$

4. 卷积的应用

在图像处理中,卷积经常作为特征提取的重要手段。卷积神经网络会用固定大小的卷积核按照一定的步长(stride)在输入图像上不断滑动进行扫描,每次滑动中卷积核与当前滑动窗口内的输入图像像素值相乘后求和即得到输出图像的一个像素值。当完成整张图像的扫描后,就会得到很多个像素点,然后组合成一张特征图(feature map),这就提取了输入图像的其中一种特征。

常见的图像特征提取操作包括边缘检测、角点检测、颜色检测等。如 4.1.2 节所述,边缘检测的目的是对其中一个或多个物体的边界进行识别和标注,从而把物体轮廓描绘出来,以此作为图像分割的重要依据。其理论依据是图像中物体边缘往往是一群具有这样特征的像素点集合:它们周围的像素点的灰度发生了急剧变化,即梯度很大。通过使用各种算子(如 Robert、Prewitt、Sobel、拉普拉斯等)做卷积运算,可以得到所需的加工后的图像。

图 4-21 和图 4-22 是原始图像经过不同算子卷积运算后得到的相应图像。

■ 图 4-21 Sobel 算子的运算结果

■ 图 4-22　拉普拉斯算子的运算结果

4.3.2　卷积神经网络的性质

卷积神经网络在图像处理领域取得巨大成功,究其原因,其成功很大程度上取决于以下几个重要的性质。

1. 权值共享

根据卷积运算规则知道,在对一张图像进行卷积的时候,卷积核将逐一滑过图像的每个像素,即在同一个卷积操作过程中,对于不同的区域,都共享同一个卷积核,参数量就是卷积核的大小。

可以这样理解:卷积核是用来检测特征的。一种特征一般情况下很可能在不止一个地方出现,如"竖直边界"就可能在一幅图中多次出现,那么共享同一个卷积核不仅是合理的,而且是应该这么做的。由于参数共享,即使图像进行一定的平移操作,一样可以识别出特征,这叫作"平移不变性"。

2. 稀疏连接(又称局部感知或局部连接)

在数字图像处理领域,图像都是相对连续的,局部信息的组合构成各种线条形状。一般来说,每一个像素点在空间上和周围的像素点都是紧密联系的,但是和太遥远的像素点关联性较小。这就是感受野的概念,即每一个感受野只接收一小块区域的信号。而这一小块区域内的像素是互相关联的,但是对于该区域以外的像素点可以忽略。因此对于每一个计算单元而言,只需要考虑其像素位置附近的输入,并不需要与上一层的所有节点相关联。这种稀疏连接的方式将大大减少参数个数,但却不会造成过多信息损失,从而有效提升网络训练效率和泛化能力。

假设在卷积层的第 l 层,每一个神经元都和第 $l-1$ 层的所有神经元相连,构成一个全连接网络,如图 4-23(a)所示,则两层间的连接数为 $n^{(l)} \times n^{(l-1)}$,若使用稀疏连接方式,构造一个 $m \times m$(m 一般为 3 或 5)的卷积核对输入层进行卷积操作,则第 l 层每个神经元都只和卷积核内单

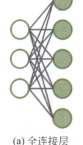

(a) 全连接层　　(b) 卷积层

■ 图 4-23　全连接层和卷积层,卷积层中同颜色的边上的权重相同

元相连,构成一个局部连接网络,连接数降为 $n^{(l)} \times m$,如图 4-23(b)所示。

3. 多核卷积

每个卷积核是一个特征提取器,如使用 Sobel 算子提取图像边缘,若只有一个卷积核,就只能提取一种特征,这显然是不够的。所以使用多个卷积核,以多核卷积方式保证从不同角度最大限度地提取图像特征。

每个卷积核都会相应生成一幅特征图,可以理解为图像经过卷积后的不同通道(channel),因此多核卷积也叫多通道卷积。

4.3.3 卷积神经网络基本结构

卷积神经网络基本上由卷积层、池化层和全连接层(配合 dropout)组成。典型的卷积网络结构如图 4-24 所示。一个卷积块为连续 A 个卷积层和 b 个池化层(A 通常设置为 2～5,b 为 0 或 1)。一个卷积网络中可以堆叠 B 个连续的卷积块,然后是 K 个全连接层(B 的取值区间比较大,如 1～100 或者更大;K 一般为 0～2)。

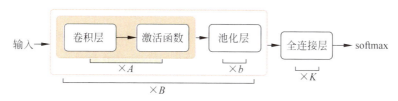

图 4-24 典型的卷积网络结构

1. 卷积层

使用卷积层是为了能够提取一个局部区域的特征,不同的卷积核相当于不同的特征提取器。4.3.2 节中描述的卷积层的神经元和全连接网络一样都是一维结构。既然卷积网络主要应用在图像处理上,而图像为两维结构,因此为了更充分地利用图像的局部信息,通常将神经元组织为三维结构的神经层,其大小为宽度 $M \times$ 高度 $N \times$ 深度 D,由 D 个 $M \times N$ 大小的特征映射构成。

特征映射(feature map)为一幅图像(或其他特征映射)在经过卷积提取到的特征,每个特征映射可以作为一类抽取的图像特征。为了增强卷积网络的表示能力,可以在每一层使用多个不同的特征映射,以更好地表示图像的特征。不同的特征映射实际上反映了通过卷积操作提取出来物体的不同的特征,从而能够更好地反映物体的特征。在输入层,特征映射就是图像本身。如果是灰度图像,就有一个特征映射,深度 $D=1$;如果是彩色图像,分别有 R、G、B 三个颜色通道的特征映射,输入层深度 $D=3$。

不失一般性,假设一个卷积层的结构如下。

输入特征映射组:$\boldsymbol{X} \in \boldsymbol{R}^{M \times N \times D}$ 为三维张量(tensor),其中每个切片(slice)矩阵 $\boldsymbol{X}^d \in \boldsymbol{R}^{M \times N}$ 为一个输入特征映射,$1 \leqslant d \leqslant D$;

输出特征映射组:$\boldsymbol{Y} \in \boldsymbol{R}^{M' \times N' \times P}$ 为三维张量,其中每个切片矩阵 $\boldsymbol{Y}^p \in \boldsymbol{R}^{M' \times N'}$ 为一个输出特征映射,$1 \leqslant p \leqslant P$;

卷积核:$\boldsymbol{W} \in \boldsymbol{R}^{m \times n \times D \times P}$ 为四维张量,其中每个切片矩阵 $\boldsymbol{W}^{p,d} \in \boldsymbol{R}^{m \times n}$ 为一个二维卷积核,$1 \leqslant d \leqslant D$,$1 \leqslant p \leqslant P$。

为了计算输出特征映射 Y^p，用卷积核 $W^{p,1},W^{p,2},\cdots,W^{p,D}$ 分别对输入特征映射 X^1，$X^2,\cdots,X^D$ 进行卷积，然后将卷积结果相加，并加上一个标量偏置 b^p 得到卷积层的净输入 Z^p，再经过非线性激活函数后得到输出特征映射 Y^p。

$$Z^p = W^p \otimes X + b^p = \sum_{d=1}^{D} W^{p,d} \otimes X^d + b^p$$

$$Y^p = f(Z^p)$$

其中，$W^p \in R^{m \times n \times D}$ 为三维卷积核，$f(\cdot)$ 为非线性激活函数，一般用 ReLU 函数。整个计算过程如图 4-25 所示。如果希望卷积层输出 P 个特征映射，可以将上述计算过程重复 P 次，得到 P 个输出特征映射 $Y^1,Y^2,\cdots,Y^p$。

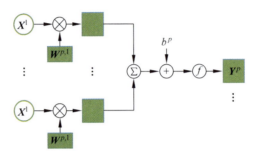

■ 图 4-25 卷积层中从输入特征映射组 X 到输出特征映射 Y^p 的计算示例

在输入为 $X \in R^{M \times N \times D}$，输出为 $Y \in R^{M' \times N' \times P}$ 的卷积层中，每一个输入特征映射都需要 D 个滤波器以及一个偏置。假设每个滤波器的大小为 $m \times n$，那么共需要 $P \times D \times (m \times n) + P$ 个参数。

2. 池化层

池化(pooling)应该是卷积神经网络和普通神经网络最不同的地方，实际上这个概念并没有规定一个具体的操作，而是抽象为一种对统计信息的提取。在卷积神经网络中，池化的主要目的是降维，即在保持原有特征的基础上最大限度地将数组的维数变小。卷积层虽然可以显著减少网络中连接的数量，但特征映射组中的神经元个数并没有显著减少，对于分类器的输入维数依然很高。在卷积层之后加上池化层，就可以降低维数，避免过拟合。

假设池化层的输入特征映射组为 $X \in R^{M \times N \times D}$，对于其中每一个特征映射 X^d，将其划分为若干个区域 $R_{m,n}^d$，$1 \leq m \leq M'$，$1 \leq n \leq N'$。然后对每个区域，以一定的方法求出一个能代表这个区域的值。

常用的池化函数有如下两种。

(1) 最大池化(maximum pooling)：取一个区域内所有神经元的最大值。其过程示意图如图 4-26 所示。

(2) 平均池化(mean pooling)：取一个区域内所有神经元的平均值。其过程示意图如图 4-27 所示。

典型的池化层是将每个特征映射划分为 2×2 大小的不重叠区域，然后使用最大池化或平均池化的方式进行输出。图 4-26 和图 4-27 分别给出了两种池化方式过程的示例。可以

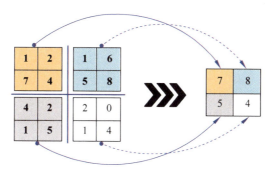

■ 图 4-26 最大池化过程示意图

看出,池化层不仅可以有效地减少神经元的数量,还可以使得网络对一些小的局部形态改变保持不变性,并拥有更大的感受野。

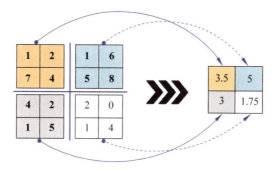

■ 图 4-27 平均池化过程示意图

池化的操作跟卷积有点相似,只是算法不同。卷积是将对应像素上的点相乘,然后再相加;池化侧重特征维数的减少,只关心卷积核的尺寸而不考虑其取值。因此池化层也可以看作是一个特殊的卷积层,卷积核大小为 $m \times m$,步长为 $s \times s$,卷积核为 max 函数或 mean 函数。

3. 全连接层

全连接层类似深度前馈网络中的某一层和下一层之间的连接关系,其中上一层每一个节点和下一层的节点之间有一个权重相连接,具体如图 4-28 所示。

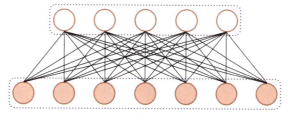

■ 图 4-28 全连接层示意图

4. dropout

dropout 是神经网络防止过拟合、提高泛化能力的一种措施。过拟合是指训练模型在训练集上性能表现较好,而在测试集上性能表现较差的情况。当模型参数太多而训练样本又太少时往往会出现这种现象。这是很多机器学习算法的通病。为了解决过拟合问题,通常采用集成学习(ensemble)方式,即训练多个模型并组合起来进行预测,效果往往比任意单个模型效果要好。举个简单例子,假设使用不同的训练集训练了三个不完全一样的模型,它们的正确率都是90%,如果使用它们当中任意一个模型进行预测,那么正确率都不会超过90%;但当把它们组合起来进行预测时,采用投票原则,即把这些模型的预测结果中过半数的结果作为整个预测任务的最终结果,那么当三个模型都正确或者两个模型正确、一个模型错误时,预测结果都是正确的,整个组合模型的正确率为 $P_1=0.9^3+C_3^1 0.9^2\times 0.1=0.972$。可以看到,组合模型比单个模型的准确率提高了7.2%。但是训练多个模型,特别是大型神经网络,又是一个相当耗时的任务。

Hinton教授在2012年提出了dropout算法,将其用于以极小的代价也能解决过拟合问题。具体来说,就是在每个训练批次中,随机让一部分隐层节点失效(节点值为0),从而改变网络结构,减少隐层节点间的相互作用,但每个节点值会保留下来。最终预测时,再打开所有隐层节点,使用完整的网络进行计算,就相当于组合了多个不同的网络进行预测,这样能提高泛化能力,有效防止过拟合。标准神经网络和dropout后神经网络结构对比如图4-29所示。

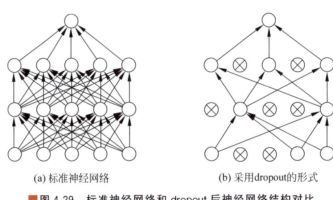

(a) 标准神经网络　　　　(b) 采用dropout的形式

■ 图4-29　标准神经网络和dropout后神经网络结构对比

4.3.4　典型卷积神经网络

现有的卷积神经网络的结构可以按照图4-30的方式进行分类,如基于空间、深度、多路、宽度、特征通道、注意力等结构。常见的卷积神经网络主要有 LeNet、AlexNet、VGGNet、GoogleNet、ResNet、DenseNet、SENet 等。

1. LeNet

LeNet是由Yann LeCun在1998年提出的网络结构,是最早出现的第一代卷积神经网络。如今在各大深度学习框架中常用的LeNet结构是经过改进后的LeNet5,它与最初的LeNet有细微差别,如把激活函数tanh换成了ReLU等。网络结构如图4-31所示。

首先输入图像是单通道的28×28大小的图像,用矩阵表示就是[1,28,28]。

第一个卷积层conv1所用的卷积核尺寸为5×5,滑动步长为1,卷积核数目为20,那么经过该层后图像尺寸变为24(28-5+1=24),输出矩阵为[20,24,24]。

第一个池化层pool核尺寸为2×2,步长为2,这是没有重叠的最大池化,池化操作后,

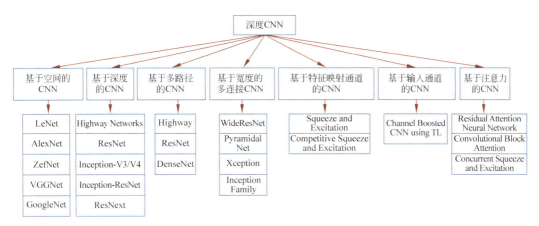

图 4-30　CNN 架构的分类

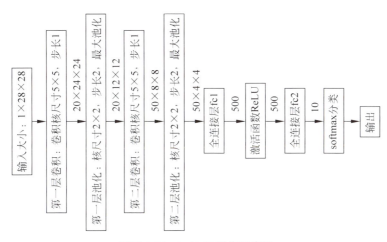

图 4-31　LeNet5 结构示意图

图像尺寸减半，变为 12×12，输出矩阵为 $[20,12,12]$。

第二个卷积层 conv2 的卷积核尺寸为 5×5，步长为 1，卷积核数目为 50，卷积后图像尺寸变为 8，这是因为 $12-5+1=8$，输出矩阵为 $[50,8,8]$。

第二个池化层 pool2 核尺寸为 2×2，步长为 2，这是没有重叠的最大池化，池化操作后，图像尺寸减半，变为 4×4，输出矩阵为 $[50,4,4]$。

pool2 后面接全连接层 fc1，神经元数目为 500，再接 ReLU 激活函数。

再接 fc2，神经元个数为 10，得到 10 维的特征向量，用于 10 个数字的分类训练，送入 softmaxt 分类，得到分类结果的概率输出。

2. AlexNet

2012 年 Hinton 及其学生 Alex Krizhevsky 提出的 AlexNet 是第一个现代深度卷积网络模型，其首次使用了现代深度卷积网络的一些技术方法，如使用 GPU 进行并行训练、采用 ReLU 作为非线性激活函数、使用 dropout 防止过拟合、使用数据增强来提高模型准确率等。AlexNet 赢得了 2012 年的 ImageNet 图像分类竞赛冠军。

AlexNet 网络结构如图 4-32 所示，包括 5 个卷积层、3 个全连接层和 1 个 softmax 层。

因为网络规模超出了当时的单个 GPU 的内存限制，AlexNet 将网络拆为两半，分别放在两个 GPU 上，GPU 之间只在某些层(如第 3 层)进行通信。

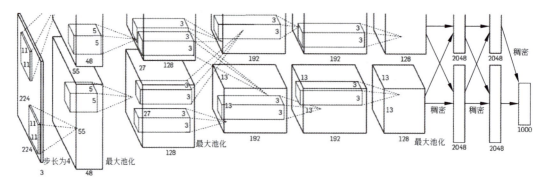

■ 图 4-32　AlexNet 网络结构。图片来源于 Krizhevsky, et al.，2012

3. VGGNet

在 2014 年，牛津大学提出了另一种深度卷积网络 VGGNet，它与 AlexNet 相比有更小的卷积核和更深的层级。AlexNet 前面几层用 11×11 和 5×5 的卷积核以在图像上获取更大的感受野，而 VGGNet 采用更小的卷积核与更深的网络提升参数效率。一般而言，叠加几个小的卷积核可以获得与大卷积核相同的感受野，而叠加小卷积核使用的参数明显要少于一个大卷积核。此外，叠加小卷积核因为加深了卷积网络，能引入更强的非线性，具体如图 4-33 所示。

■ 图 4-33　VGGNet 网络结构。图片来源于 Simonyan, et al.，2014

VGGNet 的泛化性能较好，常用于图像特征的抽取、目标检测候选框的生成等。然而，VGGNet 最大的问题就在于参数数量，VGG19 基本上是参数量最多的卷积网络架构。VGGNet 的参数主要出现在后面两个全连接层，每一层都有 4096 个神经元，由此产生的参数量是巨大的。

4. GoogleNet

Inception 网络由多个 Inception(一种稀疏网络结构)模块堆叠而成。在卷积层中如何选择合适的卷积核大小是一个十分关键的问题。Inception 模块采用的方法是同时使用 1×1、

3×3、5×5 的卷积核,并将得到的特征映射拼接起来作为输入特征映射。图 4-34 给出了 v1 版本的 Inception 模块,采用了四组平行的特征抽取方式,分别为 1×1、3×3、5×5 的卷积核和 3×3 的最大池化层。同时,为了提高计算效率,减少参数数量,Inception 模块在进行 3×3、5×5 的卷积前,先进行一次 1×1 卷积来减少输入特征映射的深度。如果输入特征映射之间存在冗余信息,1×1 的卷积相当于先进行一次特征抽取。

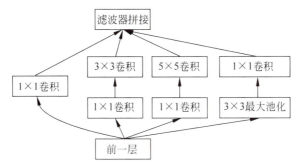

▌图 4-34　Inception 结构。图片来源于 Szegedy，et al．，2015

Inception 网络最早的 v1 版本是非常著名的 GoogLeNet,其结构如图 4-35 所示,GoogLeNet 赢得了 2014 年 ImageNet 图像分类竞赛的冠军。

类型	大小/步长	输出尺寸	深度	#1×1	#3×3 降维	#3×3	#5×5 降维	#5×5	池化映射	参数	ops
卷积	7×7/2	112×112×64	1							2.7K	34M
最大池化	3×3/2	56×56×64	0								
卷积	3×3/1	56×56×192	2		64	192				112K	360M
最大池化	3×3/2	28×28×192	0								
inception(3a)		28×28×256	2	64	96	128	16	32	32	159K	128M
inception(3b)		28×28×480	2	128	128	192	32	96	64	380K	304M
最大池化	3×3/2	14×14×480	0								
inception(4a)		14×14×512	2	192	96	208	16	48	64	364K	73M
inception(4b)		14×14×512	2	160	112	224	24	64	64	437K	88M
inception(4c)		14×14×512	2	128	128	256	24	64	64	463K	100M
inception(4d)		14×14×528	2	112	144	288	32	64	64	580K	119M
inception(4e)		14×14×832	2	256	160	320	32	128	128	840K	170M
最大池化	3×3/2	7×7×832	0								
inception(5a)		7×7×832	2	256	160	320	32	128	128	1072K	54M
inception(5b)		7×7×1024	2	384	192	384	48	128	128	1388K	71M
均值池化	7×7/1	1×1×1024	0								
dropout(40%)		1×1×1024	0								
线性		1×1×1000	1							1000K	1M
Softmax		1×1×1000	0								

▌图 4-35　GoogLeNet 结构。图片来源于 Szegedy，et al．，2015

Inception 网络有多个改进版本。其中比较有代表性的有 Inception v3 版本(Szegedy et al.，2016),用多层的小卷积核来替换大的卷积核,以减少计算量和参数量。具体包括:

(1) 使用两层 3×3 的卷积来替换 v1 中的 5×5 的卷积;

(2) 使用连续的 $n×1$ 和 $1×n$ 来替换 $n×n$ 的卷积。

Inception v3 版本同时也引入了标签平滑以及批量归一化等优化方法进行训练。此外,Szegedy et al.（2017）还提出了结合直连边(shortcut connect)的 Inception 模块:Inception-ResNet v2 网络,并在此基础上设计了一个更优化的 Inception v4 模型。

5. ResNet

何恺明等人于2015年提出来的深度残差网络(ResNet)骤然将网络深度由一二十层提升到上百层。ResNet最大的特点即解决了反向传播过程中的梯度消失问题,因此它可以训练非常深的网络而不用像GoogleNet那样在中间添加分类网络以提供额外的梯度。ResNet(residual network)是通过给非线性的卷积层增加直连边的方式来提高信息的传播效率的。在每一个残差模块上,残差连接会将该模块的输入与输出直接相加。因此在反向传播中,根据残差连接传递的梯度就可以不经过残差模块内部的多个卷积层,因而能为前一层保留足够的梯度信息。此外,每一个残差模块还可以如同Inception模块那样添加1×1卷积而形成瓶颈层。这样的瓶颈结构对输入先执行降维再进行卷积运算,运算完后对卷积结果升维以恢复与输入相同的维度,这样在低维特征上进行计算能节省很多计算量。

假设在一个深度网络中,我们期望一个非线性单元(可以为一层或者多层的卷积层)$f(x,\theta)$去逼近一个目标函数为$h(x)$。如果将目标函数拆分成两部分:恒等函数(identity function)x和残差函数(residue function)$h(x)-x$两个部分,那么原来的优化问题可以转换为:让非线性单元$f(x,\theta)$去近似残差函数$h(x)-x$,并用$f(x,\theta)+x$去逼近$h(x)$。根据通用近似定理,由神经网络构成的非线性单元有足够的能力来逼近这两个目标函数(原始目标函数和残差函数),但实际中后者更容易学习。

图4-36给出了一个典型的残差单元示例。残差单元由多个级联的(等长)卷积层和一个跨层的直连边组成,再经过ReLU激活后得到输出。残差网络就是将很多个残差单元串联起来构成的一个非常深的网络。

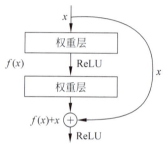

图4-36 残差单元结构示例。图片来源于 He, et al., 2016

6. DenseNet

Huang等人在2017年提出了DenseNet,并且获得了当年CVPR会议的最佳论文。DenseNet摆脱了加深网络层数ResNet和加宽网络结构(Inception)来提升网络性能的定式思维,从特征的角度考虑,通过特征重用和旁路(bypass)设置,既大幅度减少了网络的参数量,又在一定程度上缓解了梯度消失问题,并且加强了特征的传递。

DenseNet是一种具有密集连接的卷积神经网络。在该网络中,任何两层之间都有直接的连接,网络每一层的输入都是前面所有层输出的并集,而该层所学习的特征图也会被直接传给其后面所有层作为输入。图4-37是其中一个密集单元块(dense block)的示意图,与ResNet的BottleNeck基本一致:BN-ReLU卷积(1×1)-BN-ReLU卷积(3×3),而一个DenseNet则由多个这种单元块组成。每个密集单元块之间的层称为过渡层(transition layers),由BN-＞卷积(1×1)-＞均值池化(2×2)组成。

DenseNet是让第i层的输入直接影响之后的所有层,它的输出为$X_i = H_i([X_0, X_1, \cdots, X_{i-1}])$,其中$[X_0, X_1, \cdots, X_{i-1}]$将之前的特征图按照通道的维度进行合并。由于每一层都包含之前所有层的输出信息,因此其只需要很少的特征图就够了,这就解释了DneseNet的参数量较其他模型大大减少的原因。

但是密集连接仅仅是在一个密集单元块里的,密集单元块之间是没有密集连接的,相邻的密集单元块之间通过卷积和池化进行操作,如图4-38所示。

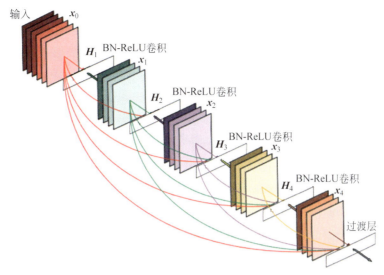

■ 图 4-37　密集单元块。图片来源于 Huang, et al., 2018

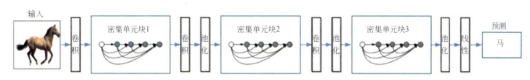

■ 图 4-38　DenseNet。图片来源于 Huang, et al., 2018

但是 DenseNet 在训练时对内存消耗非常巨大。DenseNet 反复地进行拼接操作，将之前层的输出与当前层的输出拼接在一起，然后传递给下一层。每次拼接操作都会开辟新的内存来保存拼接后的特征。这样就导致一个 L 层的网络，要消耗相当于 $L(L+1)/2$ 层网络的内存（第 l 层的输出在内存里被存了 $(L-l+1)$ 份）。

7. SENet

Squeeze-and-Excitation Networks（简称 SENet）是 Momenta 胡杰团队提出的新的网络结构，该团队利用 SENet 一举取得最后一届 ImageNet 2017 竞赛 Image Classification 任务的冠军，在 ImageNet 数据集上将前 5 的错误率降低到 2.251%，在此之前的最好成绩是 2.991%。

文章的实验结果显示，将 SENet 块插入到现有的多种分类网络中，都取得了不错的效果。算法的动机是希望显式地建模特征通道之间的相互依赖关系。另外，SENet 并未引入新的空间维度来进行特征通道间的融合，而是采用了一种全新的特征重标定策略。具体来说，就是通过学习的方式来自动获取每个特征通道的重要程度，然后依照这个重要程度去提升有用的特征并抑制对当前任务用处不大的特征。

通俗地讲，SENet 的核心思想在于通过网络根据损失函数去学习特征权重，使得有效的特征图权重大、无效或效果小的特征图权重小的方式训练模型达到更好的结果。SE 模块嵌在原有的一些分类网络中不可避免地增加了一些参数和计算量，但是在效果面前还是可以接受的。SE 模块不是一个完整的网络结构，而是一个子结构，可以灵活地嵌入到其他分类或检测网络模型中。

图 4-39 是 SE 模块的示意图。给定一个输入 X，其特征通道数为 C_1，通过一系列卷积等一般变换后得到一个特征通道数为 C_2 的特征。与传统的卷积神经网络不一样的是，接

下来通过三个操作来重标定前面得到的特征。

首先是 squeeze 操作，顺着空间维度来进行特征压缩，将每个二维的特征通道变成一个实数，这个实数某种程度上具有全局的感受野，并且输出的维度和输入的特征通道数相匹配。它表征着在特征通道上响应的全局分布，而且使得靠近输入的层也可以获得全局的感受野，这一点在很多任务中都是非常有用的。

其次是 excitation 操作，它是一个类似于循环神经网络中门的机制。通过参数 W 来为每个特征通道生成权重，其中参数 W 被学习用来显式地建模特征通道间的相关性。

最后是一个 reweight 的操作，将 excitation 的输出的权重看作是进行特征选择后的每个特征通道的重要性，然后通过乘法逐通道加权到先前的特征上，完成在通道维度上的对原始特征的重标定。

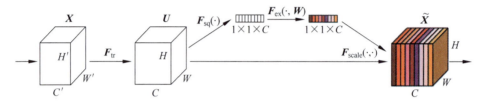

■ 图 4-39　SE 模块示意图。图片来源于 Hu，et al.，2018

图 4-39 中是将 SE 嵌入到 Inception 模块中的一个实例使用全局池化的操作作为 squeeze 操作。紧接着两个全连接层组成一个瓶颈 Bottleneck 结构去建模通道间的相关性，并输出和输入特征同样数目的权重。将特征维度降低到输入的 1/16，然后经过 ReLU 激活后再通过一个全连接层升回到原来的维度。这样做比直接用一个全连接层的好处在于：具有更多的非线性，可以更好地拟合通道间复杂的相关性；极大地减少了参数量和计算量。然后通过一个 Sigmoid 的门获得 0~1 的归一化的权重，最后通过一个 scale 的操作来将归一化后的权重加权到每个通道的特征上。

除此之外，SE 模块还可以嵌入到含有短程链接（skip-connection）的模块中。图 4-40 是将 SE 嵌入到 ResNet 模块中的一个例子，对分支上残留的特征进行了特征重标定。

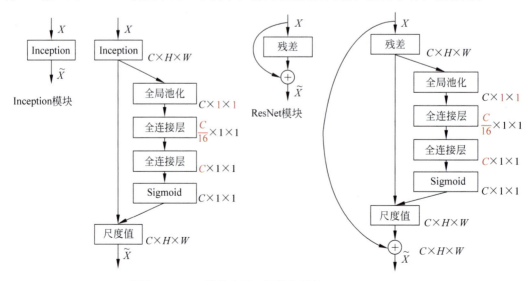

■ 图 4-40　SE 模块应用。图片来源于 Hu，et al.，2018

目前大多数的主流网络都是基于这两种类似的单元通过重复方式叠加来构造的。由此可见，SE 模块可以嵌入到现在几乎所有的网络结构中。通过在原始网络结构中嵌入 SE 模块，可以获得不同种类的 SENet，如 SE-BN-Inception、SE-ResNet、SE-ReNeXt、SE-Inception-ResNet-v2 等。

参考文献

[1] 叶韵.深度学习与计算机视觉[M].北京：机械工业出版社，2017.
[2] 吴岸城.经网络与深度学习[M].北京：机械工业出版社，2016.
[3] 邱锡鹏.神经网络与深度学习[B/OL]. https://nndl.github.io，2019.
[4] GOODFELLOW I，BENGIO Y，COURVILLE A.深度学习[M].赵申剑，等译.北京：人民邮电出版社，2017.
[5] COOTES T F，TAYLOR C J. Statistical models of appearance for computer vision[M]. Manchester：World Wide Web Publication，2004.
[6] HUANG X，WANG P，CHENG X，et al. The ApolloScape Open Dataset for Autonomous Driving and its Application[J]. IEEE Transcations on Pattern Analysis and Machine Intelligence，2019.
[7] KRIZHEVSKY A，SUTSKEVER I，HINTON G E. Imagenet classification with deep convolutional neural networks[J]. In Advances in Neural Information Processing Systems，2012，1097-1105.
[8] SIMONYAN K，ZISSERMAN A. Very deep convolutional networks for large-scale image recognition[C]. ICLR，2015.
[9] SZEGEDY C，LIU W，JIA Y，et al. Going deeper with convolutions[C]//Proceedings of the IEEE Conference on Computer Vision and Pattern Recognition，2015：1-9.
[10] HU J，SHEN L，SUN G：Squeeze-and-excitation networks[C]. Proceedings of the IEEE Conference on Computer Vision and Pattern Recognition. 2018，7132-7141.
[11] SZEGEDY C，IOFFE S，VANHOUCKE V，et al. Inception-v4，inception-resnet and the impact of residual connections on learning[C]//Thirty-First AAAI Conference on Artificial Intelligence，2017.
[12] HE K，ZHANG X，REN S，et al. Deep residual learning for image recognition[C]//Proceedings of the IEEE Conference on Computer Vision and Pattern Recognition，2016：770-778.
[13] HUANG G，LIU Z，VAN D M L，et al. Densely connected convolutional networks[C]//Proceedings of the IEEE Conference on Computer Vision and Pattern Recognition，2017：4700-4708.
[14] 洪峰.智能汽车交通车辆的综合认知及其虚拟测试方法研究[D].吉林大学，2018.
[15] 叶刚.城市环境基于三维激光雷达的自动驾驶车辆多目标检测及跟踪算法研究[D].北京理工大学，2016.
[16] 马颂德.计算机视觉[M].北京：科学出版社，1998.
[17] 刘伟，袁修干.生物视觉的研究[J].中国安全科学学报，2000(06)：54-59.
[18] 贺亮.双目视觉立体匹配算法研究[D].东华理工大学，2012.
[19] 魏弘博，吕振肃，蒋田仔，等.图像分割技术纵览[J].甘肃科学学报，2004(02)：19-24.
[20] 凯赛尔江·多来提，古丽美热·艾买如拉，廖礼彬，等.Dil 对鱼类视觉传导通路的形态学研究[J].现代生物医学进展，2013，13(26)：5012-5015＋5011.
[21] 钱铁云.人工智能是否可以超越人类智能？——计算机和人脑、算法和思维的关系[J].科学技术与辩证法，2004(05)：44-47.
[22] 张学鹏.基于深度学习的图像语义分割方法研究与实现[D].电子科技大学，2018.
[23] 姜振豪.基于机器学习的混沌时间序列预测研究及应用[D].东南大学，2018.
[24] 马丽.基于注意力模型和特征层仿射对齐模型的行人再识别研究[D].安徽大学，2019.

［25］ 柏万宽. RNN 神经网络在股票指数价格预测模型的研究与应用[D]. 重庆大学，2018.
［26］ 赵洋. 4D 人体动作识别中的关键技术研究[D]. 电子科技大学，2018.
［27］ FUKUSHIMA K. Neocognitron：A self-organizing neural network model for a mechanism of pattern recognition unaffected by shift in position［J］. Biological Cybernetics，1980，36（4）：193-202.
［28］ 李亚军. 基于深度学习的食品安全网络舆情分析[D]. 天津科技大学，2018.
［29］ LE C Y. LeNet-5，convolutional neural networks［EB/OL］. http://yann.lecun.com/exdb/lenet，2015.
［30］ FELZENSZWALB P F，GIRSHICK R B，MCALLESTER D，et al. Object detection with discriminatively trained part-based models[J]. IEEE Transactions on Pattern Analysis and Machine Intelligence，2010，32(9)：1627-1645.

第5章 环境感知与识别

5.1 环境感知与识别概述

环境感知对象主要包括行驶路径、周边物体、驾驶状态、驾驶环境。其中行驶路径主要包括结构化道路和非结构化道路两大块,其中结构化道路包括车道线、道路边缘、道路隔离物、恶劣路况的识别,非结构化道路包括可行驶路径的确认和前方路面环境的识别。周边物体主要包括车辆、行人、地面上可能影响车辆通过性、安全性的其他各种移动或静止障碍物的识别及各种交通标志的识别。本章重点讨论行驶路径部分的车道线检测以及周边物体中的障碍物检测、红绿灯检测。

环境感知与识别传感器系统通常采用摄像头、激光雷达、毫米波雷达等多种车载传感器来感知环境。就三种传感器的应用特点来讲,摄像头和激光雷达都可用于进行车道线检测。对红绿灯的识别,主要还是用摄像头来完成。而对障碍物的识别,摄像头可以通过深度学习把障碍物进行细致分类,激光雷达只能分一些大类,但能完成对物体距离的准确定位;毫米波雷达则完成障碍物运动速度、方位等识别。

5.2 障碍物检测

车辆行驶道路上的障碍物检测是无人驾驶汽车环境感知模块中的重要组成部分。准确的障碍物检测决定着无人驾驶汽车行驶的安全性。目前障碍物检测技术主要包括以下三种方法:

(1) 基于图像的障碍物检测。
(2) 基于激光雷达的障碍物检测。
(3) 基于视觉和激光雷达融合的障碍物检测。

5.2.1 基于图像的障碍物检测

基于图像的障碍物检测算法已经发展得较成熟了,大致可以分为一阶段检测算法和二阶段检测算法。一阶段检测算法有 YOLO 和 SSD

等,二阶段检测算法则主要是RCNN这一流派。当前的二阶段检测算法大多是在Faster RCNN基础上的改进。两种检测算法相比,一阶段算法的速度是快于二阶段算法的,而在准确度上,二阶段算法更胜一筹。

1. 基于二维图像的障碍物检测

1) YOLO系列障碍物检测

YOLO(You Only Look Once)是将物体检测作为回归问题求解的一种一阶段检测算法。它基于一个单独的端到端网络,完成从原始图像的输入到物体位置和类别的输出。从网络设计上,YOLO与RCNN、Fast RCNN及Faster RCNN的区别如下:

(1) YOLO训练和检测均是在一个单独网络中进行,没有显式地求取区域候选框的过程,这是它相比基于候选框方法的优势。而RCNN/Fast RCNN采用分离的模块(独立于网络之外的选择性搜索方法)求取候选框(可能会包含物体的矩形区域),训练过程因此也是分成多个模块进行。Faster RCNN使用RPN(Region Proposal Network)卷积网络替代RCNN/Fast RCNN的选择性搜索模块,将RPN集成到Fast RCNN检测网络中,得到一个统一的检测网络。尽管RPN与Fast RCNN共享卷积层,但是在模型训练过程中,需要反复训练RPN网络和Fast RCNN网络(这两个网络核心卷积层是参数共享的)。

(2) YOLO输入图像经过一次推理,便能得到图像中所有物体的位置和其所属类别及相应的置信概率。而RCNN/Fast RCNN/Faster RCNN将检测结果分为两部分求解:物体类别(分类问题)和物体位置,即标注框(bounding box)。

接下来介绍一下YOLO系列障碍物检测核心思想。

(1) 网络定义。

YOLO检测网络包括24个卷积层和2个全连接层。其中,卷积层用来提取图像特征,全连接层用来预测图像位置和类别概率值。YOLO网络借鉴了GoogleNet分类网络结构。不同的是,YOLO未使用Inception模块,而是使用1×1卷积层(此处1×1卷积层的存在是为了跨通道信息整合)和3×3卷积层简单替代。

YOLO论文中,作者还给出一个更轻快的检测网络fast YOLO,它只有9个卷积层和2个全连接层。使用Titan X GPU,fast YOLO可以达到155f/s的检测速度,但是mAP值也从YOLO的63.4%降到了52.7%,但却仍然远高于以往的实时物体检测方法(DPM)的mAP值。

(2) 输出表达(representation)定义。

本部分给出YOLO全连接输出层的定义。

YOLO将输入图像分成$S\times S$个格子,每个格子负责检测"落入"该格子的物体。若某个物体的中心位置的坐标落入到某个格子,那么这个格子就负责检测出这个物体。如图5-1所示,图中物体狗的中心点(红色原点)落入第5行第2列的格子内,所以这个格子负责预测图像中的物体狗。

每个格子输出B个标注框(包含物体的矩形区域)信息,以及C个物体属于某种类别的概率信息。标注框信息包含5个数据值,分别是x、y、w、h和confidence。其中x、y是指当前格子预测得到的物体的标注框的中心位置的坐标。w、h是标注框的宽度和高度。注意,实际训练过程中,w和h的值使用图像的宽度和高度进行归一化到[0,1]区间内;x、y

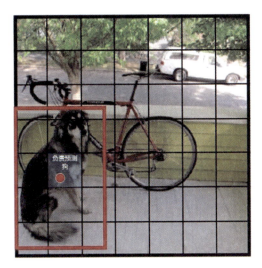

■ 图 5-1　YOLO 检测狗效果图

是标注框中心位置相对于当前格子位置的偏移值,并且被归一化到[0,1]。confidence 反映当前标注框是否包含物体以及物体位置的准确性,计算方式如下:

$$\text{confidence} = P(\text{object})$$

其中,若标注框包含物体,则 $P(\text{object})=1$;否则 $P(\text{object})=0$。

因此,YOLO 网络最终的全连接层的输出维度是 $S\times S\times(B\times 5+C)$。YOLO 论文中,作者训练采用的输入图像分辨率是 448×448 像素,$S=7,B=2$;采用 VOC 20 类标注物体作为训练数据,$C=20$。因此输出向量为 $7\times 7\times(20+2\times 5)=1470$ 维。

注:

① IOU(Intersection Over Union)为预测标注框与物体真实区域的交集面积(以像素为单位,用真实区域的像素面积归一化到[0,1]区间)。

② 由于输出层为全连接层,因此在检测时,YOLO 训练模型只支持与训练图像相同的输入分辨率。

③ 虽然每个格子可以预测 B 个标注框,但是最终只选择 IOU 最高的标注框作为物体检测输出,即每个格子最多只预测出一个物体。当物体占画面比例较小,如图像中包含畜群或鸟群时,每个格子包含多个物体,但却只能检测出其中一个。这是 YOLO 方法的一个缺陷。

(3) 损失(loss)函数定义。

YOLO 使用均方和误差作为 loss 函数来优化模型参数,即网络输出的 $S\times S\times(B\times 5+C)$ 维向量与真实图像的对应 $S\times S\times(B\times 5+C)$ 维向量的均方和误差。如下式所示,其中,coordError、iouError 和 classError 分别代表预测数据与标定数据之间的坐标误差、IOU 误差和分类误差。

$$\text{loss} = \sum_{i=0}^{S^2} \text{coordError} + \text{iouError} + \text{classError}$$

YOLO 对上式 loss 的计算进行了如下修正:

(1) 位置相关误差(坐标、IOU)与分类误差对网络 loss 的贡献值是不同的,因此 YOLO

在计算 loss 时,使用 $\lambda_{coord}=5$ 修正 coordError。

(2) 在计算 IOU 误差时,包含物体的格子与不包含物体的格子,二者的 IOU 误差对网络 loss 的贡献值是不同的。若采用相同的权值,那么不包含物体的格子的 confidence 值近似为 0,变相放大了包含物体的格子的 confidence 误差在计算网络参数梯度时的影响。为解决这个问题,YOLO 使用 $\lambda_{noobj}=0.5$ 修正 iouError(此处的"包含"是指存在一个物体,它的中心坐标落入到格子内)。

(3) 对于相等的误差值,大物体误差对检测的影响应小于小物体误差对检测的影响。这是因为,相同的位置偏差占大物体的比例远小于同等偏差占小物体的比例。YOLO 将物体大小的信息项(w 和 h)进行求平方根来改进这个问题(注:这个方法并不能完全解决这个问题)。

注:

① YOLO 方法模型训练依赖于物体识别标注数据,因此,对于非常规的物体形状或比例,YOLO 的检测效果并不理想。

② YOLO 采用了多个下采样层,网络学到的物体特征并不精细,因此也会影响检测效果。

③ YOLO loss 函数中,大物体 IOU 误差和小物体 IOU 误差对网络训练中 loss 贡献值接近(虽然采用求平方根方式,但没有根本解决问题)。因此,对于小物体,小的 IOU 误差也会对网络优化过程造成很大的影响,从而降低了物体检测的定位准确性。

2) SSD 障碍物检测

SSD(Single Shot Multibox Detector)也是一种单一阶段检测算法,只需要用到图像一次,无须先产生候选框再进行分类和回归,而是直接在图像中不同位置进行边界框的采样,然后使用卷积层进行特征提取后直接进行分类和回归。相比基于候选框的方法,SSD 极大地提高了的检测速度。

接下来介绍一下 SSD 检测的主要设计理念。

(1) 使用不同尺度下的特征图进行检测。

SSD 通过提取不同尺度下的特征图来做检测,其网络结构与 YOLO 的比较如图 5-2 所示,它使用了六种不同尺寸的特征图来进行检测。在卷积神经网络中,较低层级的特征图尺寸较大,在这种特征图上的候选框在原图上的覆盖范围较小;较高层级的特征图的尺寸较小,而其候选框在原图上的覆盖范围大。如图 5-3(b)和图 5-3(c)所示,尺寸为 8×8 的特征图划分了更多单元格,但是每个单元格在原图中所占范围较小。通过对多个层级上的候选框进行匹配,有利于更精确地找到与不同尺寸目标最匹配的边界框。

(2) 采用卷积层做检测。

与 YOLO 在全连接层之后做检测不同的是,SSD 直接采用卷积对不同特征图进行特征提取。如图 5-2 所示,对于尺寸为 $m\times n$,维数为 p 的特征图,SSD 使用 $3\times 3\times p$ 的卷积核来进行卷积。其输出一种为用于分类的置信度分数,另一种为用于回归的位移量。另外,卷积层还通过候选框层生成候选框坐标,每层产生的候选框个数是一定的。

(3) 采用不同尺度和纵横比的候选框。

SSD 借鉴了与 Faster RCNN 类似的候选框思想,在每个单元格设置不同尺度和纵横比的默认框,如图 5-3 所示,每个单元格设定有四种不同尺度的默认框。对于一个尺寸为 $m\times n$

第5章 环境感知与识别

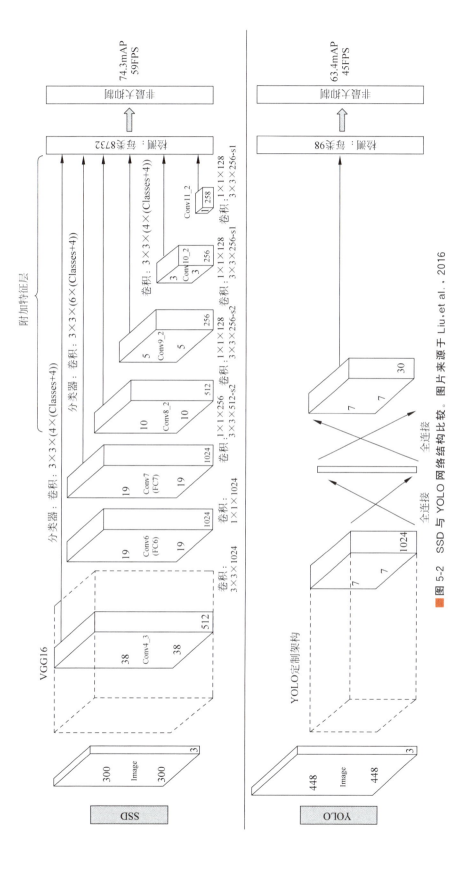

图5-2 SSD与YOLO网络结构比较。图片来源于Liu. et al., 2016

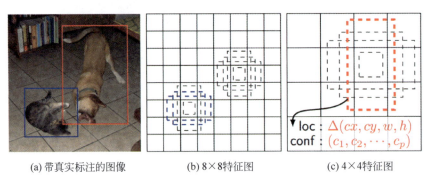

(a) 带真实标注的图像　　(b) 8×8特征图　　(c) 4×4特征图

■ 图 5-3　SSD 基本框架。图片来源于 Liu, et al., 2016

的特征图,假定每个单元格有 k 个默认框,则该特征图共有 $m \times n \times k$ 个默认框,如图 5-2 中,该网络共生成了 $8732(38 \times 38 \times 4 + 19 \times 19 \times 6 + 10 \times 10 \times 6 + 5 \times 5 \times 6 + 3 \times 3 \times 4 + 1 \times 1 \times 4)$ 个默认框。

对于每个默认框,SSD 的预测值主要有两方面:分类的置信度和边界框的回归值。在分类中,需要注意的是 SSD 把背景也单独作为一类,如在 VOC 数据集上,SSD 的每个默认框会输出 21 类置信度,其中 20 类为 VOC 的目标种类。边界框的回归值与 Faster RCNN 类似,实际上是预测真实边界框 g 相对于默认框 d 的中心 (cx,cy) 和宽 (w)、高 (h) 的转换量,预测值的真实值的计算方式为

$$\hat{g}^{cx} = (g^{cx} - d^{cx})/d^w, \quad \hat{g}^{cy} = (g^{cy} - d^{cy})/d^h$$

$$\hat{g}^w = \log\left(\frac{g^w}{d^w}\right), \quad \hat{g}^h = \log\left(\frac{g^h}{d^h}\right)$$

因此,假定该数据集有 c 种目标,则每个默认框需要预测 $c+1$ 个类别概率和 4 个坐标相关的转换量。

在训练过程中,SSD 会在开始阶段将这些默认框与真实框进行匹配,如在如图 5-3 中,对猫和狗分别采用适合它们形状的默认框,蓝色框匹配到了猫的真实框,红色框匹配到了狗的真实框。在匹配过程中,首先对于每个真实框,找与其 IOU 最大的默认框进行匹配;然后,对于剩余的默认框,若其与某一真实框的 IOU 大于设定阈值(文中为 0.5),SSD 也会将它们进行匹配。也就是说,一个真实框可能会与多个默认框匹配。这种匹配方法简化了网络的学习问题,使得网络可以在多个框中选择预测分数最高的,而不是只能用重合度最大的框来做预测。

另外,与真实框匹配的默认框记为正样本,未匹配的记为负样本,显然这样产生的负样本要远远多于正样本。为了保证正负样本比例尽量平衡,SSD 将负样本按置信度误差排序,并选择排名靠前的,使得负样本与正样本的比例约为 3∶1。

(4) 损失(loss)函数定义。

SSD 的损失函数由位置误差(localization loss, loc)和置信度误差(confidence loss, conf)组成。令 $x_{ij}^p = \{1,0\}$ 表示第 i 个默认框是否与第 j 个真实框匹配,N 为匹配的默认框总数,c 为类别置信度预测值,g 为真实边界框,l 为预测框,则总的损失函数为

$$L(x,c,l,g) = \frac{1}{N}(L_{conf}(x,c) + \alpha L_{loc}(x,l,g))$$

对于位置误差 L_{loc},采用了 Smooth L1 loss(平滑的 L1 损失):

$$L_{\text{loc}}(x,l,g) = \sum_{i \in \text{Pos}}^{N} \sum_{m \in \{cx,cy,w,h\}} x_{ij}^{k} \text{smooth}_{\text{L1}}(l_i^m - \hat{g}_j^m)$$

其中,真实转换值 $\hat{g}$ 的计算方式在(3)中已给出。

对于置信度误差 L_{conf},采用了 softmax loss:

$$L_{\text{conf}}(x,c) = -\sum_{i \in \text{Pos}}^{N} x_{ij}^{p} \log(\hat{c}_i^p) - \sum_{i \in \text{Neg}} \log(\hat{c}_i^p)$$

$$\hat{c}_i^p = \frac{\exp(c_i^p)}{\sum_p \exp(c_i^p)}$$

总误差函数中的权重系数 α 通过交叉验证设置。

3) Faster RCNN 障碍物检测

经过 RCNN 和 Fast RCNN 的积淀,Ross B. Girshick 等人在 2016 年提出了新目标检测框——Faster RCNN,不同于 YOLO,它是一种二阶段的检测算法。RCNN 系列算法如图 5-4 所示,RCNN 以及 Fast RCNN 都无法做到端到端的训练,Faster RCNN 则将体征提取模块、候选框生成模块以及边框回归和目标分类模块都整合在了一个网络中,使得综合性能有较大提高,在检测速度方面尤为明显。

图 5-4 RCNN 系列算法

(1) 特征提取模块。

Faster RCNN 特征提取网络使用的 VGG16 是牛津大学计算机视觉组和 Deepmind 公司的研究人员一起研发的深度卷积神经网络。他们探索卷积神经网络中的深度、宽度和性能之间的关系,通过反复堆叠 3×3 卷积和 2×2 的最大值池化,成功构建一个 16 层的网络。输入图像大小是 3×224×224,输出特征则为 51×39×256。

(2) 候选框生成模块(RPN)。

经典的检测方法生成检测框都非常耗时,如 Opencv 的 Adaboost 方法使用滑动窗口和图像金字塔生成检测框;或如 RCNN 使用 SS(Selective Search)方法生成检测框。而 Faster RCNN 则抛弃了传统的滑动窗口和 SS 方法,直接使用 Region Proposal Networks(RPN)生成检测框,这也是 Faster RCNN 的巨大优势,能极大提升检测框的生成速度。

特征可以看作一个尺度 51×39 的 256 通道图像,对于该图像的每一个位置(如图 5-5 所示),考虑

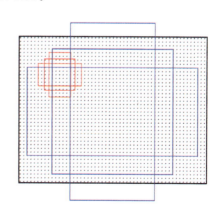

图 5-5 anchor 生成图

9个可能的候选窗口：三种面积$\{128^2, 256^2, 512^2\}$×三种比例$\{1:1, 1:2, 2:1\}$，这些候选窗口称为锚点(anchor)。

RPN实际分为两个组件：一个组件通过softmax分类anchor获得前景和背景；另一个组件用于计算对anchor的边框偏移量，以获得精确的候选框。

(3) 边框回归和目标分类模块。

在通过RPN得到候选框之后，使用ROI pooling将每个候选框所对应的特征都转换成7×7的大小。再将每个候选框的特征输入到边框回归和目标分类模块中，得到每个候选框的类别，类别数是$n+1$，n是n种障碍物类别，1则是背景。对于那些非背景的目标框，则会进行边框修正。

在Faster RCNN中主要是两个损失：一个是分类损失；另一个是标注框回归损失。对于分类损失来说就是一个简单的交叉熵，而标注框回归损失采用的是平滑的L1损失。

$$\text{smooth}_{L1}(x) = \begin{cases} 0.5x^2 \times \dfrac{1}{\sigma^2} & |x| < \dfrac{1}{\sigma^2} \\ |x| - 0.5 & \text{其他} \end{cases}$$

Faster RCNN目标检测算法是一种主流的二阶段算法，它在精度和速度上有着不错的表现。一些基于Faster RCNN的改进算法，如特征金字塔、可形变卷积以及级联RCNN等，都能取得了目前最好的检测效果。

2. 基于图像的三维障碍物检测

尽管Faster RCNN、YOLO等算法能够准确地检测出障碍物在图像中的位置，但是现实场景是三维的，物体都是三维形状的，大部分应用都需要有目标物体的三维的长宽高、空间信息、朝向信息偏转角等。例如在图5-6中，在自动驾驶场景下，需要从图像中提供目标物体长宽高、空间信息、朝向信息偏转角等指标，鸟瞰投影的信息对于后续自动驾驶场景中的路径规划和控制具有至关重要的作用。

■图5-6 三维障碍物检测以及鸟瞰效果图

目前三维目标检测正处于高速发展时期，主要是综合利用单目摄像头、双目摄像头、多线激光雷达来进行三维目标检测。从目前成本上讲，激光雷达＞双目摄像头＞单目摄像头，从目前的准确率上讲，激光雷达＞双目摄像头＞单目摄像头。但是随着激光雷达的不断产业化发展，成本在不断降低，也出现一些使用单目摄像头加线数较少的激光雷达进行的技术方案。

如图5-7所示，以开源的Apollo为例，Apollo中使用的YOLO三维，在Apollo中通过一个多任务网络来进行车道线和场景中目标物体检测。其中的Encoder模块是YOLO的Darknet，在原始Darknet基础上加入了更深的卷积层，同时添加反卷积层，捕捉更丰富的图像上下文信息。高分辨多通道特征图可以捕捉图像细节；深层低分辨率多通道特征图可以编码更多图像上下文信息。YOLO的Darknet采用和FPN(Feature Pyramid Network)类似的连接，更好地融合了图像的细节和整体信息。Decoder分为两个部分：一部分为语义分割，用于车道线检测；另一部分为物体检测，物体检测部分基于YOLO，同时还会输出物体的方向等三维信息。

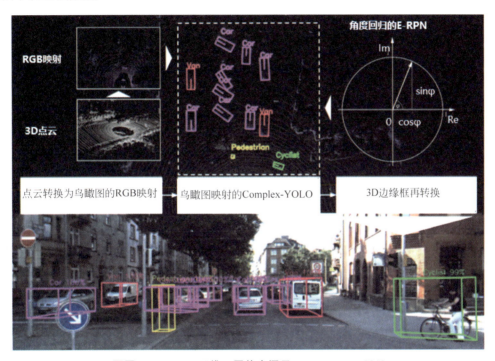

图5-7 YOLO三维。图片来源于Simon，el at.，2018

利用地面平行假设，来降低所需要预测的三维参数。①假设三维障碍物只沿着垂直地面的坐标轴有旋转，而另外两个方向并未出现旋转。障碍物中心高度和摄像头高度相当，所以可以简化认为障碍物的$Z=0$；②可以利用成熟的二维障碍物检测算法，准确预测出图像上二维障碍物框(以像素为单位)；③对三维障碍物里的6维(中心点坐标、长、宽、高)描述，可以选择训练神经网络来预测方差较小的参数。

5.2.2 基于激光雷达的障碍物检测

近年来，利用雷达或图像与雷达融合的障碍物检测方法逐渐被普及，扫描距离远、精度高的激光雷达便是非常理想的障碍物检测工具之一。本节将介绍基于激光雷达的障碍物检测的几种方法。

1. 基于几何特征和网格

几何特征包括直线、圆和矩形等。基于几何特征的方法首先对激光雷达的数据进行处理，采用聚类算法将数据聚类并与障碍物的几何特征进行对比，对障碍物进行检测和分类。利用几何特征的方法在无人驾驶方面较为常见。

为了提高对不同点云数据检测的可靠性，基于几何特征的方法也可以与光谱特征结合，将几何和影像特征综合考虑，从多个维度对障碍物进行识别，同时引入权重系数来反映不同的特征对识别的影响。

对于非结构化的道路，障碍物的形状复杂，较难用几何形状去描述，此时需要用基于网格的方法来识别此类障碍物。该方法将激光雷达的数据投影到网格地图中，然后利用无向图相关方法对点云数据进行处理。网格的大小和结构可以自定义，用网格分布图像来表示障碍物，分辨率越高的网格，表示的障碍物越复杂，但同时需要较高的计算复杂度和内存。

2. VoxelNet 障碍物检测

为了方便进行障碍物检测，激光雷达数据需要一定的人力对数据进行整理，对于距离较远的物体，激光雷达扫描出的物体轮廓信息在网络进行识别时效果可能并不理想，为此需要投入更多的人工流程去处理激光雷达数据。为了解决这一难点，减少人力，在 VoxelNet 的研究中，消除了对点云进行手动提取特征的过程，并提出了统一的端到端的三维检测网络。

VoxelNet 将原始点云作为输入，但由于现有激光雷达返回的点云数据包含的坐标点数量较大，多为数万到数十万，对计算量和内存的需求过大，VoxelNet 除了减少人力标注外，也着重解决了如何让网络高效处理更多的激光点云数据。如图 5-8 所示，VoxelNet 主要由三个模块组成：特征学习网络、中间卷积层和区域建议网络。

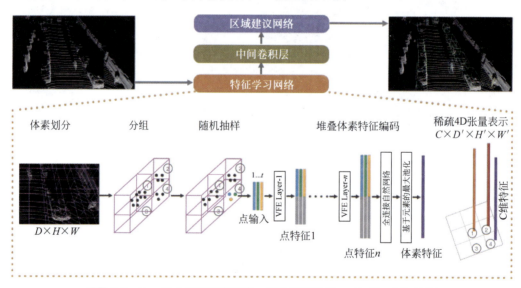

■ 图 5-8 VoxelNet 主要构成模块。图片来源于 Zhou Y，Tuzel O，2017

特征学习网络主要将点云划分为体素 Voxel 形式，通过 VFE 层提取特征，得到体素级的特征向量，包括以下几个步骤。

（1）体素划分：给定输入点云，需要将空间划分成均匀的体素 Voxel，这里假设点云对

应的 x、y、z 坐标信息分别代表 W、H、D 的三维空间,V_w、V_h、V_d 分别为每个体素的大小,由此可以得到 $D'\times H'\times W'$ 个体素网格,这里 $D'=D/V_d$、$H'=H/V_h$、$W'=W/V_h$。

(2)分组:将点云根据空间位置划分到相对应的体素中,但由于距离、遮挡、物体相对姿态和采样不均匀等原因,激光雷达获取的点云在空间中的分布不均匀,所以分组时会造成不同的体素中包含的点云数量不同。

(3)随机抽样:由于激光雷达获取的点云数据较多,直接进行处理计算和内存的负荷较大,并且由于采样不均匀等原因可能会对结果造成影响。所以 VoxelNet 采用了随机抽样的策略,具体方法是随机从拥有多于 T 个点的体素中随机采样 T 个点云。随机抽样的策略从一定程度上减少了体素之间点云分布不平衡,减少了采样的偏移,更有利于训练,同时节省了计算量。整个过程如图 5-9 所示。

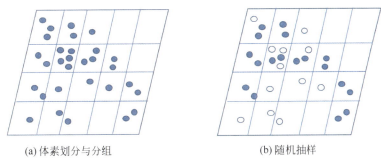

(a)体素划分与分组　　　　　(b)随机抽样

■ 图 5-9　体素划分与分组和随机抽样(深色点云代表 $T=2$ 时采样点云)

(4)堆叠体素特征编码:主要通过级联的 VFE 层实现基于点的点特征和局部特征的融合,以第一层 VFE 层为例,主要流程如图 5-10 所示。首先对每个网格中的点云进行去中心化,得到的每个点的 VFE 层的输入;每个点经过包含 ReLU 函数和 BN(Batch Normal)运算的全连接网络,得到点特征;对每个点特征都进行最大池化运算,得到局部聚合特征;最终将点特征和局部聚合特征进行结合运算,得到最后的特征向量,对每个体素进行处理,得到特征提取层的输出。

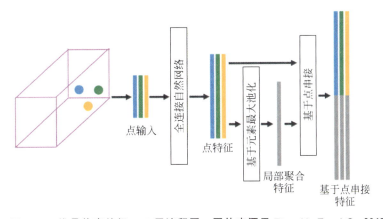

■ 图 5-10　堆叠体素特征 VFE 层流程图。图片来源于 Zhou Y,Tuzel O,2017

(5)稀疏张量表示:在体素划分时,许多体素(超过 90%)是空的,所以只需要对非空体素进行 VFE 处理,将其表示为稀疏张量,从而有效节省资源。

中间卷积层负责将特征向量进行三维卷积,提取特征,获取全局特征。

区域建议网络(RPN)将特征进行整合,输出预测概率,给出预测结果等。VoxelNet 的 RPN 设计与前面提到的 Faster RCNN 的设计类似。损失函数的设定同样也是只关注置信度较高的正负预测,并分别计算交叉熵损失,与回归的 L1 范数加权组合,得到最后的损失函数。

VoxelNet 侧重于将点云数据直接作为输入,得到检测结果,从单一的全局特征到与局部特征结合,并且逐渐从点云数据的特性来减少计算量,提高效率。相信随着计算能力的提升和研究者的不断探索,会提出更高效、更准确的方法。

5.2.3 基于视觉和激光雷达融合的障碍物检测

总体来讲,摄像头方案成本低,可以识别不同的物体,在物体高度与宽度测量、车道线识别、行人识别准确度等方面有优势,是实现车道偏离预警、交通标志识别等功能不可缺少的传感器,但作用距离和测距精度不如毫米波雷达,并且容易受光照、天气等因素的影响。毫米波雷达受光照和天气因素影响较小,测距精度高,但难以识别车道线、交通标志等元素。另外,毫米波雷达通过多普勒偏移的原理能够实现更高精度的目标速度探测,同时通过视觉可以获得充分的语义信息,而激光雷达则可以获得准确的位置信息,所以融合两种方法可以得到更好的检测效果。下面介绍几种融合方法。

1. 空间融合

建立精确的雷达坐标系、三维世界坐标系、摄像机坐标系、图像坐标系和像素坐标系之间的坐标转换关系,是实现多传感器数据的空间融合的关键。雷达与视觉传感器空间融合就是将不同传感器坐标系的测量值转换到同一个坐标系中。由于前向视觉系统以视觉为主,只需将雷达坐标系下的测量点通过坐标系转换到摄像机对应的像素坐标系下即可实现多传感器的空间同步。

根据以上转换关系,可以得到雷达坐标系和摄像机像素坐标系之间的转换关系。由此,即可完成空间上雷达检测目标匹配至视觉图像,并在此基础上,将雷达检测对应目标的运动状态信息输出。

2. 时间融合

雷达和视觉信息除在空间上需要进行融合外,还需要传感器在时间上同步采集数据,实现时间的融合。根据毫米波雷达功能工作手册,其采样周期为 50ms,即采样帧速率为 20 帧/秒,而摄像机采样帧速率为 25 帧/秒。为了保证数据的可靠性,以摄像机采样速率为基准,摄像机每采样一帧图像,选取毫米波雷达上一帧缓存的数据,即完成共同采样一帧雷达与视觉融合的数据,从而保证了毫米波雷达数据和摄像机数据时间上的同步。

5.3 车道线检测

车道线是用来管制和引导交通的一种标线,由标化于路面上的线条、箭头、文字、标记和轮廓标识等组成。根据道路交通标志和标线国家标准(GB 5768—1999)规定,我国的道路交通标线分为指示标线、禁止标线和警告标线。道路车道线示意图如图 5-11 所示。

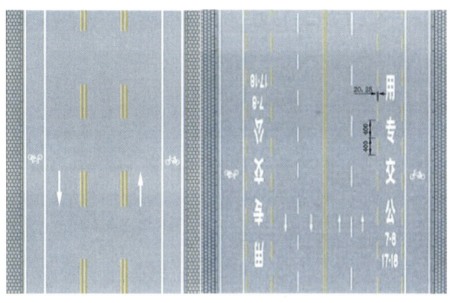

图 5-11 道路车道线示意图

车道线检测是智能车辆辅助驾驶系统中必不可少的环节,快速、准确地检测车道线在协助智能车辆路径规划和偏移预警等方面尤为重要。从 20 世纪 60 年代起,车道线检测引起了广大厂商和学者的注意。目前较为常见的车道线检测方案主要是基于传统计算机视觉的检测,近年来逐渐出现了基于深度学习的道路特征预测来替代传统方法,同时随着智能交通的逐步发展,基于雷达等高精设备的车道线检测也被提出。本章将对上述三种车道线检测方法进行原理介绍和对比。

5.3.1 基于传统计算机视觉的车道线检测

传统计算机视觉的车道线检测主要依赖于高度定义化的手工特征提取和启发式的方法。国内外广泛使用的检测方法主要分为基于道路特征和道路模型两种方法。基于道路特征的检测方法主要利用车道线与道路之间的物理结构差异对图像进行后续的分割和处理,突出道路特征,实现车道线检测;基于道路模型的检测方法主要利用不同的道路图像模型(直线、抛物线、复合型),对模型中的参数进行估计与确定,最终与车道线进行拟合。本节将主要对两种方法进行介绍与讨论。

1. 基于道路特征的检测方法

基于道路特征的检测方法根据提取特征的不同,可以进一步分为基于颜色特征、纹理特征和多特征融合的检测方法。

1)基于颜色特征的检测方法

(1)基于灰度特征的检测方法。

基于灰度特征的检测方法主要通过提取图像的灰度特征来检测道路边界和道路标识。可以通过直接采集灰度图进行处理,也可以通过图像转换将原始图像转为灰度图。在车道图像中,路面与车道线交汇处的灰度值变化较剧烈,可以利用边缘增强算子突出图像的局部边缘,定义像素的边缘强度,通过设置阈值的方法提取边缘点。常用的算子有 Sobel 算子、Prewitt 算子、Log 算子和 Canny 算子,提取效果如图 5-12 所示。

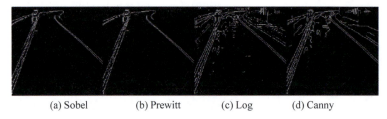

(a) Sobel　　　(b) Prewitt　　　(c) Log　　　(d) Canny

■图 5-12　几种常用算子边缘提取效果示意图

这种特征提取进行检测的方法结构简单,应用广泛,对于路面平整、车道线清晰的结构化道路尤为适用。但当光照强烈、有大量异物遮挡、道路结构复杂、车道线较为模糊时,检测效果会受到较大的影响。

(2) 基于彩色特征的检测方法。

基于彩色特征的检测方法主要通过提取图像的彩色特征来检测道路边界和道路标识,主要涉及颜色空间的选择和分割策略选取两方面。

颜色空间由一组数值描述图像信息的抽象模型,通常为三个数字,常用的颜色空间主要有 RGB 空间、HSI 空间和 CIE Lab 空间等。以 RGB 空间为例,通过红、绿、蓝三原色来描述图像,R、G、B 分别代表红、绿、蓝的亮度值,范围为 0～1。因此任意颜色值都可以用 R、G、B 三种颜色的分量值表示,但是 RGB 颜色空间人眼并不能直观感受到。HSI 空间用色调 H、饱和度 S、强度 I 来描述图像,将色调用角度值 0°～360°来表示。而 CIE Lab 是描述人眼可见颜色的最完备的模型,L 代表从黑到白的亮度,取值为 0～100,a 代表从绿到红的颜色区间,b 代表从蓝到黄的颜色区间,取值均为 -120～120。HSI 空间和 CIE Lab 空间均可以由 RGB 彩色模型通过转换得到。图 5-13 为三种颜色空间示意图。

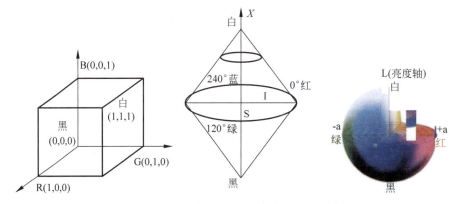

■图 5-13　RGB、HSI 和 CIE Lab 三种颜色空间坐标表示示意图

在不同的颜色空间中,车道线和道路有各自的特性,通过分析彩色信息的空间分布,可以利用分割策略对车道线进行检测。通常用于车道线检测的分割策略为阈值分割和色彩聚类两种方法。

由于色彩信息对于图像或图像区域的大小、方向等特征变化不敏感,其对于局部特征,利用彩色信息不能有效地进行捕捉,所以仅利用彩色特征的方法往往会将大量不必要的图像检测出来。

2) 基于纹理特征的检测方法

基于纹理特征的检测方法主要通过对包含多个像素点的区域中的纹理强度和纹理方向进行计算,从而对车道线进行检测。这种方法具有较强的抗噪能力。但当光照强度改变、图像分辨率改变时,计算结果会有偏差。同时二维图像中提取的纹理特征与三维物体实际的纹理会有一定的差别,一定程度上影响了检测的准确度。

3) 基于多特征融合的检测方法

针对单一道路特征提取的检测方法存在的缺陷,基于多特征融合的检测方法通过灵活运用多种道路特征来进行车道线检测,提高检测效果。随着图像处理技术的不断发展,越来越多的多特征融合的检测方法被提出。

2. 基于道路模型的检测方法

道路的几何模型大体分为两种:直线和曲线。直线模型计算简单,是最常用的道路模型,而曲线模型由于较为复杂,所以根据不同的情况有多种多样的模型,不同模型的计算复杂度也存在差异。

1) 直线模型

直线模型主要建立在车道线为直线的假设基础上,直线模型的数学表达式如下:

$$u = k(v - h) + b$$

其中 u、v 分别代表道路图像的横纵坐标,k 代表斜率,b 为截距,h 代表道路消失线在途中的纵坐标。得到了道路消失线的水平位置后,只要得到 k 和 b 就可以确定车道线在图像中的位置。在车辆行驶速度不高,并且道路弯曲曲率不大的情况下,可以有较好的识别和导航效果。

2) 双曲线道路模型

直线模型虽然实时性较好,但对曲线道路的识别精度较差。

针对一些车道线检测算法识别率不高、弯道检测不准确的问题,基于双曲线模型的车道线检测算法首先运用 Canny 算子对道路边缘进行检测;采用 Hough 变换提取道路边界点,并使用扩展的 Kalman 滤波进行预测跟踪来减小道路扫描范围;最后通过左右车道边界参数与双曲线模型参数进行匹配,利用最小二乘法来求解模型参数,完成车道边界重建。实验结果表明,这种双曲线模型的识别准确率能够达到 93.4%,并且每帧图像的处理速度为 87.4ms,在车道线模糊、对比度较低的情况下也能快速准确地识别出车道线。

5.3.2 基于深度学习的车道线检测

传统的车道线检测方法需要人工对道路场景进行特征提取和模型建立,而车道线种类繁多,道路结构复杂,传统方法工作量大且健壮性差。随着深度学习的兴起,CNN 将视觉理解推向了一个新的高度。把车道线检测看作分割问题或分类问题,利用神经网络去代替传统视觉中手动调节滤波算子的方式逐渐被提出。本节主要介绍近两年来基于深度学习的车道线检测的方法。

1. LaneNet ＋ H-Net 车道线检测

卷积神经网络(CNN)中产生的二值化车道线分割图需要进一步分离到不同的车道线实例中。受到语义分割和实例分割中对每个像素点进行预测的启发，LaneNet 将车道线检测问题转为实例分割问题，即每个车道线形成独立的实例，但都属于车道线这一类别。H-Net 由卷积层和全连接层组成，利用转换矩阵 H 对同一车道线的像素点进行回归。

如图 5-14 所示，对于一张输入图片，LaneNet 负责输出实例分割结果，每条车道线一个标识 ID，H-Net 输出一个转换矩阵，对车道线像素点进行修正，并对修正后的结果拟合出一个三阶多项式作为预测的车道线。

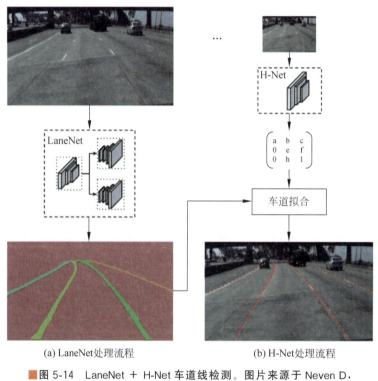

(a) LaneNet处理流程　　　　(b) H-Net处理流程

■图 5-14　LaneNet ＋ H-Net 车道线检测。图片来源于 Neven D，De Brabandere B，Georgoulis S，et al.，2018

LaneNet 将实例分割拆分为语义分割和聚类两部分，如图 5-15 所示。编码器分为 Embedding 和 Segmentation 两个分支，Embedding 负责对像素进行嵌入表示，训练得到嵌入向量进行聚类；Segmentation 对输入的图像进行语义分割，并对像素点进行二分类，判断属于车道线还是背景。最后将两个分支的结果结合得到最终车道线检测的结果。

2. SCNN 车道线检测

虽然 CNN 具有强大的特征提取能力，但由卷积块堆叠的 CNN 架构没有足够充分的探索图像行和列上的空间关系的能力。而这些关系对于学习强先验形状的对象尤为重要。如图 5-16 所示，CNN 对于经常被遮挡的车道线识别效果并不好。针对这一问题，一个新的网络 Spatial CNN(简称 SCNN)将传统卷积层接层(layer-by-layer)的连接形式转为特征图中

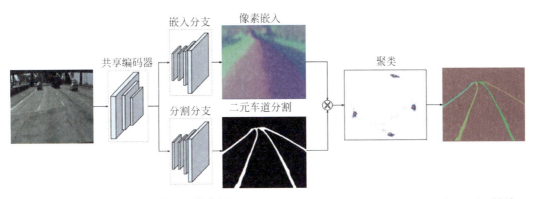

■ 图 5-15 LaneNet 网络结构。图片来源于 Neven D，De Brabandere B，Georgoulis S，et al.，2018

片连片卷积（slice-by-slice）的形式，使图像中的像素行和列之间可以传递信息。SCNN 对于长距离连续形状的目标、大型目标以及有着极强空间关系但是外观线索不明显的目标，例如车道线、电线杆，具有很好的检测效果。如图 5-16 所示，SCNN 对遮挡的车道线的检测的结果明显好于传统 CNN 的方法。

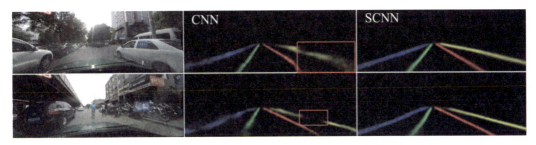

■ 图 5-16 CNN 与 SCNN 对于车道线检测效果。图片来源于 Pan X，Shi J，Luo P，et al.，2018

在此之前，有很多尝试在深度网络中使用空间信息的工作。例如，有使用循环神经网络（RNN）按每行或每列传递信息，但每个像素点只能接收来自同一行或同一列的信息；有使用长短期记忆网络（LSTM）的变体来探索语义分割中的上下文信息，但计算量较大；也有使用 CNN 和图模型，如马尔可夫随机场（MRF）和条件随机场（CRF）结合，通过大卷积核来传递信息。

与上述几种方法相比，SCNN 在信息传递过程中计算效率比 MRF 和 CRF 高，同时由于使用残差进行信息传递，使训练更容易进行并适用于多种神经网络。

传统 CNN 与图模型结合时，每个像素点接收来自整个图像的其他像素的信息，这在计算上的代价是非常昂贵的，不利于应用与车道线的检测。并且 MRF 大卷积核的权重在学习上也比较困难。如图 5-17 所示，SCNN 结构中，D、U、R、L 在结构上是类似的，分别代表向下、向上、向右、向左。

以 SCNN_D 为例，对于 $C \times H \times W$ 的三维张量，C、H、W 分别代表通道数、高度和宽度，先将其切分为 H 片，然后将第一片送入 $C \times w$ 的卷积层中（w 代表卷积核的大小）。与传统 CNN 将输出作为下一片传递到下一层不同的是，SCNN 将第一片的输出加入到下一片中作为输入，重复卷积，直到处理完最后一片。SCNN_U、SCNN_R、SCNN_L 在处理上采用的方法与上述方法基本一致。

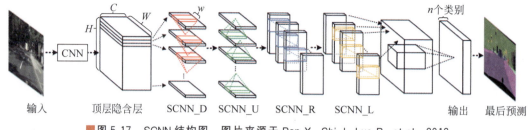

■ 图 5-17　SCNN 结构图。图片来源于 Pan X，Shi J，Luo P，et al.，2018

SCNN 在信息传递上与 MRF/CRF 的不同之处主要在于信息传递的方向，如图 5-18(a)所示，MRF/CRF 在信息传递方向上较为无序，每个像素点需要接收大量的信息，计算量大，存在大量冗余信息；而 SCNN 信息的传递是顺序的，如图 5-18(b)所示，对于行列数较高的图片，SCNN 可以减少大量的计算。图 5-19 展示了 SCNN 与其他方法在车道线检测中的对比。

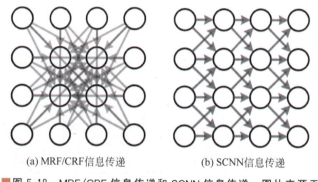

■ 图 5-18　MRF/CRF 信息传递和 SCNN 信息传递。图片来源于 Pan X，Shi J，Luo P，et al.，2018

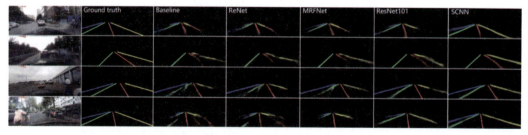

■ 图 5-19　SCNN 与其他方法在车道线检测中的表现。图片来源于 Pan X，Shi J，Luo P，et al.，2018

5.3.3　基于激光雷达的车道线检测

基于传统视觉的方法存在诸多缺陷：对光照敏感、依赖于完整并且较为统一的车道线标识、有效采样点不足以及车道线被水覆盖时视觉系统会失效等。近年来，越来越多的研究者将目光投向了用激光雷达进行车道线检测。激光雷达的有效距离比传统视觉高，有效采样点多，并且可以穿透水面，基本上解决了传统视觉中的大部分问题，但基于激光雷达的检测方法存在"硬伤"：成本较高。本节主要介绍一种基于激光雷达的车道线检测方法，即基于反射强度信息的方法。

该方法主要基于激光雷达反射强度信息形成的灰度图,或者根据强度信息与高程信息配合,过滤出无效信息,然后对车道线进行拟合。不同物体的回波强度见表5-1。

表 5-1　不同物体回波强度

介　质	回波强度/dBz	可能的物体分类
沥青、混凝土	5～8	道路、房屋等
特性涂层	12～30	车道线
植被、金属	45～150	树木、车辆等

在激光雷达获取的点云中,通过反射强度值,可以区分出道路和车道线。在激光雷达获取的道路环境的三维点云中,检测每一个激光层采集到的可行驶区域的回波强度是否发生变化,如果发生变化,将变化点提取并进行标记。

与此同时,通过对点云数据中有高程数据的点进行滤波,一定程度上可以确定出可行驶区域,同时剔除一些和车道线的回波强度接近的物体。通过对提取的车道线点云进行聚类和去噪,再利用最小二乘法进行拟合,最终提取出车道线。

5.4　红绿灯检测

红绿灯检测是无人驾驶中一个关键的问题,红绿灯检测就是获取红绿灯在图像中的坐标以及它的类别。无人驾驶汽车根据检测的结果采取不同的措施:如果检测到红灯,则在路口等待;如果检测到绿灯,则通过路口。因此,能否准确识别红绿灯的状态,决定着无人驾驶汽车的安全。

过去对于红绿灯的检测,大多都是利用颜色形状等低级特征去做,例如在颜色上使用一个简单的阈值进行背景抑制,或者是根据颜色特征进行候选框的提取,再对候选框进行分类,这类方法准确率远远达不到要求。最近几年计算机视觉大量使用深度学习的技术,目标检测的准确率和速度有了很大的提升。

现在大多目标检测的方法都是基于 Faster RCNN、YOLO 和 SSD,但是它们在小目标检测上的效果都不理想。红绿灯这种小目标在图片中所占据的像素较少,对于标准的卷积神经网络(VGG、ResNet、DenseNet 等)来说,输出的特征一般都会是图片大小的 1/32,对于小目标来说,细节丢失较严重,这就增加了小目标检测的难度。如果删除特征提取网络的一些层数或者部分下采样层,就会缩小感受野,衰弱特征的语义信息,反而更影响检测效果。

对于 Faster RCNN 和 SSD 这种基于候选窗口的检测算法来说,为了完美覆盖小目标,需要候选窗口数量较多,这不仅拖慢了检测速度,而且增加了前背景框的分类难度。

提升小目标检测效果的最有效方法是扩大图像大小,而扩大图像大小随之带来的就是计算量的增加,感受野的不足影响大目标的检测效果。目前针对小目标检测算法的改进,主要从提取特征网络入手,让提取的特征更加适合小目标检测,大致有如下几种方法。

(1) 图像金字塔:较早提出对训练图片上采样出多尺度的图像金字塔。通过上采样能够加强小目标的细粒度特征,在理论上能够优化小目标检测的定位和识别效果。但基于图像金字塔训练卷积神经网络模型对计算机计算能力和内存都有非常高的要求。计算机硬件发展至今也难以胜任。故该方法在实际应用中极少。

(2) 逐层预测:对于卷积神经网络的每层特征图输出进行一次预测,最后综合考量得出结果。这种方法会利用浅层特征去做预测,而浅层特征没有充分的语义信息,也没有较大的感受野,所以效果对于前面的特征层来说,并不会因为特征图的变大而变好。同样,该方法也需要极高的硬件性能。

(3) 特征金字塔:参考多尺度特征图的特征信息,同时兼顾了较强的语义特征和位置特征。较大的特征图负责较小的目标的检测,较小的特征图负责较大的目标检测。该方法的优势在于,多尺度特征图是卷积神经网络中固有的过渡模块,虽然在提取特征时候增加了部分层,但是尺度的特征通道也会减少,所以堆叠多尺度特征图对于算法复杂度的增加微乎其微。

(4) 空洞卷积:利用空洞卷积代替传统的卷积,在提升感受野和不增加额外参数的同时,不减少特征图的大小,保留更多的细节信息。

(5) RNN思想:参考了RNN算法中的门限机制、长短期记忆等,同时记录多层次的特征信息,但是RNN固有的缺陷是训练速度较慢。

5.4.1 基于传统视觉方法的红绿灯检测

1. 基于颜色和边缘信息

在传统的视觉任务中,一般都会使用HSV或者RGB颜色空间,但是在红绿灯检测任务中,往往颜色和边缘信息更有效。

该方法的步骤是:①获取图像帧;②图像预处理,将RGB转换为CIE Lab颜色域、增加红绿颜色差距、填充空洞;③候选区域检测,径向对称检测、最大最小定位;④候选区域验证:时空持续性验证。大致过程如图5-20所示。

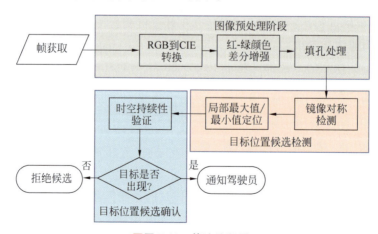

■图5-20 算法流程图

如图5-21所示,该方法利用简单的颜色和边缘信息取得了不错的效果。该方法虽然在速度上非常快,但是该算法健壮性不足,在一些场景中容易发生误检。

图 5-21　算法效果图

2. 基于背景抑制

基于背景抑制的方法就是通过处理图像浅层特征来区分前景与背景,从而实现背景抑制和红绿灯候选区域获取。一个好的二阶段检测算法必须要能够提取高质量的候选框,只要候选框够准,红绿灯检测的召回率就高。该方法包含两个部分:候选区域提取模块以及识别模块。具体结构如图 5-22 所示。在候选区域提取模块中,该方法使用自适应背景抑制去突出前景从而获取候选区域。在识别模块中,每个候选区域的特征输入到识别网络中,获得候选框的类别(红灯、绿灯以及背景)。算法结构如图 5-22 所示。

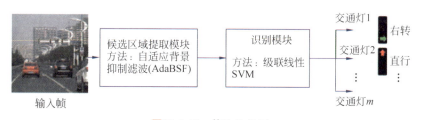

图 5-22　算法结构图

与基于颜色和边缘信息的方法相比,而该方法是自适应的方法,所以能够适应多种场景,并且具有很高的召回率。

5.4.2　基于深度学习的红绿灯检测

1. 特征金字塔网络(FPN)红绿灯检测

在传统的图像处理方法中,金字塔是比较常用的一种手段,如 SIFT(尺度不变特性变换)算法基于金字塔做了多层的特征采集。对于深度网络来讲,其原生的卷积网络特征决定了天然的金字塔结构。深度网络在目标检测领域的应用,如早期的 Fast RCNN、Faster RCNN,都是在最后一层卷积层进行检测,后续针对的改进包括 ION、HyperNet、MSCNN 等都结合了多尺度的特征。

现在处理不同尺度特征的方法如图 5-23 所示。图 5-23(a)是传统方法,通过对图像进行降采样处理,提取每层图像的特征,然后在每层进行预测。图 5-23(b)是借助卷积网络,通过单特征图进行预测,典型的应用包括 Faster RCNN、YOLO 等。图 5-23(c)是对不同尺度的特征图分别进行预测。图 5-28(d)是特征金字塔方法,在多尺度特征图的基础上,结合右侧的上采样进行不同尺度的整合,每层独立预测,通过本层信息和原始特征层信息进行结合。

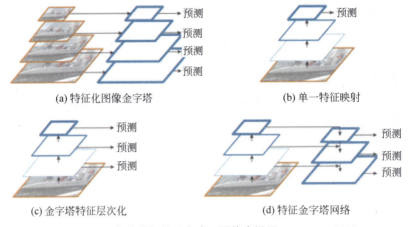

■ 图 5-23　多种特征处理方式。图片来源于 Lin,et al.,2017

Feature Pyramid Networks（FPN）是比较早提出利用多尺度特征和从上到下结构做目标检测的网络结构之一，整个网络是基于 Faster RCNN 检测算法构建的。

在原始的 Faster RCNN 中，只用网络高层特征去做检测，虽然语义信息比较丰富，但是经过下采样等操作，特征丢失太多细节信息，而对于小目标检测这些信息往往是比较重要的。所以，该方法想要将语义信息充分的高层特征映射回分辨率较大、细节信息充分的底层特征，将二者以合适的方式融合来提升小目标检测的效果，融合方式如图 5-24 所示，将高层特征利用上采样的方式转化成和低层特征的相同尺寸，同时两者通道数相同，再将低层和高层特征进行元素级相加。

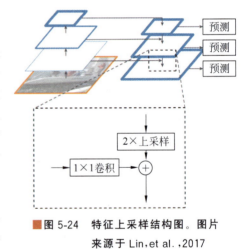

■ 图 5-24　特征上采样结构图。图片来源于 Lin,et al.,2017

该方法可以套用在各种目标检测算法上，已经成为现在目标检测算法中的一个标准组件，一定程度上平衡了不同大小目标的检测，有着不错的精度，速度上也快于图像级特征金字塔。

2. 特征融合 SSD 红绿灯检测

上述 FPN 是在二阶段算法基础上实现的，特征融合 SSD 则是在一阶段检测算法 SSD 基础上对小目标检测做的一些改进，该方式使用多尺度特征融合将上下文信息引入到 SSD 中帮助检测红绿灯这种小目标。上下文信息对于小目标检测的重要性不言而喻，红绿灯这种小目标和背景之间的尺寸差异大，如果使用较小的感受野去关注物体本身的特征，则很难提取到背景中包含的全局语义信息。如果使用较大感受野去关注背景信息，那么小目标本身的特征就会被丢失，所以使用多尺度特征融合可以有效解决这一问题，浅层网络得到精细特征，高层网络通过大的感受野得到上下文信息，两者相结合，从而改善小目标检测，同时也不会降低大目标检测的效果。

该方法基于原始的 SSD 结构，整体结构如图 5-25 所示。

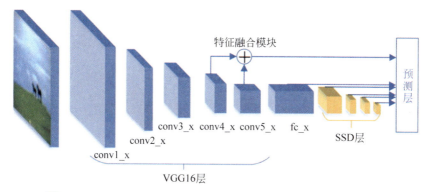

■ 图 5-25　特征融合 SSD 网络结构图。图片来源于 Li，et al.，2017

　　SSD 是基于 VGG16 的基础网络，仅仅是替换掉 VGG16 中的一些层以及增加一些网络层。SSD 不使用最后一个特征映射去做预测，而是使用卷积层中的多层中的金字塔特征层次结构来预测具有不同规模的目标。也就是说，使用浅层来预测较小的对象，同时使用深层来预测较大的对象，这样可以减少整个模型的预测负担。然而，较浅的层往往缺少语义信息，这是较小的对象检测的重要补充，因此，将深层得到的语义信息传递回浅层可以提高小目标的检测性能，同时也不会增加太多的计算量。

　　通过将浅层与深层的特征融合，可以为小目标检测提供丰富的上下文信息。在检测中，深层特征往往由于太大的感受野通常会引入大的无用的背景噪声，浅层特征则因为网络不够深、没有充足的语义信息，所以该方法利用浅层与深层融合之后的特征对小目标进行预测，同时为了不降低速度，对于较大的红绿灯目标，我们不使用特征融合模块，而是直接使用较深的高级特征。在小的红绿灯检测上为了选择合适的特征融合层，利用反卷积针对不同尺寸的目标生成不同尺寸的特征。

　　该网络添加了级联模块，为了使 conv5_3 层的特征图与 conv4_3 层的特征图大小相同，在 conv5_3 层后面跟着一个反卷积层，该反卷积层通过双线性上采样放大特征尺寸。在 conv4_3 层和 conv5_3 层之后，使用两个 3×3 的卷积层，以学习更好地融合特征，最终的融合特征图由 1×1 卷积层生成，用于降维和特征重组。另一种融合两层特征图的方法是使用元素级相加模块。该模块除了融合类型之外，都与级联模块相同。事实上，由于这种方式能够自适应地从 conv4_3 和 conv5_3 学习特征，所以可以获得更好的融合效果。

　　特征融合 SSD 是一阶段的方法，在 SSD 的基础上进行了针对小目标检测的优化，使卷积特征更适合在无人驾驶中的红绿灯检测，与二阶段算法相比，在满足实时性的同时，也有不错的准确率。

5.4.3　高精地图结合

　　上述检测算法只是通过图像获取红绿灯在图像中的位置，而获取红绿灯世界坐标则需要结合高精地图。高精地图是指高精度、精细化定义的地图，其精度需要达到分米级才能够区分各个车道。如今随着定位技术的发展，高精度的定位已经成为可能。而精细化定义则是需要格式化存储交通场景中的各种交通要素，包括传统地图的道路网数据、车道网络数据、车道线和交通标志等数据。

在利用计算机视觉进行红绿灯检测时，必须在整幅图像中搜索，因为计算机是无法预知红绿灯出现在图像中的具体位置的。但是如果有了高精度地图信息，机器就可以通过高精度定位和高精度地图得到ROI。根据定位和地图的数据，无人驾驶汽车可以知道前方、两侧是否有交通标志牌，及红绿灯的位置，这样就可以大幅度降低算法的复杂度，减少系统的计算负荷，进而提升系统性能。

高精地图与红绿灯检测的具体结合模式如图5-26所示，首先通过使用检测算法，确定红绿灯在图像中的位置以及它的类别，然后将红绿灯与高精地图上记录的红绿灯进行比对（map matching），比对之后无人驾驶汽车就可以得到红绿灯的世界坐标，确定红绿灯所对应的道路，从而帮助无人驾驶系统做出正确的决策。当无人驾驶汽车因为遮挡或者算法等原因无法检测到红绿灯时，高精地图可以告知系统红绿灯的信息，从而确保行车安全。

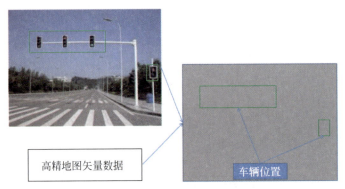

图5-26　高精地图与红绿灯检测的具体结合模式

注：右侧图为俯视图，表示红绿灯与车辆的相对位置。

5.5　场景流

5.5.1　概述

场景流（scene flow）可以理解成空间中场景的三维运动场，即空间中每一点的位置信息和其相对于摄像头的移动。具体地，场景流估计的一种方式是光流估计和深度估计的结合。本节将重点介绍深度估计与光流估计的相关知识。

光流是一种二维运动场，是空间中每一点沿摄像头平面的运动状态；深度信息表达的是空间中每一点到摄像头的距离，其变化量则是物体沿垂直摄像头方向的变化。光流和深度变化可以认为是对三维运动场的一种分解。综上所述，对光流和深度估计的实现可以使我们对空间中任意点的三维运动状态都了如指掌，这对于驾驶决策等是很有意义的。同时，场景流的潜在应用很多。它可以补充和改进最先进的视觉测距和SLAM算法，这些算法通常假定在刚性或准刚性环境中工作。另外，它可以用于人-机器人或人-机交互，以及虚拟和增强现实等。但是，需要注意的是，场景流只关注深度变化量，不关注深度的绝对值。

5.5.2 深度估计

深度估计是指获取图像上每一点距离测量平面的深度信息，在无人驾驶中可用于障碍物的识别与定位，由于它能够获取障碍物与测量点的距离信息，可用于三维重构、即时定位与地图构建(SLAM)等，在无人驾驶中有广泛的应用。

1. 基于激光雷达的深度估计

一种比较直接的方法是通过激光雷达采集点云数据，这些点云数据直接代表深度信息。这种方法采集到的深度信息直接、可靠，但是也存在某些问题。由于其稀疏性需要使用插值等方式使其稠密化，而且采集范围有限，仅限于某些固定的角度，车载时有时速范围限制，还有价格昂贵等。如图 5-27 所示，这是一张由激光雷达采集得到的深度图。可以看到，这个深度图是由多条线构成的。这是因为采集所使用的激光雷达是多线的（例如 32 线、64 线），这样导致扫描结果以线的形式呈现，而不是连续致密的结果。而且可以看出，这幅图上面一部分是没有数据的，这是因为激光雷达的扫描范围限制。因此，我们也希望使用光学图像来测量深度，也就是基于光学图像的深度估计，进而能够实现多传感器协同工作，提高系统的健壮性。

■图 5-27　激光雷达采集的深度图

2. 基于光学图像的深度估计

基于光学图像的深度估计可分为双目深度估计和单目深度估计。

(1) 双目深度估计：此方法和人类感知环境深度的方式较为类似，通过两个具有一定相对位置的摄像头（可类比人的两只眼睛）来采集光学图像，然后通过这两张光学图像来确定深度信息，这可以归纳为一个立体匹配的问题，也就是找到左图（左眼）和右图（右眼）中对应点，利用对应点的视差（空间中同一点在左图和右图中成像位置的变化量）来确定该点的深度。如图 5-28 所示,要确定空间中一点 P 到两摄像头主点 (O_R, O_T) 连线的距离 Z。由图中几何关系可知,由于左摄像头和右摄像头的位置是不同的,导致 P 点分别在左摄像头焦平面和右摄像头焦平面上成像,在 p 和 p' 点,定义视差为 $d = x_R - x_T$,它为点 P 在左图和右图中成像位置的差异。焦距为 f,两摄像头主点距离为 $B = O_T - O_R$。图中存在相似三角形 $P_{pp'}$ 和 $PO_R O_T$,即有 $\dfrac{Z-f}{Z} = \dfrac{B-d}{B}$,进而得到

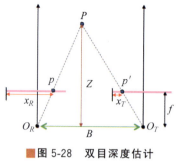

图 5-28 双目深度估计原理图

$$\frac{f}{Z} = \frac{d}{B} \quad Z = \frac{f \times B}{d}$$

由上式可知,在摄像头焦距(f)和两摄像头排放位置相对固定(主点距离 B 为常数)时,空间中一点的成像视差和其到摄像头平面的距离成反比。这一个关系非常重要,把深度转换成了视差,所以只需要确定左图和右图上对应的点,就可以根据这些对应点的视差确定深度。

(2) 单目深度估计:其装置简单,便于安装,应用前景也相对较大,是目前一个较为火热的研究方向,其包括基于图像内容理解、基于聚焦、基于散焦、基于明暗变化等方式。严格来讲,单目深度估计的信息量是不够的,因为图像上的一点对应于空间中的一条射线,理论上无法直接通过一张图片定位空间中点的位置,就好像人闭上一只眼睛来观察周围的环境,会明显地感觉到缺少了很多立体感。但是,还是可以通过仅一只眼睛工作和生活等,而不至于撞到墙上,这是由于我们的经验,我们在长期的生活中已经建立了对各种事物的认知,可以从物体的观测大小和其周围环境推断出距离。例如,我们观察到了公路上的一辆汽车,经验告诉我们它的大致尺寸是 1.5m×1.7m,那么我们也能轻易地推断出它在多远的位置应该有多大的观测大小,当它在我们的视线里越来越大时,那么它离我们的距离就越来越近。由于单目深度估计需要基于语义理解,而在场景发生剧烈改变时可能会发生严重的错误。例如,还是在上面的例子中,我们又观测到了一辆车,这辆车只是一个模型,它的实际大小只有 20cm×30cm。但是,我们把它当成了一辆真实的车,那么我们对它距离的推断要远远大于它的实际距离,而这是因为我们错误地认识了它。基于以上分析,单目深度估计的实现往往需要一致的环境,相同的数据分布。

早期的单目深度估计采用直接回归深度的方法,通过卷积神经网络直接回归深度信息,具体流程如图 5-29 所示。

输入一张图片,通过一个 CNN 生成一个粗略的结果,如图 5-29 中蓝色框流程所示。蓝色 CNN 中有卷积层和下采样,感受野很大,最终输出全局的整体结果。然后将这个粗略的结果与原图一起输入下面黄色的精细网络里。下面的网络中没有下采样的过程,目的是根据原图和粗略的结果提炼细节和边缘信息,进而得到精细的结果。这种方法的效果一般,而且鉴于深度信息难以获得,较难获得标注数据,其应用场景受限。

除了直接估计以外,单目深度估计往往会用到重构的方法,通过与原图空间相关或者时序相关的另一张图进行估计。这种方式模型构造较为复杂,需要利用空间关系进行重采样,但是效果相较于直接利用深度信息估计的方法好很多。最重要的是,这种方法往往不需要

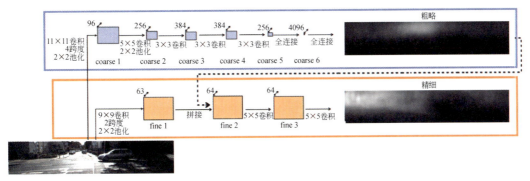

图 5-29 通过卷积神经网络直接估计深度流程

真实的深度信息，也就是不需要拍摄视频的同时使用激光雷达采集深度信息，大大降低了数据获取的成本，具有很高的实用价值。下面介绍两种基于重构的单目深度估计方法：一种是基于视频的方法，重构视频中的前后帧；另一种是给定左图重构右图的方法（只是在训练的时候需要成对的图像，在测试的时候只需要一张图，所以还是将其归于单目深度估计）。

深度和自身运动网络是一种基于视频的单目深度估计方法，可以分解为两个子问题，分别是预测出每一帧的深度图（depth）和车辆自身的运动状态（ego-motion）。这对后续的三维重构等任务很有帮助。因此，本方法的实现模型可分为两个子网络：预测深度的网络和预测摄像头自身运动的网络，如图 5-30 所示。

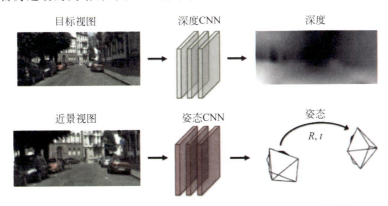

图 5-30 预测深度网络和预测自身运动网络示意图。图片来源于 Zhou，et al.，2017

从前面章节讲摄像头参数的内容中可以得知，空间坐标系中一点到摄像头坐标系的映射关系为

$$Z \begin{bmatrix} x \\ y \\ 1 \end{bmatrix} = KM \begin{bmatrix} X \\ Y \\ Z \\ 1 \end{bmatrix}$$

其中，(X,Y,Z) 是空间坐标系中的一点，(x,y) 是该点在摄像头坐标系中的坐标，M 是摄像头外参，K 是摄像头内参。

假设知道 t 时刻某张图的深度信息，也就是已知该图上某点坐标 (x,y)，以及该点对应

的深度值 Z，则有

$$M\begin{bmatrix}X\\Y\\Z\\1\end{bmatrix}=ZK^{-1}\begin{bmatrix}x\\y\\1\end{bmatrix}$$

若已知 t 时刻到 $t+1$ 时刻摄像头的运动状态（绕三个轴的旋转和沿三个轴的平移），则此运动可表示为一转移矩阵 $T^t=\begin{bmatrix}R^t & T^t\\0 & 1\end{bmatrix}$，则 $t+1$ 时刻的摄像头外参可表示为 $M^{t+1}=MT^t$，则 $t+1$ 时刻的映射关系可表示为

$$Z^{t+1}\begin{bmatrix}x^{t+1}\\y^{t+1}\\1\end{bmatrix}=KM^{t+1}\begin{bmatrix}X\\Y\\Z\\1\end{bmatrix}$$

$$=KT^tM\begin{bmatrix}X\\Y\\Z\\1\end{bmatrix}$$

$$=KT^tZK^{-1}\begin{bmatrix}x\\y\\1\end{bmatrix}$$

整理可得

$$\begin{bmatrix}x^{t+1}\\y^{t+1}\\1\end{bmatrix}=\frac{1}{Z^{t+1}}KT^tZK^{-1}\begin{bmatrix}x\\y\\1\end{bmatrix} \tag{5-1}$$

从式(5-1)可知，如果知道了 t 帧、$t+1$ 帧的深度信息，以及从 t 帧到 $t+1$ 帧中摄像头的自身运动状态，那么就可以找到 $t+1$ 帧中的某一点 (x^{t+1},y^{t+1}) 在 t 帧中的位置 (x,y)（前提是环境相对于世界坐标系是静止的），进而可以从 t 帧的图像中采样得到 $t+1$ 帧图像的重构图。可以用这张重构图与 $t+1$ 帧真实的图像做监督，进而优化深度估计和自身运动估计的性能。

完整过程如图 5-31 所示，I_t 表示 t 时刻的输入图像，由深度 CNN 生成深度信息，如图中第一条流程所示。I_{t-1}、I_{t+1} 分别为 $t-1$ 时刻的图像和 $t+1$ 时刻的图像，分别与 I_t 经过姿态 CNN 预测出 $t-1$ 到 t、t 到 $t+1$ 的外参转移矩阵 $T_{t-1\to t}$、$T_{t\to t+1}$，然后，根据式(5-1)可得 I_{t-1}、I_{t+1} 与 I_t 的采样关系，进而从 I_t 中采样（采样过程如图 5-31 中红色虚线所示），从而得到重构的两张图 I'_{t-1} 和 I'_{t+1}。然后利于原始图像 I_{t-1} 和 I_{t+1} 建立监督：$\|I_{t-1}-I'_{t-1}\|$ 和 $\|I_{t+1}-I'_{t+1}\|$。

图 5-32 是采样重构的具体过程，表示的是从 I_s 中采样，重构 I_t。已知 I_t 与 I_s 中点的映射关系：$p_t\to p_s$，那么在 p_s 处采用双线性插值的方法，取其临近的四个点的像素值，根据 p_s 点到每一个点的距离进行加权平均，得到 p_s 点处的像素值，作为重构图中 p_t 处的像素值。这种方法既能使重构的图像连续平滑，又能保证重构图可导，可以进行反向传播。

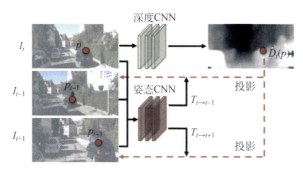

■ 图 5-31　完整过程示意图。图片来源于 Zhou，et al.，2017

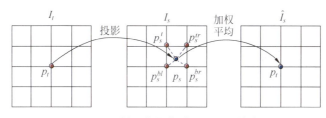

■ 图 5-32　采样重构具体过程图。图片来源于 Zhou，et al.，2017

以上就是该方法完整的过程，该方法只需要单个摄像头所采集到的数据进行训练，而且不需要深度信息，训练数据极易获得，测试时还可逐帧测试，不需依赖视频信息。另外，该方法所预测的车辆自身运动状态对于其他任务，例如三维重构、SLAM、视觉里程计等，也是很有帮助的。

左右一致性深度估计是一种单目无监督深度估计方法。训练所使用的数据不再是连续的视频，而是成对的图像，成对的图像由两个相对位置固定的摄像头采集，保证视差与深度的固定关系为 $Z = \dfrac{f \times B}{d}$，其中 Z 是深度，d 是视差，f 是焦矩，B 是两个摄像头的光心距离。

虽然此方法在训练的时候用到了成对的图像，但是在测试的时候只需要其中的一张图像，所以还是将其认为是单目深度估计的一种方法。此方法也利用重构，但重构的是同一时刻不同摄像头拍摄的图像，并且不需要对深度信息进行标定。

该方法过程如图 5-33 所示，给定一组输入图片 L、R，让 L 图经过 CNN 得到预测的两个视差图，这两个视差图中 L_d、R_d 分别是左图相对于右图的视差和右图相对于左图的视差。然后，与基于激光雷达的深度估计方法中的采样方法相同，采用双线性插值方法，由左图 L 和右图相对于左图的视差图 R_d 采样重构出右图 R′，然后再由右图 R 和左图相对于右图的视差图 L_d 重构出左图 L′。最后，分别用 L 和 R 对 L′和 R′进行估计。这是整个训练的过程。

由于深度信息与视差的固定关系，在测试时只需要得到视差图就可以，不需要后面的重构过程，所以测试流程可以简化如下，对于一张给定给的左图 L，由训练好的 CNN 得到一张左视差图 L_d，然后由 $Z = \dfrac{f \times B}{d}$ 得到深度信息，如图 5-34 所示。

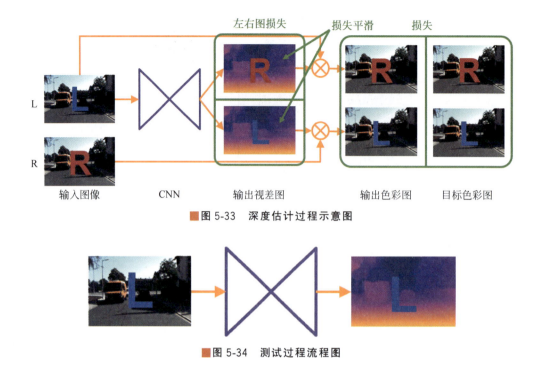

■ 图 5-33 深度估计过程示意图

■ 图 5-34 测试过程流程图

5.5.3 光流估计

光流指的是图像中每个像素点的二维瞬时速度场,其中的二维速度指的是物体空间中三维速度向量在成像平面上的投影。通俗地说,就是图像中的每一个像素点在图中的移动速度。光流是目前运动图像分析的一种重要方法,表达了图像变化。光流信息可以应用于动作识别、物体轨迹预测、动目标识别等,在无人驾驶领域有着重要的应用场景。

1. LK 算法

LK(Lucas-Kanade)算法是一种稀疏的光流算法,它首先对光流特性有以下几条假设:首先,运动物体的灰度值在短时间内保持不变,这也是寻找两帧之间对应点的关键所在;其次图像随时间变化较慢,也就是可以使用相邻像素点的灰度差异来表征某一点的梯度,这是光流法中极其重要的假设;最后图像的每一小邻域中光流近似一致。基于这些假设,可以进行以下分析。

假设图像上的一个像素点 (x,y),它在某一时刻的灰度为 $I(x,y,t)$,用 u 和 v 分别表示该点的光流在水平和垂直方向上的分量。那么

$$u = \frac{\mathrm{d}x}{\mathrm{d}t}, \quad v = \frac{\mathrm{d}y}{\mathrm{d}t}$$

经过一小段时间间隔 Δt 后,该点在 $t+\Delta t$ 时的对应位置的灰度为 $I(x+\Delta x, y+\Delta y, t+\Delta t)$,利用泰勒展开式可得

$$I(x+\Delta x, y+\Delta y, t+\Delta t) = I(x,y,z) + \frac{\partial I}{\partial x}\Delta x + \frac{\partial I}{\partial y}\Delta y + \frac{\partial I}{\partial t}\Delta t + \text{H.O.T.}$$

其中，H.O.T. 表示更高阶的量，可忽略。再基于我们之前的第一个假设：运动物体的灰度值在短时间内保持不变，也就是 $I(x+\Delta x,y+\Delta y,t+\Delta t)\approx I(x,y,z)$，即

$$\frac{\partial I}{\partial x}\Delta x + \frac{\partial I}{\partial y}\Delta y + \frac{\partial I}{\partial t}\Delta t = 0$$

当 Δt 趋于 0 的时候，可得

$$-\frac{\partial I}{\partial t}=\frac{\partial I}{\partial x}\frac{\mathrm{d}x}{\mathrm{d}t}+\frac{\partial I}{\partial y}\frac{\mathrm{d}y}{\mathrm{d}t}=\frac{\partial I}{\partial x}u+\frac{\partial I}{\partial y}v$$

$$-I_t = \begin{bmatrix} I_x & I_y \end{bmatrix} \begin{bmatrix} u \\ v \end{bmatrix}$$

其中，I_t、I_x、I_y 分别是灰度相对于时间、横坐标、纵坐标的导数。在基于前面假设的基础上，可以用一点在两帧之间的灰度变化来代表 I_t，用相对于其邻近点的灰度差异代表 I_x、I_y，那么，可以发现此约束方程有两个变量，那么如何求解呢？这就要用到之前的最后一个假设，即图像的每一小邻域中光流近似一致。因此，可以联立 n（n 为一个邻域内的总点数）个方程如下：

$$\begin{cases} I_{1x}u+I_{1y}v=-I_{1t} \\ I_{2x}u+I_{2y}v=-I_{2t} \\ \vdots \\ I_{nx}u+I_{ny}v=-I_{nt} \end{cases}$$

对于上面的方程组，可用最小二乘法求得最优解：

$$[-I_{it}] = \begin{bmatrix} I_{ix} & I_{iy} \end{bmatrix} \begin{bmatrix} u \\ v \end{bmatrix}$$

$$\begin{bmatrix} u \\ v \end{bmatrix} = (\begin{bmatrix} I_{ix} & I_{iy} \end{bmatrix}^{\mathrm{T}} \begin{bmatrix} I_{ix} & I_{iy} \end{bmatrix})^{-1} \begin{bmatrix} I_{ix} & I_{iy} \end{bmatrix} [-I_{it}]$$

$$= \begin{bmatrix} \sum_{i=1}^{n} I_{ix}^2 & \sum_{i=1}^{n} I_{ix}I_{iy} \\ \sum_{i=1}^{n} I_{ix}I_{iy} & \sum_{i=1}^{n} I_{iy}^2 \end{bmatrix}^{-1} \begin{bmatrix} -\sum_{i=1}^{n} I_{ix}I_t \\ -\sum_{i=1}^{n} I_{iy}I_t \end{bmatrix}$$

以上就是 LK 光流算法的过程。此方法只能解决运动较小的情况。对于运动较大的情况，可采用金字塔分层的方式，缩小原图，使得 LK 算法继续适用，此处不再详细展开。

2. FlowNet

FlowNet 是一种基于深度学习的光流计算方法，如图 5-35 所示，给定一对时序相关的图片，通过卷积神经网络得到这两张图片之间的光流信息。由于光流问题与深度估计问题类似，其关键点都在于立体匹配

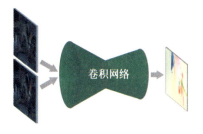

■图 5-35 FlowNet 示意图。图片来源于 Dosovitskiy，et al.，2015

(stereo matching),只要能匹配一对图片中对应的点,那么不管是深度还是光流都可以比较容易地得到。所以,FlowNet 这种结构在双目深度估计中也有着较好的应用。

如图 5-36 所示,FlowNet 有两种实现方式:第一种是直接将成对的图片拼在一起,将输入通道数变成 6,通过一个卷积神经网络学习其特征和相关性,然后再经过细化网络,得到光流信息。第二种是将两张图分别经过一个参数共享的卷积神经网络提取特征,分别得到对应两张输入图的特征图,然后经过一个计算相关性的层,得到两张特征图上每一点在空间上的相关性,将此相关性矩阵与原特征图进行拼接,用于后面的预测。

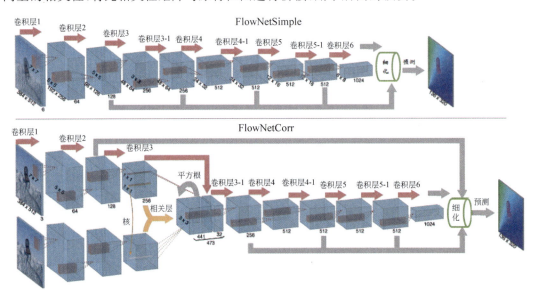

图 5-36　FlowNet 两种实现方式示意图。图片来源于 Dosovitskiy,et al.,2015

细化网络如图 5-37 所示,其作用是对结果进行上采样,得到高分辨率的结果图。这里用到了深度监督的方法,在上采样的每一步中,都会由一个卷积层输出该尺寸的结果并进行监督训练,并且,此结果进行上采样后会拼接到下一个维度的特征图中,参与更大尺寸的预测,这样会使得网络的输出越来越精细,最终得到一个分辨率较高的结果。

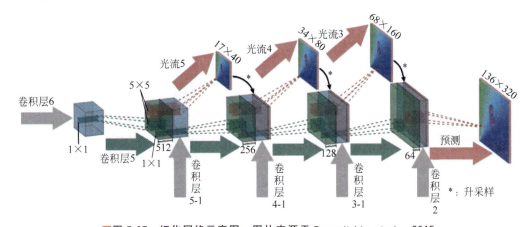

图 5-37　细化网络示意图。图片来源于 Dosovitskiy,et al.,2015

5.6 基于 V2X 的道路环境感知技术

前序章节讲述的状态感知主要通过车载传感器对周边及本车环境信息进行采集和处理,包括交通状态感知和车身状态感知,与外界如道路的其他参与者不存在信息交互。而 V2X 网联通信是利用融合现代通信与网络技术,实现智能驾驶车辆与外界设施和设备之间的信息共享、互联互通和控制协同。本节将简单介绍 V2X 技术。

5.6.1 V2X 技术

1. 概述

V2X(Vehicle-to-Everything,车用无线通信技术)是将车辆与一切事物相连接的新一代信息通信技术。其中,V 代表车辆;X 代表任何与车交互信息的对象,主要包含车、交通路侧基础设施、人以及网络,分别采用以下缩写 V、I、P 和 N 表示。具体信息模式包括:车与车之间(Vehicle-to-Vehicle,V2V)、车与路侧基础设施(如红绿灯、交通摄像头和智能路牌等)之间(Vehicle-to-Infrastructure,V2I)、车与人之间(Vehicle-to-Pedestrian,V2P)、车与网络之间(Vehicle-to-Network,V2N)的交互。

V2X 将"人、车、路、云"等交通参与要素有机地联系在一起,不仅可以支撑车辆获得比单车感知更多的信息,促进自动驾驶技术创新和应用;还有利于构建一个智慧的交通体系,促进汽车和交通服务的新模式、新业态发展,对提高交通效率、节省资源、减少污染、降低事故发生率、改善交通管理具有重要意义。

1) V2X 通信优势

相比传统雷达,V2X 通信传感系统有以下几点优势。

(1) 覆盖面更广。

300~500m 的通信范围相比雷达探测范围要远得多,不仅是前方障碍物,而且身旁和身后的建筑物、车辆都会互相连接,大大拓展了驾驶员的视野范围,驾驶员能获得的信息也就更多,也更立体。因此,在前车刹车初期就能有效甄别,并进行提示,如果距离过近,系统会再次提示,对预判和规避危险也有足够的反应时间,避免出现跟车追尾的情况。

(2) 有效避免盲区。

由于所有物体都接入互联网,每个物体都会有单独的信号显示,因此即便是视野受阻,通过实时发送的信号也可以显示视野范围内看不到的物体状态,降低了盲区出现的概率,就充分避免了因盲区而导致的潜在伤害。

(3) 对于隐私信息的安全保护性更好。

由于这套系统将采用 5.9Hz 频段进行专项通信,相比传统通信技术更能确保安全性和私密性,如果通信协议及频道在各个国家都能够规范化,这套系统将变得像 SOS 救援频道一样成为社会公用资源。

2) V2X 通信的国内外发展进展

(1) 国外 V2X 通信的发展进展。

目前,这套 V2V 协议由通用、福特、克莱斯勒等厂商联合研发,除了美国汽车这三巨头以外,丰田、日产、现代、起亚、大众、奔驰、马自达、斯巴鲁、菲亚特等车企也在协议名单内。2016年12月14日,美国交通部发布了V2V的新法规,并进行90天的公示,法规强制要求新生产的轻型汽车安装V2V通信装置,这是一个里程碑式的进步。

美国交通部的新规中要求V2V装置的通信距离达到300m,并且是360°覆盖,远超摄像头的探测能力,其感知信息属于结构化信息,不存在误报的可能。根据美国高速公路安全管理局(NHTSA)的研究,利用V2X技术,可以减少80%的非伤亡事故,但这一切是以100%的覆盖率为前提的。在此之前,如凯迪拉克等车企也曾经做过尝试但都因缺乏足够的覆盖率难以发挥作用,依靠强制性的法规驱动,V2X普及的最大难题将得以有效解决。

高通发布新闻表示,将与奥迪、爱立信等公司进行蜂窝-V2X(Celluar-V2X)的测试合作,该测试符合由德国政府主导的项目组织——自动互联驾驶数字测试场的测试规范。在此之前,高通推出的基于其最新骁龙X16 LTE Modem的全新联网汽车参考平台,支持作为可选特性的专用短程通信(DSRC)和蜂窝-V2X。

(2) 中国V2X通信的发展进展。

2016年下半年,发改委连同交通部联合发布了《推进"互联网+"便捷交通促进智能交通发展的实施方案》,明确提出"结合技术攻关和实验应用情况,推进制定人车路协同国家通信标准和设施设备接口规范,并开展专用无线频段分配工作"的标准制定工作。从目前的情况来看,LTE-V(长期演进技术-车辆通信)极有可能被确定为中国标准。5G的推进对V2X是非常大的利好,因为5G标准本身就包含了V2X,可以说5G的发展和无人驾驶的发展是相辅相成、互相促进的。

为了满足在商业应用上的高可靠性,越来越多的车企意识到在增强车辆能力的同时,需要将道路从对人友好改造为对车友好。从2015开始,中国所有的无人驾驶示范园区都在规划部署路侧系统(V2I)。随着5G的时间表日渐清晰,更大范围的部署也让人非常期待。5G的核心推动力来自物联网,而汽车可能是其中最大的单一应用,一辆无人车每天可以产生超过1TB的数据。目前,多个地图供应商正在积极准备用于无人驾驶的实时高精地图,以克服静态高精地图无法适应道路变化的难题,但之前受制于无线带宽,很难达到实用。5G可提供高达10Gb/s的峰值速率,以及1ms的低延时性能,可以满足这样的需求。

2. V2V技术

V2V是指通过车载终端进行车辆间的通信。车载终端可以实时获取周围车辆的车速、位置、行车情况等信息,车辆间也可以构成一个互动的平台,实时交换文字、图片和视频等信息。将V2V技术应用于交通安全领域,能够提高交通的安全系数、减少交通事故、降低直接和非直接的经济损失,以及减少地面交通网络的拥塞。当前面车辆检测到障碍物或车祸等情况时,它将向周围发送碰撞警告信息,提醒后面的车辆潜在的危险。

3. V2I技术

V2I是指车载设备与路侧基础设施(如红绿灯和智能路牌等)进行通信。路侧基础设施也可以获取附近区域车辆的信息并发布各种实时信息。V2I通信主要应用于道路危险状态提醒、限速提醒、信号灯提醒、滤波同行。

V2I技术也是未来智能城市组成的一部分,但要普及该技术,更多的是考验城市的基础设施条件,同时对安全性也有严苛的要求,尤其是网络安全。如果V2I技术的系统被黑客所利用,那么后果不堪设想。

4. V2P 技术

V2P 通过手机、智能穿戴设备(如智能手表)等实现车与行人信号交互,在根据车与人之间速度、位置等信号进行判断。有一定的碰撞隐患时,车辆通过仪表及蜂鸣器,手机通过图像及声音提示注意前方车辆或行人。V2P 通信主要应用于避免或减少交通事故等。行人检测系统可以在车辆、基础设施中或与行人本身一起实现,以向驾驶员、行人或两者提供警告。当车内警报系统变得越来越普遍(例如,盲点警告、前向碰撞警告)时,在车内警告路上有行人存在也是切实可行的。而对于路上的行人来说,最简单和最明显的行人警告系统则是手持设备,如手机、智能手表等。

现有的一些警告方式有:允许盲人或视力低下的行人的智能电话自动呼叫的应用程序;当信号交叉口的人行横道内的行人在公交车的预定路径中时,利用车内设施警告公交车驾驶员;当行人在红灯时横穿马路的警告,以及试图转弯的司机被警告在人行横道上有行人等。

5. V2N 技术

对于 V2X,V2N 允许在车辆和 V2X 管理系统以及 V2X 应用服务器之间进行广播和单播通信,通过使用蜂窝网络来实现。车辆能够收到有关道路上发生的交通事故的广播警报,或原计划路线上的拥挤或排队警告等。V2V 和 V2I 代表的都是近距离通信,而通过 V2N 技术可以实现远程数据传输。随着 5G 的到来,V2N 的能力会进一步加强,更有助于自动驾驶信息的获取与传输。

5.6.2 路侧感知技术

1. 概述

图 5-38 为典型路测感知技术方案示意图。

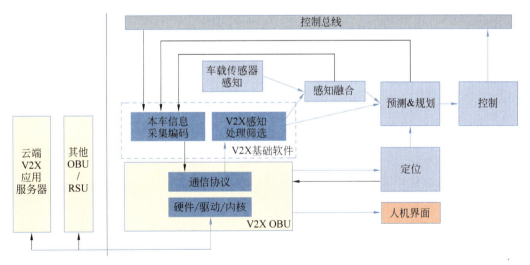

图 5-38　典型路侧感知技术方案示意图

百度宣布到 2018 年底百度将正式开源 Apollo 车路协同方案,向业界开放百度 Apollo 在车路协同领域的技术和服务,让自动驾驶进入"聪明的车"与"智能的路"相互协同的新阶段,全面构筑"人-车-路"全域数据感知的智能交通系统,这是业内首个开源的车路协同方案。

Apollo此次的车路协同开源,将在Apollo开放平台现有的四层开放技术框架的基础上,在软件、硬件、云端服务等层面增添或升级车路协同相关模块。在参考硬件层,Apollo将增加车端以及路侧的参考硬件,用来完成自动驾驶车辆与路侧的信息传输与解析。在开源软件层,Apollo对感知和决策规划模块进行了升级,能够完成Apollo系统车端对车路协同V2X相关信息的融合处理;同时提供可运行在车端及路侧参考硬件上的软件包,负责V2X信息的相关预处理工作。

在云服务层,开放智能路侧服务,提供自动驾驶所需的路侧感知预测等信息,同时开源路侧的感知预测等算法;并升级仿真服务能力,扩充在车路协同环境下的仿真场景。百度还宣布将基于全球领先的Apollo开放平台强大的生态能力,与大唐电信集团、千方科技、中国联通等产业链关键环节的代表性企业展开合作,全面整合汽车制造、交通基础设施设备制造和集成、通信、芯片、政府及高校等各界资源,共同发展车路协同系统。

百度还将与雄安新区合作,先试先行,进一步探索车路协同的交通发展新路径。同时,将与同济大学成立联合实验室,在无人车路网规划设计、交通流仿真等方面展开深度合作。

Apollo拥有北京、雄安、硅谷等多样地区场景以及乘用车、无人小巴、无人物流车等多种车型;Apollo在路侧感知传感器方案、路侧感知算法、车端感知融合算法、数据压缩与通信优化、V2X终端硬件及软件、V2X安全方面布局研发领先的车路协同全栈技术;Apollo拥有的无人车队、开放道路无人车测试里程等一系列的场景数据积累,为百度布局车路协同、智能交通建设打下根基。

2. 车路协同技术

车路协同系统(Cooperative Vehicle Infrastructure System, CVIS)是基于无线通信、传感探测等技术获取车辆和道路信息,通过车-车、车-路通信实现信息交互和共享,从而实现车辆和路侧设施之间智能协同与协调,实现优化使用道路资源、提高交通安全、缓解拥堵的目标。近些年,智能汽车和无线通信技术的快速发展与应用,实现了车路协同技术在交通领域的发展。车路协同是智能交通系统(ITS)的重要子系统,也是欧、美、日等交通发达国家和地区的研究热点。

车路协同系统(CVIS)作为ITS的子系统,是将交通组成部分——人、车、路、环境——利用先进的科学技术(包括现代通信技术、检测感知技术以及互联网等)以实现信息交互的交通大环境;通过对全路段、全时间的交通动态信息采集与融合技术来提升车辆安全、道路通行能力以及智能化管理程度,达到加强道路交通安全、高效利用道路有限资源、提高道路通行效率与缓解道路拥堵的目标,形成安全、高效、环保、智能的交通环境。

系统是由路侧单元、车载单元、中心管理服务器、视频控制系统、信号控制系统几部分组成,各部分通过DSRC、4G网络、视频网、信号专网建立连接。其中,路侧单元(Road Side Unit, RSU)是可以检测自身状态信息、感知周围交通环境(包括交通流信息、道路几何特性、路面特殊事件交通信号控制器状态等信息)以及装配有无线通信模块和存储模块;车载单元(On Board Unit, OBU)主要是实现获取车辆状态信息、对车辆周围环境的感知(包括其他车辆、障碍物等)、安全预警和车载控制等功能,并能车-车、车-路通信,通过车载界面为驾驶员提供判断依据;中心管理服务器负责整个系统的通信、监控、下发数据与信息交互管理等。

对交通控制方法的研究经历了几个阶段,主要是固定配时方法、感应控制方法、区域协调控制方法。区域协调控制方法更适用于现如今复杂多变的交通环境。现在,主流区域协调控制主要分为两大类:基于方案选择的交通信号控制和基于排队模型的交通信号控制。

基于方案选择的交通信号控制在投入运行之前,需要工程师制定相应的配时参数——交通量等级对应关系表,并将其事先存储于中央控制计算机内。将车辆检测器检测到的数据经过平滑处理得出交通量指数,中央控制计算机据此选择合适的配时参数组成配时方案;或者将配时方案与交通量指数的对应关系直接存储于中央控制计算机内部,控制层根据不同的交通量指数选择不同的方案。该种方法占用的CPU较少,处理更快。但其事先需要大量的交通调查,将配时参数与交通量指数对应起来,并且没有使用交通流模型,限制了方案的优化;检测器安装在停车线处,没有检测到后面车辆的到达情况,会影响相位差精度。

排队模型为基础的控制方法不需要事先存储任何交通配时参数、方案和事先制定各个参数与交通量指数的对应关系,而是通过实时检测到的交通流量和人工输入的优化器建模参数,经过推理、预测,整合为排队模型,得出相应结果,并通过优化器的优化机制,结合目标函数的优化,不断调整小步长,以适应交通流量的变化。它所采用的小步长,避免了方案较大跳动而引起路口短时间内的紊乱。但是建立交通模型需要采集大量的信息以及人工划分子区;阶段和放行顺序是固定不变的,不能自动改变;释放速率是采用固定值(饱和流率),并没有按实际情况自动校准;断面检测只能获知车辆的存在、占有率、速度等低维数据,且检测数据对线圈设置位置有很高的要求,易受右转和路段进出口车辆的影响,因而车辆到达曲线可靠性略差。

5.7 红绿灯检测实验

红绿灯检测是自动驾驶中非常重要的任务之一,在无人车行驶过程中路口获取红绿灯的状态对无人车的感知和决策都是十分重要的信息,因此红绿灯检测应该能及时获得红绿灯的位置和颜色。目前,红绿灯检测主要通过摄像头数据进行输入,通过深度学习的方法获得需要的信息。

红绿灯检测本质上是一种目标检测,近年来卷积神经网络的快速发展使高精度、高准确度的目标检测成为了可能。自从使用RCNN方法以来,目标检测的速度和精度都不断提高,而对于红绿灯检测来说,卷积神经网络容易使红绿灯这样的小目标丢失语义信息,从而降低对小目标的检测效果,因此在本节中,将使用结合FPN的方法来提高对小目标的识别效果。

5.7.1 Apollo红绿灯数据集

1. 数据集的作用

深度学习的方法是需要先用已标注的数据对模型进行训练。要想对红绿灯进行准确的分类与检测,离不开大量的已标注数据。对于本实验,我们需要一个已标注好的红绿灯数据集,标注的信息包括图片中红绿灯的类别以及位置信息。

2. Apollo 数据集的介绍

Apollo 的数据平台开放了包括激光点云障碍物检测分类、红绿灯检测、Road Hackers、基于图像的障碍物检测分类、障碍物轨迹预测、场景解析等大量人工标注的数据集。我们可以在 http://data.apollo.auto/? locale=zh-cn&lang=en 上申请使用这些数据。

在本实验中,需要用到 Apollo 数据平台中的红绿灯检测数据集。红绿灯检测数据集包括了大量人工标注的行车场景图片,其中红绿灯的位置信息以及类别信息已经被标识出来,可以利用这些数据进行模型的训练和测试。

3. 数据集格式说明

打开数据集,可以看到 trainsets 和 testsets 两个文件夹,trainsets 文件夹里面的数据是训练集,testsets 文件夹里面的数据是测试集。

打开 trainsets 文件夹,可以看到 images 文件夹和 labels 文件夹,以及一个 list 文本文件。images 文件夹里面是训练集中所有的图片信息,图片如图 5-39 展示;labels 文件夹里面是所有图片的红绿灯信息。打开 list 文本文件,可以看到每一行对应着一张图片与其标签文件。

■图 5-39 数据集图片展示

打开第一张图片与其标签文件,可以看到图片中有一个红灯,而其标签中有一行数字,第一个数字代表类别,其中 1 代表红灯,2 代表绿灯。后四个数字代表位置信息,分别代表了红绿灯矩形框的左上角、右下角的横纵坐标。

4. 数据的统计分析

在对数据集进行分析后可以发现,图片的分辨率为 1920×1080 像素,而大多数的红绿灯目标的大小长度在 60~210 像素,宽度在 20~70 像素,而比例则普遍为 1∶3。对数据集的了解可以在设计方法时更加得心应手。

5.7.2 实验流程

1. 数据处理

首先将 Apollo 红绿灯数据集下载下来,然后处理成可以比较方便使用的形式。在本实验中,将其处理成 coco 数据集的格式。本数据集分划分为三个部分:训练、验证、测试。其中训练集有 82 张图片;验证集有 18 张图片;测试集有 100 张图片。

2. 调节参数

1) 环境参数

首先在 tool/train.py 中可以调整使用 GPU 的编号:

```
os.environ["CUDA_VISIBLE_DEVICES"] = "0"
```

这行代码表示使用的 GPU 的编号为 0,读者也可以根据自己的实际情况进行调整。同时也可以修改其他一些参数。

如果仅使用一块 GPU,则:`cfg.gpus = 1`

如果想开启 GPU 中的设置加速计算,则:`torch.backends.cudnn.benchmark = True`

如果设置为不使用分布式,则:`distributed = False`

2) 模型参数

可以在 configs/faster_rcnn_r50_1x.py 中调整模型的一些参数。在前文中已经对数据集的数据进行了一些统计分析,因此可以修改模型中的参数以使得训练效果更佳:

```
anchor_scales = [8]         # anchor 的大小
anchor_ratios = [0.33]      # anchor 的宽高比
```

同时,由于红绿灯任务的特点,目标之间几乎不存在同类别目标有重叠的情况,因此可以将非极大值抑制的阈值调到更低一些,使得过滤的标准更为严苛。

```
nms = dict(type = 'nms', iou_thr = 0.3)
```

读者也可以试试其他的参数,看看对结果有什么影响。

3. 训练及测试

在调整了参数之后,可以开始对模型的训练。首先在 config/faster_rcnn_r50_fpn_1x.py 中 91 行修改 data 的绝对路径(data 的绝对路径是指训练集的路径,在本项目中应为:本模型路径+'data/coco/')。然后输入以下命令进行训练:

```
./tools/dist_train.sh ./configs/faster_rcnn_r50_fpn_1x.py 1
```

后面两个参数分别是对应 faster_rcnn_r50_fpn_1x.py 的绝对路径和使用 GPU 的数量。

经测试在只使用一块 GPU 的情况下,大致需要 15min 的训练时间,如果使用多块 GPU 时间会更短。

本实验训练一共 12 个 epoch,每训练一个 epoch 将保存一个模型的数据,因此最后将保存12个模型数据,我们应该使用最后一个进行测试。

测试:

python mytest.py

本文件夹中得到的 result.jpg 即为结果,图片中的目标上方标示了类别及置信度。结果如图 5-40 和图 5-41 所示。

■ 图 5-40　检测结果展示 1

■ 图 5-41　检测结果展示 2

5.8 本章小结

本章介绍了自动驾驶车辆环境感知与识别系统的组成,研究了车道线、红绿灯和障碍物检测方法,分析了各种检测方法的检测效果,对环境感知与识别系统当前面临的问题以及未来的发展趋势做了总结和展望。从障碍物的状态上,可以将障碍物的种类分为静止障碍和运动障碍,本章主要讨论静止障碍物和动态障碍物。用于障碍检测的传感器一般有视觉传感器、激光雷达、微波雷达、激光、声呐等。本章对常用的障碍检测方法如基于传统计算机视觉、基于深度学习以及基于激光雷达的障碍物检测技术进行了详细的介绍。

虽然目前智能驾驶车辆研究的主要任务是实现安全、智能、快速地行驶,但可以想象,在未来智能驾驶车辆还需要与更复杂的环境进行交互。因此,智能驾驶车辆的进步离不开环境感知与识别技术的支撑和发展。未来智能驾驶车辆的应用及智能交通系统的构建,将不断对环境感知与识别提出更高的需求。在憧憬未来的同时,我们更应该关注如何实现更为准确、可靠、全面的环境感知与识别技术。

参考文献

[1] REN S, HE K, GIRSHICK R, et al. Faster R-CNN: towards real-time object detection with region proposal networks[C]//Advances in Neural Information Processing Systems. 2015: 91-99.

[2] REDMON J, DIVVALA S, GIRSHICK R, et al. You Only Look Once: Unified, Real-Time Object Detection[C]//Proceedings of the IEEE Conference on Computer Vision and Pattern Recognition. 2016: 779-788.

[3] REDMON J, FARHADI A. YOLO 9000: Better, Faster, Stronger[C]//Proceedings of the IEEE Conference on Computer Vision and Pattern Recognition. 2017: 7263-7271.

[4] REDMON J, FARHADI A. YOLO v3: An Incremental Improvement[J]. arXiv: 1804.02767.2018.

[5] LIU W, ANGUELOV D, ERHAN D, et al. SSD: Single shot multibox detector[C]//European Conference on Computer Vision. Springer, Cham, 2016: 21-37.

[6] CAO G, XIE X, YANG W, et al. Feature-fused SSD: fast detection for small objects[C]//Ninth International Conference on Graphic and Image Processing (ICGIP 2017). International Society for Optics and Photonics, 2018, 10615: 106151E.

[7] LIN T Y, DOLLÁR P, GIRSHICK R B, et al. Feature Pyramid Networks for Object Detection [C]//CVPR. 2017, 1(2): 4.

[8] QI C R, SU H, MO K, et al. PointNet: Deep learning on point sets for 3D classification and segmentation[J]. Proc. Computer Vision and Pattern Recognition (CVPR), IEEE, 2017, 1(2): 4.

[9] ZHOU Y, TUZEL O. Voxelnet: End-to-end learning for point cloud based 3D object detection[C]// Proceedings of the IEEE Conference on Computer Vision and Pattern Recognition. 2018: 4490-4499.

[10] NEVEN D, BRABANDERE D B, GEORGOULIS S, et al. Towards End-to-End Lane Detection: an Instance Segmentation Approach[C]//IEEE Intelligent Vechicles Sysnposium(IV). IEEE. 2018: 286-291.

[11] PAN X, SHI J, LUO P, et al. Spatial As Deep: Spatial CNN for Traffic Scene Understanding[C]// Thirty-Second AAAI Confience on Artifical In telligence. 2018.

[12] 李亮,李锋林. 智能车辆导航中障碍物检测方法研究[J]. 电子科技, 2017, 30(09)162-164,168.

[13] 黄如林,梁华为,陈佳佳,等.基于激光雷达的无人驾驶汽车动态障碍物检测、跟踪与识别方法[J].机器人,2016,38(4):437-443.

[14] 吴毅华.基于激光雷达回波信号的车道线检测方法研究[D].合肥:中国科学技术大学,2015.

[15] DOSOVITSKIY A, FISCHER P, ILG E, et al. Flownet: Learning optical flow with convolutional networks[C]//Proceedings of the IEEE International Conference on Computer Vision. 2015: 2758-2766.

[16] EIGEN D, PUHRSCH C, FERGUS R. Depth map prediction from a single image using a multi-scale deep network[C]//Advances in Neural Information Processing Systems. 2014: 2366-2374.

[17] GODARD C, AODHA M O, BROSTOW G J. Unsupervised monocular depth estimation with left-right consistency[C]//Proceedings of the IEEE Conference on Computer Vision and Pattern Recognition. 2017: 270-279.

[18] ZHOU T, BROWN M, SNAVELY N, et al. Unsupervised learning of depth and ego-motion from video[C]//Proceedings of the IEEE Conference on Computer Vision and Pattern Recognition. 2017: 1851-1858.

[19] 黄海.视频与雷达数据融合在围界入侵报警的应用探讨[J].智能建筑与智慧城市,2019(06):37-39.

[20] 刘国荣.基于图像的车道线检测与跟踪算法研究[D].长沙:湖南大学,2014.

[21] 高嵩,张博峰,陈超波,等.一种基于双曲线模型的车道线检测算法[J].西安工业大学学报,2013,33(10):840-844.

[22] 陈山枝,胡金玲,时岩,等.LTE-V2X车联网技术、标准与应用[J].电信科学,2018,34(04):1-11.

[23] 段续庭,田大新,王云鹏.基于V2X通信网络的车辆协同定位增强方法[J].汽车工程,2018,40(08):947-951.

[24] BING L, QI S, KAMEL A E. Improving the Intersection's Throughput using V2X Communication and Cooperative Adaptive Cruise Control[J]. Ifac Papersonline, 2016, 49(5): 359-364.

[25] RESS C, WIECKER M. V2X Communication for Road Safety and Efficiency[J]. Auto Tech Review, 2016, 5(2): 36-41.

[26] LE L, FESTAG A, BALDESSARI R, et al. V2X Communication and Intersection Safety 2 Related Work[M]//Advanced Microsystems for Automotive Applications 2009. Springer Berlin Heidelberg, 2009.

第6章 自动驾驶道路复杂场景语义理解

随着自动驾驶技术的兴起,环境感知将成为支持自动驾驶的关键技术,本章将着重介绍自动驾驶领域复杂道路场景的感知算法。而复杂场景下的感知能力十分依赖于信息足够丰富的自动驾驶数据集,因此,由百度公司阿波罗自动驾驶项目公布的 ApolloScape 数据集应运而生,它具有较高的复杂性,包含不同城市的不同交通状况的道路行驶数据,平均每张图中移动障碍物(如车辆和行人)的数量从几十到上百不等。ApolloScape 数据集是目前行业内环境最复杂、标注最精准、数据量最大的三维自动驾驶数据集,旨在促进自动驾驶各方面的研究发展,包括但是不限于二维/三维场景理解、定位、迁移学习和驾驶仿真。

6.1 ApolloScape 数据集

目前,ApolloScape 数据集从规模上看,包括超过十四万帧高分辨率图像数据的逐像素语义标注、20 多种驾驶地点下的稠密三维点云语义标注、立体图像、立体全景图像等,具有比 CityScapes、Kitti 等同类数据集大 10 倍以上的数据量,表 6-1 为 ApolloScape 数据集与其他街道场景数据集(Kitti、CityScapes 等)的对比。在已发布的数据集中,有八万多帧图像对移动物体进行了实例级标注,对实例级的视频分割和预测有着极为重要的价值。

ApolloScape 场景解析旨在为图像中的每个像素/点云标注语义(类)标签,创建最全面的二维/三维场景分析,还开放了对三维车辆分割、道路线检测、定位系统和仿真工具的访问。其中对高分辨率图像像素级别的逐像素语义标注图如图 6-1 所示,深度图如图 6-2 所示。

ApolloScape 数据集标注了 24 种不同语义项的数据,并将其分为 4 组:移动物体、平面、障碍物和自然景物。图 6-3 为 24 种语义类别及其对应的标注像素数目示意图。除此之外,ApolloScape 数据集还标注了 27 种道路线标志,并按照颜色、种类等分为不同的标志用法,表 6-2 为 27 种道路线标志的详细内容。

表 6-1　ApolloScape 数据集与其他街道场景数据集的对比。内容来源于 Huang, et al., 2018

数 据 库	真实否	位置准确精度	覆 盖 面	标　　注			
				3D	2D	视频	车道
CamVid[26]	√	—	白天	无	像素：701	√	2D/2 类
Kitti[2]	√	cm	白天	80K 3D 边界框	边界框：15K 像素：400	—	无
Cityscapes[3]	√	—	白天 50 个城市	无	像素：25K	—	无
Toronto[27]	√	cm	多伦多		主要集中在建筑和道路，具体数据不可获取		
Mapillary[28]	√	m	变化天气 白天 & 黑天 6 个州	无	像素：25K	—	2D/2 类
BDD100K[29]	√	m	变化天气 全天 美国 4 个地区	无	边界框：100K 像素：10K	—	2D/2 类
SYNTHIA[30]	—	—	变化天气	边界框	像素：213K	√	无
P. F. B. [31]	—	—	变化天气	边界框	像素：250K	√	无
ApolloScape	√	cm	变化天气 白天 中国 4 个地区	3D 语义点 70K 3D 适合的车	像素：140K	√	3D/2D 视频 27 类

■ 图 6-1　ApolloScape 数据集某一场景逐像素语义标注图。图片来源于 Huang, et al., 2018

■ 图 6-2　ApolloScape 数据集某一场景深度图。图片来源于 Huang, et al., 2018

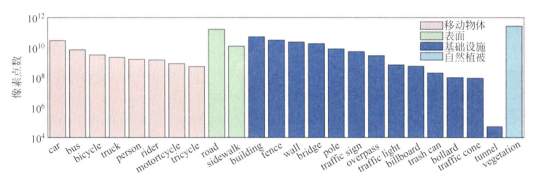

■图 6-3　24 种语义类别及其对应的标注像素数目示意图。图片来源于 Huang, et al., 2018

表 6-2　27 种道路线标志的详细内容。内容来源于 Huang, et al., 2018

类　　型	颜　　色	使 用 方 式
实线	白色	分割
实线	黄色	分割
双实线	白色	分隔,不能通过
双实线	黄色	分隔,不能通过
实线 & 虚线	白色	分隔,单向通过
实线 & 虚线	黄色	分隔,单向通过
虚线	白色	引导
虚线	黄色	引导
双虚线	白色	引导
实线	白色	停车
实线	白色	V 形线
实线	黄色	V 形线
实线	白色	停车线
人行横道	白色	斑马线
箭头	白色	掉头
箭头	白色	通过
箭头	白色	通过 & 左转
箭头	白色	通过 & 右转
箭头	白色	左转
箭头	白色	右转
箭头	白色	左转 & 右转
箭头	白色	左转 & 掉头
减速带	具备/不具备	减速
菱形	白色/黄色	斑马线注意
矩形	白色/黄色	不允许停车
可见的旧标记	白色/黄色	其他
其他标记	具备/不具备	其他

另外,ApolloScape 团队将举办各种研讨会和挑战,鼓励交流想法,共同推动自动驾驶研究的先进技术。例如,在 CVPR 2019 的自动驾驶研讨会中,ApolloScape 主持了 Wad. AI

挑战赛,基于其准备的精细标注的大规模数据集,定义了一组真实问题,了解计算机视觉在街景自动驾驶环境感知问题方面的现状,并鼓励新的算法发明。

6.2 可行驶区域检测

可行驶区域检测主要是为自动驾驶提供路径规划辅助,其一直被认为是自动驾驶汽车能否上路的决定性因素,并引起了广泛的研究与关注。到目前为止,可行驶区域检测技术取得了显著进展。

在实际应用中,可行驶区域检测只要能结合高精度地图实现道路路径规划和障碍物躲避,不一定要完全提取出完整的路面可行驶区域。因此其可以实现整个路面的检测,也可以只提取出部分道路信息,例如前方一定区域内的道路走向或者道路重点等。图 6-4 所示为 ApolloScape 可行驶区域的示意图。可行驶区域检测目前主要有基于传统计算机视觉的可行驶区域检测和基于深度学习的可行驶区域检测方法,下面将分别对两种方法进行阐述。

■ 图 6-4　ApolloScape 可行驶区域的示意图

6.2.1　基于传统计算机视觉的可行驶区域检测

1. 基于直接特征的可行驶区域检测

1) 基于颜色的可行驶区域检测

对于结构化或半结构化的路面,其颜色特征是非常明显的,如柏油路面,颜色均匀。在常用的 RGB 颜色空间,利用颜色特征分离路面和非路面相对而言比较简单。传统的基于颜色的可行驶区域检测方法还有基于高斯模型分离出背景路面与前景物体,这种方法在路面区域内车辆较少时前景与背景之间分割效果较好。但当前景的物体太多时,颜色分布范围太广,前景和背景分割成两个区域比较难。除此之外,根据颜色特征来提取路面的基本区域时,光照不变性方法使用最为广泛,该方法可以消除光照的不均匀和遮挡产生的阴影问题。

除此之外,可以利用机器学习模型,通过手动标注的路面数据集,标注出路面和非路面区域,贴上标签,用监督学习方法学习非路面和路面颜色分割区域,通过学习得到路面的分割结果。

2）基于纹理的可行驶区域检测

不管是结构化的路面还是非结构化的路面，道路路面连续性决定路面的纹理能够基本保持一致，即便路面可能存在微小差异，这种一致性仍然非常明显。利用这个特点，可以利用纹理特征，实现可行驶区域检测。

纹理提取最基本的方法就是使用 Gabor 滤波器。Gabor 特征对边缘信息比较敏感，可提取出边缘的方向。Gabor 滤波器具有受光照影响较小和尺度不变性。利用 Gabor 滤波器，可以很好地提取道路边缘特征。同时，车辆在行驶过程中，在路面上留下的挤压和痕迹都有沿着道路方向的纹理特征，Gabor 特征可以很好地提取这些特征的方向，这些方向能表达基本的路面区域特性。

3）基于边缘的可行驶区域检测

对于结构化和半结构化的路面，有明显的道路边缘分界，提取这些道路的边缘分界，可以分割出道路路面。常用的边缘检测算子有 Sobel、Prewitt 等算子。使用算子提取边缘的核心思想就是将一个待检测的像素与周围的像素关联起来，通过设定算子的水平、竖直方向的权重，计算待检测像素的左右、上下的像素差值的和，判断待检测像素的水平与竖直的像素差异性，判断该像素点是否是边缘点。实际上图像的边缘是一个连续过渡的区域，利用算子提取边缘的思想，就是利用边缘区域中待判断的像素点两边像素值差别较大的特点，即待判断像素点与邻域像素的灰度值差别有关。Canny 边缘检测算法结合了图像像素点与周围点的一阶导数和高斯二阶导数，得到更准确的边缘点信息。根据提取的边缘信息，对道路边缘内部的噪点进行去除，提取出更加准确的路面区域。

2. 基于间接特征的可行驶区域检测

消失点又叫灭点，是平行透视变换的一个交点。通俗的理解就是在透视变换中，视场中的平行线都会相交于一点，这个点就是灭点。标准的马路道路边缘存在平行直线，平行直线在图像中的交点在灭点附近。通过提取多对平行直线（道路边缘线、车道线）的交点，求取这些交点的中心位置，可以近似地估计出灭点。对于非结构化的路面，使用 Gabor 提取的方向进行统计估计出灭点；求出灭点后，可以使用灭点约束，去除一些干扰，提取道路边缘直线。对标准的路面，直行的路面边缘线平行度更高，灭点距离道路的边缘直线距离更近。对于非结构化的路面，提取到灭点后，可使用灭点来找大概的道路边缘，快速地提取一个三角形的路面可行驶区域。

6.2.2 基于深度学习的可行驶区域检测

1. 语义分割

语义分割是计算机视觉领域的一个重要分支，具有很广的应用场景和发展前景。语义分割，顾名思义就是将一幅图像根据其含义将其分成很多区域，每个区域代表着不同的类别，例如，人、车、标志牌等。严格而言，语义分割是一种像素级的分类任务，即对图像中的每一像素点给出一个分类结果，最终可以输出一张稠密的预测图。这种预测极大程度上保留了原始图像的边缘信息和语义信息，有助于无人驾驶对场景的理解。语义分割在自动驾驶领域中具有广泛的应用价值和发展前景。

前面章节所述的一些检测算法，例如车道线检测、车辆检测、红绿灯检测等，都是一些独立的模块,自动驾驶感知系统由这些模块组成,这些模块虽有各自的功能和职责,但在感知层面其实并没有什么交集,这点不符合人的认知方式。从人类感知场景的角度考虑,大脑会对整个场景有全面的理解,综合上下文内容,充分考虑目标物体之间的关联性,整合各种目标物体检测信息,减少漏检和误报的情况,避免把车尾灯识别成红灯、把广告牌识别成标志牌现象等。

利用神经网络进行可行驶区域检测的方法中,有一种 patch-wise 的方法。该方法中,以每个像素点为中心,选取固定大小的一小块区域(称为一个 patch),作为神经网络的输入,来预测该中心点的类别。该方法一个重要的参数就是 patch 的大小:patch 选取太大会使计算负担加重,太小则无法得到足够的语义信息。这种方法受 patch 大小的影响,网络无法得到全局信息,导致最终的分割精度不高。并且每一个像素都要通过一遍网络,导致存储和计算量很大。全卷积神经网络(Full Convolution Networks,FCN)进行可行驶区域检测,输入变为整体图像,输出为整张图像中像素点的分类情况。

2. 基于 FCN 的可行驶区域分割

本节将介绍一种以编码器-解码器架构来完成可行驶区域的模型——kittiseg,先介绍一下 FCN。

受深度学习成功的启发,基于 CNN 的分类器开始应用于语义分割任务。早期的方法利用隐式的滑动窗口的 CNN 完成语义分割。2015 年,CVPR 的最佳文章中提出全卷积神经网络。目前,全卷积网络采用端到端训练方法建立深度模型,完成语义分割任务。这篇文章可以说是 FCN 基于深度学习的语义分割的开山之作,奠定了基于深度学习的语义分割的通用框架,后面的一些效果很好的网络都是基于这种结构的改进。

传统的 CNN 是将传统的特征提取过程和分类器合并在一起,一般在卷积层后有全连接层,最后一个全连接层充当分类器,输出一维向量,对应可能的输出。而在 FCN 中,用 1×1 的卷积来代替卷积神经网络中的全连接层,其和 CNN 对比具体如图 6-5 所示。

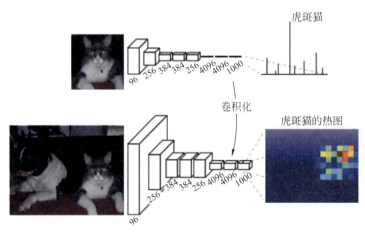

图 6-5 FCN 和 CNN 对比。图片来源于 Long,et al.,2015

如图 6-5 中卷积化过程,FCN 将卷积 6 和卷积 7 分别用两个 1×1 的卷积来代替,最后会生成一个 7×7 的热度图,大小为输入图像的 1/32(假设原图大小为 224,下采样 5 次以后,变为原图的 $1/2^5$)。这个 7×7 大小的热度图可以理解成输入图像的一个粗略的分割图像。因此，想要得到和原图一样大小的分割图像，可以将热度图上采样 32 倍，就得到最后的输出结果。

通常在一个卷积神经网络中，随着卷积和下采样，模型逐步地丢失了空间信息。如上例中到最后只有一个 7×7 大小的特征图。虽然这个特征图是富含语义信息的，但是丢失了物体的边缘和轮廓信息。这些在分类或回归问题中不重要的底层信息，对类别或回归预测影响不大，但是在语义分割任务中，因为要输出每个点的预测结果，这种边缘轮廓信息就显得非常重要。

FCN 中上采样是采用反卷积的方式实现的，为了保证上采样的优化效果，用双线性插值对其初始化。如图 6-6 所示，FCN 可以设计三种不同精度的网络，分别为 FCN-32s、FCN-16s、FCN-8s。其中，32、16、8 分别代表最后预测图上采样的倍数。因此，FCN-32s、FCN-16s、FCN-8s 的精度是递增的。具体而言，FCN-32s 就是在最后的卷积 7 输出层直接上采样 32 倍，最为简单，效果也最不好；FCN-16s 是将上采样的过程分为了两步，先将卷积 7 层的输出上采样两倍，得到 2×卷积 7，然后将池化 4 层输出的特征通过一个卷积层（因为要与 2×卷积 7 通道数相同，便于后面的相加），得到与 2×卷积 7 一样大小的结果，然后将这两个结果加起来，得到一个总的特征图，再上采样 16 倍；与 FCN-16s 类似，FCN-8s 是将卷积 7 的结果上采样 4 倍，将池化 4 的结果上采样 2 倍，与池化 3 的结果相加，最后上采样 8 倍。

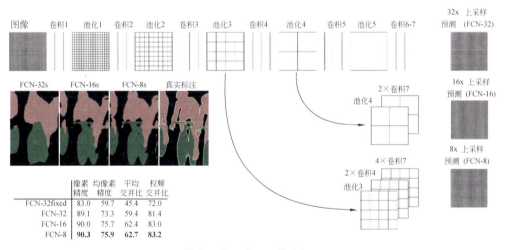

■图 6-6　FCN 不同精度网络设计。图片来源于 Long, et al., 2015

从图 6-6 可以看出，从 FCN-16s 到 FCN-8s，无论是各种评测指标还是可视化的视觉效果，都是逐步提升的，因此可以认为融合了更多层的特征对语义分割任务是有帮助的。这一点在后续的多种方法中都起到了启发性的作用。

Kittiseg 以编码器-解码器架构来完成。编码器由 VGG 网络的卷积层和池化层组成。那些特征随后被分割任务的解码器使用，这些解码器实时产生它们的输出。

分割解码器遵循 FCN 架构。给定编码器，将 VGG 架构中已有的全连接（FC）层转换为 1×1 的卷积层，以产生 39×12 大小的低分辨率的分割图像。其后是三个转置的卷积层进行上采样。跳转层用于从较低层提取高分辨率特征。这些特征首先由 1×1 卷积层处理，然后加到部分上采样结果中。

6.3 复杂场景理解

6.3.1 问题分析与应用场景

复杂场景理解指的是车辆根据周围环境来区分车辆所处的场景,如城市繁华地段道路环境,或是行人密集的住宅区和校园,或是高速公路上,再或者是车辆行人较少的村镇道路等。由于不同的路段具有不同的环境特点和复杂程度,例如在城市道路路口,如图 6-7 所示,往往有多车道,大量的车辆、行人、标志牌、交通灯等,环境复杂;在郊区直行路段或者高速公路上,如图 6-8 所示,不会有大量的变道情况,交叉路口和交通指示灯等较少,环境较为简单。

■图 6-7 城市道路路口。图片来源于 ApolloScape,2018

■图 6-8 郊区直行路段。图片来源于 ApolloScape,2018

现阶段无人驾驶技术中无人车虽然可以在高速路上实现无人驾驶,但对于城市环境的复杂情况还不能完全适应。这时场景识别的重要性尤为突出。

场景识别可以根据车辆所处的环境判断行驶在何种道路上,根据该道路的特性进行策略选择,或是实行无人驾驶,或是提醒驾驶员转换成手动控制。如在高速路段,车辆密度较小,车距较大,无行人、交通灯等,行驶环境相对简单,所以可以通过简单的跟车和车道线检测来实现在高速路上的无人驾驶。在前方有车时对前车进行检测(detection)和跟踪(tracking),实现跟车操作;若前方无车辆,则沿车道线行驶。由于无行人和交通灯等,像行人检测、交通灯检测等功能可以基本忽略,使得算法简洁易实现;而在城市中,由于路况复杂,经常会出现行人横穿马路、闯红灯、超车、并道等现象,道路检修、堵车等情况,又伴有大量的行车标志和交通灯,大量的车辆和行人,驾驶环境极为复杂,无法使用简单的规则来实现无人驾驶。这时,就需要综合各个传感器以及各个感知器件的结果,并通过复杂的驾驶决策,甚至切换司机控制。因此,如果能够分辨出目前驾驶在哪种类型的路段(如高速公路和非高速公路),则可以根据所处的场景及时调整最适合当前情况的策略,进一步优化无人驾驶算法,提高可靠性和实用性。

6.3.2 CNN+LSTM 实现

首先,可以将场景识别问题当成一个对图片的分类问题。对车辆前置摄像头采集到的实时图像进行分类,依次判别每张图像是否属于高速公路。但如果仅仅用一个简单的分类器,对每一帧图像进行分类,如采用 CNN(VGG、ResNet、MobileNet 等结构)来识别,则很有可能出现预测结果突变情况。这是由于 CNN 对每一帧图像进行分类的时候并没有考虑到时序上的联系,在某些图像特征不鲜明的时候,预测结果会出现不符合常理的连续跳变。因为车辆在场景之间的切换需要时间,例如上下闸道等,应对这种不合理的连续跳变会出现驾驶上的问题,因此一般会假设场景在时间上具有一定的连续性,如果在 $t-1$ 帧预测出车辆在高速公路上,那么会很自然地认为第 t 帧也是在高速上。

因此,场景识别问题不应该是简单的逐帧分类问题,需要考虑时序连贯性,即对第 t 帧的判断要考虑第 $t-1$、$t-2$、$t-3$ 等帧的结果。而刻画时序关联性的一个很成功的模型就是 LSTM(Long Short-Term Memory)模型。如图 6-9 所示,将每次 CNN 的结果送给 LSTM,结合 LSTM 中之前帧的状态输出对当前帧的预测结果,并更新 LSTM 的状态。

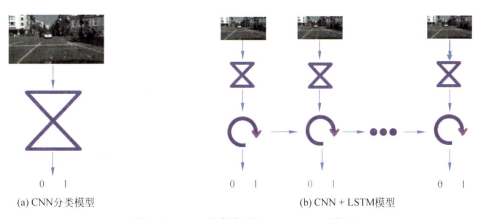

(a) CNN分类模型　　　　　　　　　　(b) CNN+LSTM模型

■ 图 6-9　CNN 分类模型和 CNN+LSTM 模型

只有当场景改变的趋势积累到一定程度的时候,网络的预测才会发生相应的改变。同时,网络会对场景交替处(如闸道等处)的特征敏感,能够区分上下闸道的过程。这样,我们会得到一个更加平滑和准确的结果。

为进一步提升预测性能,可使用多种输入信息(原图、语义分割结果、特殊类别的检测结果)融合的方法。由于这些附加特征对于场景识别有很大帮助,可以通过图像中检测出来的某些类别轻易地判断车辆所处的场景。例如,在车辆采集的图像中检测到行人、交通灯、公交车等,那么此时车辆极有可能处于城市道路中;若检测到高速公路标志牌,或者大货车等,那么此时很可能处于高速公路上。因此,检测和语义分割的结果能够很好地增强信息量,有助于神经网络提取关键信息。

图 6-10 给出多特征融合的模型。首先,通过语义分割网络(如 Deeplab、PSPNet 等,图中蓝色网络所示),对原图进行语义分割,得到分割结果与原图进行拼接(图中蓝色加号所示),然后经过 CNN 提取特征(如 ResNet、MobileNet 等,图中紫色网络所示),特征提取得到的向量与检测网络(如 SSD、Faster RCNN 等,图中蓝色网络所示)的结果进行拼接,经过 LSTM 网络得到最终的预测结果。

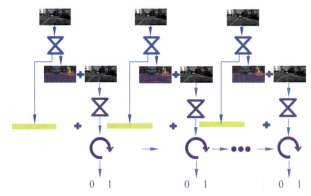

■图 6-10　原图＋检测＋语义分割融合网络(特征层融合)

单纯从性能上看,多信息融合方式会达到更好的效果。但是其实际上需要构建一个极为庞大的网络,需要逐帧进行分类、检测、语义分割等,会消耗大量的运算资源。如果从网络的耗时过程进行分析,对检测和分类而言,可以做到实时处理,而最为耗时的部分是语义分割。而语义分割的结果在内容上与原图内容包含性更大,相比于检测结果而言,所提供的额外信息量较少。所以,为提高系统实时性能、降低计算量,并最大限度地保证准确率,可以将语义分割的分支去掉,只保留原图和检测两条分支,具体结构如图 6-11 所示。

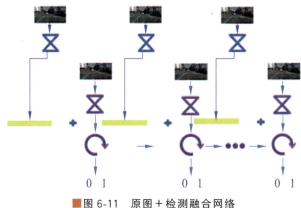

■图 6-11　原图＋检测融合网络

6.4 动态场景理解

动态场景理解即图像序列分析，是指感知系统在给定的图像序列中检测运动物体，并对其进行识别、跟踪等。感知系统不仅仅是从单张图像获取信息，而是结合图像序列中的连续帧图片信息来完成固定任务。

在自动驾驶场景中，动态场景的分析尤为重要，本节将介绍三种较为复杂的动态场景分析方法：多目标跟踪、路径实时预测和行人手势识别。追踪技术可以产生目标运动轨迹，路径实时预测对汽车的路径规划有着十分重要的作用，行人手势识别是未来自动驾驶发展的一个方向。

6.4.1 多目标跟踪

作为计算机视觉领域中的一大核心分支，目标跟踪技术一直是研究的热点和重点。其中，多目标跟踪又因其技术的复杂性以及应用的广泛性成为重中之重，其在自动驾驶领域发挥着十分重要的作用。因为街道场景的复杂性要求自动驾驶汽车感知系统不仅能跟踪单个固定目标，也要能同时跟踪多个目标，综合决策。

近年来，与多目标跟踪相关的理论研究成果层出不穷，主要集中在多目标跟踪技术的几大重要模块，包括外观建模、目标检测、目标运动估计及预测、数据关联等。这些成果极大地推动了多目标跟踪技术的发展，使其技术日趋成熟。对一般单目标跟踪算法而言，其目的是在一段视频中逐帧对目标进行检测定位，并将这些目标位置连接起来得到视频中目标的动态轨迹。直观上讲，如果能够逐帧地实现对目标有效、准确检测，那么将这些检测结果连接起来也就完成了目标跟踪的任务。然而对于多目标跟踪而言，随着目标数目的增多，算法的复杂度也急剧增加。因为视频中多个目标的外观往往非常相似，同时又会出现目标间的遮挡，单纯依靠检测器已经无法完成跟踪的要求，因此检测结果的可靠性大打折扣。更重要的是，由于得到轨迹的过程不再是简单的逐帧无选择地连接，而升级为一个数据关联问题，如何正确地得到关联结果、尽量少地出现误关联(目标身份对换)，成为多目标跟踪算法的重点和难点。

基于相关目标跟踪领域权威综述的介绍，对一个多目标跟踪算法而言，其任务就是在视频中逐帧得到多个目标的位置(空间维)，并正确地将属于同一个目标的位置连接得到其相应的轨迹(时间维)。可见，多目标跟踪问题是一个横跨时间和空间两个维度的复杂问题。从另一个角度来看，一个多目标跟踪算法需要解决两个问题：一是目标定位(localization)(见图 6-12(a))；另一个是目标识别(identification)(见图 6-12(b))。根据解决这两大问题方式的不同，可将现有多目标跟踪方法分为基于检测的跟踪方法和基于预测的跟踪方法两大类。此外，不同的算法在实现数据关联上也有不同：局部关联的方法往往是逐帧地或者是基于视频段进行关联以延长目标轨迹；而全局关联的方法则是采用先得到整段或者大段视频逐帧的目标位置信息之后，进行关联而获得延迟轨迹。除此之外，根据算法是否限制目标的种类又可将不同的跟踪算法分为类别相关的跟踪方法和类别无关(category-free)的跟踪方法。

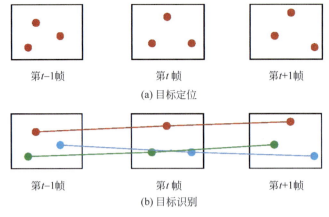

■ 图 6-12 目标定位和目标识别

虽然多目标跟踪方法存在众多分类方式,但其算法的核心部分是共有的。如图 6-13 所示,一个多目标跟踪算法大都包括目标外观模型、目标运动估计、目标检测、数据关联四个部分。

目标外观模型是采用合适的特征对目标外观进行描述建模,从而可以根据所得到的模型对目标进行识别。目标运动估计采用不同的运动模型

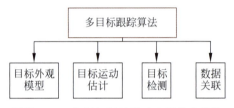

■ 图 6-13 多目标跟踪算法主要技术模块

描述目标的运动规律,并依据此规律对目标可能出现的位置实现预测。目标检测采用不同的检测器,在单帧图像中实现对目标的检测定位。数据关联负责将检测结果跨帧连接形成轨迹。下面对图中各个模块进行深入的介绍和分析。

1. 目标外观模型

目标外观模型是对目标的定量描述,是后续目标运动估计、相似性计算、数据关联等操作的依据。值得注意的是,对于单目标跟踪算法而言,目标外观模型是将目标与背景相区分的最主要信息,因此如何构造足够复杂、描述性和区分性足够健壮的外观模型是关键。而对于多目标跟踪算法而言,由于目标间外观的相似性,目标外观模型是但不仅仅是跟踪的依据,往往需要借助其他的信息来进行跟踪。

一般来说,目标外观模型包括两个方面:目标形状模型和目标特征描述。目标形状模型是依据目标不同的特点,以及不同的跟踪目的而选定某一种合适的方式进行来表征;目标特征描述是选择一种符合应用要求的特征来量化目标区域内的图像信息。

1) 目标形状模型

(1) 质点模型:目标由一个核心质点(见图 6-14(a))或者一组质点(见图 6-14(b))表征。这种模型适用于对尺寸较小的目标的跟踪。

(2) 简单几何形状模型:目标外观有矩形(见图 6-14(c))或者椭圆形(见图 6-14(d))等简单几何形状表示。这类模型常被用于表征刚性目标,且目标的运动可以通过仿射或投影变换来建模。

(3) 链接性状模型:该模型是由通过关节链接的身体各部分组成。例如用于表征行人的腿、脚、胳膊、躯干由关节相连(见图 6-14(e))。各部分间的位置关系由特定的运动模型

约束。

(4) 骨架模型：目标的骨架模型可以通过对齐剪影进行中轴变换得到（见图 6-14(f)）。这类模型更多地被运用于进行目标识别。

(5) 目标剪影和轮廓模型：轮廓模型刻画目标的边界（见图 6-14(g)、图 6-14(h)）。边界之内的区域则是目标的剪影（见图 6-14(i)）。这一类模型常被用于表征非刚性的目标。

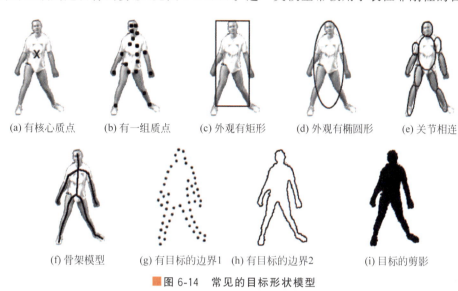

(a) 有核心质点　　(b) 有一组质点　　(c) 外观有矩形　　(d) 外观有椭圆形　　(e) 关节相连

(f) 骨架模型　　(g) 有目标的边界1　(h) 有目标的边界2　　(i) 目标的剪影

■图 6-14　常见的目标形状模型

2）目标特征描述

所谓特征即将图像原始携带的灰度、亮度、RGB 各通道强度等基础信息进行加工转换，得到描述性更强、健壮性更强的信息。从某种角度上理解，选择一种特征就是选择把原始图像信息翻译成一种特定的"语言"。另外，特征选择往往是和目标的外观模型相适应的。例如若选择了几何形状模型或者剪影模型，那么就需要选用颜色直方图或者 HOG 等信息表达几何形状内部的图像信息；而若选择了轮廓模型，则需要选用边缘特征来进行表达。常用的特征主要有如下几种。

(1) 颜色特征：目标的颜色主要受两个物理因素的影响，即发光体的光谱和目标表面的反射特性。在图像处理中，RGB 颜色空间是最为常用的。然而值得注意的是，RGB 空间并不是一个均衡的空间，其与人类对颜色的感知有差别。相比之下，HSV 空间更加均衡统一。基于颜色的特征通常表现为直方图特征。

(2) 梯度信息：通常通过梯度的统计信息得到对光照变化和平面变换不敏感的特征，主要有 SIFT（Scale-Invariant Feature Transform，尺度不变特征变换）、SURF（Speed Up Robust Feature，加速的健壮性特征）和 HOG（Histogram of Gradient，梯度直方图）等。

(3) 纹理特征：通过描述物体表面颜色强度变化以反映物体光滑度和规则程度。与颜色特征相比，纹理特征对光照的变化有较强的健壮性。Gabor 小波变换是最常见的纹理特征。此外，LBP（Local Binary Patterns）特征也经常被应用于目标跟踪。

(4) 光流特征（Optical Flow，OF）：本质上是位移向量的密度场，用于表征一个区域内各个像素的转移和运动。该特征的计算受到亮度约束的限制，即认为一个像素在连续帧中产生的位移应当是平滑的。鉴于光流特征的运动属性，它常常被用于跟踪算法中。

(5) 边缘特征：物体的边缘常常会产生局部较明显的亮度、强度变化，因此可以作为物体检测的有效信息。这种特征的计算比较简单，同时又具有较好的光照不变性。一种十分流行的边缘特征检测器是边缘检测器。

(6) 多特征融合：由于不同的特征各有优势，因此将多种特征融合使用常常能够得到更好的效果。例如在文献[11]中，将 HOG、边缘特征集，以及协方差矩阵特征融合于一个 boosting 改进的框架中；在文献[12]中，提出了一种新的 HOG 加 LBP 的融合特征用于行人检测，得到了优异的效果。

2. 目标运动估计

对目标跟踪而言，目标的外观信息当然是最显著、最重要的跟踪依据。与此同时，目标的运动特性是目标另一个固有的特性，可以用来对目标的位置进行估计和预测。尤其对多目标跟踪而言，当目标间外观区分性不显著时，对每一个目标位置的准确估计就显得格外重要，其可在很大程度上降低数据拟合的困难。对目标运动的描述是通过不同的目标运动模型实现的。运动模型又被称为动态模型，其以不同的方式描述、约束目标在视野中的运动。

所有运动模型都是建立在目标运动平滑特性的基础上的。在视频跟踪应用中，由于视频的帧率较高，因此帧间间隔很短。在这种帧率环境下，目前普遍假设出现在视野中的目标运动速度不足以产生逐帧的跳变。在此基础上，通过分析过去若干帧目标的位置，可以总结出目标遵循的运动模型，从而依据此模型对目标在未来帧中的位置实现预测。在得到预测结果后，对目标搜索的范围就可以被有效地缩小，数据拟合的解空间也就同样得以缩减。

常见的运动模型可以分为两类：一类是约束型模型；另一类是描述型模型。

1) 约束型模型

顾名思义，约束型模型是通过建立一系列约束条件来限制目标可能展现出来的运动模式。这类模型往往应用在基于优化的跟踪算法中，其通过约束条件建立目标能量模型，以此来惩罚违反运动模型的可能目标。常见的运动约束条件有如下几种。

(1) 临近性约束：认为目标位置不会在一帧中发生显著变化（见图 6-15(a)）；

(2) 最大速度约束：限制目标在一帧中可能出现的最大位移，如只有落在圆圈内的位置才有可能是该目标正确的关联位置（见图 6-15(b)）；

(3) 速度稳定约束（平滑性约束）：速度的大小和方向不会发生剧变（见图 6-15(c)）；

(4) 相似运动约束：处在相邻区域内的目标速度相似（见图 6-15(d)）；

(5) 刚性约束：处于同一个刚性物体上的两个质点相对位置不变（见图 6-15(e)）。

(a) 临近性约束

(b) 最大速度约束

(c) 速度稳定约束

(d) 相似运动约束

(e) 刚性约束

■ 图 6-15 运动约束条件（三角为目标 $t-2$ 帧位置，圆圈为 $t-1$ 帧，x 为当前帧）

2) 描述型模型

与约束型模型不同，描述型模型并不是通过设立约束条件来限制、规避不该出现的目标运动。相反，它是显式地将目标的运动模型通过目标状态转移方程表示出来，该方程则可被用作对目标位置进行预测的依据和指导。

描述型模型可以分为线性(匀速)运动模型和非线性(变速)运动模型。前者只能用于描述简单的直线运动,后者描述性更强,可以用于目标的非线性、变速运动。

(1) 线性(匀速)运动模型。

最简单的一类线性运动模型是原始位置模型。这类模型与最大速度约束条件相似,认为目标在一帧中不会产生显著位移,只需在目标上一帧位置周围小邻域内搜索即可。线性运动模型假设目标匀速直线运动,目标的位置将基本保持在一条直线上,因此每一帧产生的位移就在目标现有轨迹的延长线上。

在文献[16]中,作者建立一个线性运动模型来实现轨迹段的关联。在文献[17]中,作者在博弈论的框架下依据线性运动模型解决跟踪问题。在文献[18]中,作者依据线性运动模型实现粒子的传递。卡尔曼滤波器作为一种基于贝叶斯估计的方法,当被应用于目标跟踪时,也遵从线性运动模型。

(2) 非线性(变速)运动模型。

非线性运动模型相比于线性运动模型而言更适合于描述混乱场景中复杂的目标运动。在文献[19]中,作者实现了一个非线性运动模型用于跟踪自由运动的目标。在文献[20]中,作者在格拉斯曼流形上建立了一个非线性运动模型用于跟踪。粒子滤波器、扩展卡尔曼滤波器以及无迹卡尔曼滤波器作为卡尔曼滤波器的衍生技术,可以实现基于非线性运动模型的目标跟踪。此外,多种运动模型的组合也可以形成新的非线性运动模型。

3. 目标检测

目标检测是将目标在视野中定位的关键一步。任何跟踪算法,不论是逐帧跟踪或是阶段性跟踪,都需要检测器实现检测,这是因为检测是最直接的将目标状态与目标在图像中踪迹联系起来的方法。正因为其重要性和应用的广泛性,对于目标检测算法的研究甚至比跟踪算法更为深入,因此产生不同策略的检测器。这里依据检测器是否需要预先训练,将所有检测算法分为如下两类。

1) 线上检测器

这类检测器不是基于学习方法,因此不需要线下收集样本,无须事先训练。其最大的优势就是实现无类别检测(category-free detection)。如最早出现检测器是角点检测器,其专门用于检测图像中的兴趣点;如运动区域检测器,其专门用于检测图像连续帧中出现位移的区域或目标。值得注意的是,当运动目标比较密集的时候,这类检测方法很难将目标一一区分。

运动检测器的检测算法又可以分为三种。

(1) 帧差法:利用连续帧灰度图像做差,通过设置合理阈值得到运动区域。常见的有两帧差法和三帧差法等。

(2) 背景消除法:通过对图像中的背景建模,然后从目标帧中减掉背景,以得到前景运动目标。常见的背景建模方法有基于高斯模型的背景建模、基于混合高斯模型,以及连续图像求平均建模等。

(3) 光流法:其基于光流场发现目标。相比于前两种运动检测器方法,基于光流法的检测方法更加复杂,计算代价更大。

2）线下检测器

线下检测器指的是基于学习的检测器。这类方法需要预先收集正负样本集，因此较难实现无类别的检测。但是经过充分的训练之后，针对特定目标的检测，这类检测器效果要优于线上检测器。根据训练所依据的特征不同以及训练策略的不同，线上检测器也有众多的选择。在文献[23]中，作者基于颜色直方图、边缘、角点以及小波特征建立了一个级联的分类检测器。在文献[24]中，作者采用 HOG 特征加 Latent SVM 分类器的方法实现了车辆检测。在文献[25]中，作者使用 Haar 特征加 Adaboost 分类器提高行人检测的效率。在文献[26]中，SIFT 特征与边缘直方图实现了结合使用。上述基于学习的检测器采用的均是浅层的简单学习方法。随着深度学习技术的不断进步，基于深度学习的目标检测方法在性能上逐步超越传统方法。

4. 数据关联

数据关联是在得到目标检测结果的基础上，通过优化等手段，将这些尚未明确身份的检测结果逐一识别，从而在检测的基础上完成跟踪。随着检测技术的发展，检测效果与速度不断提高，这为数据关联方法的研究起到推动作用。数据关联的方法，在很大程度上依赖于检测的效果，其基本假设为在视频图像中，前景区域已经通过检测器找出来，需要通过表象以及运动信息的分析，将这些找出来的前景区域关联起来。20 世纪 70 年代末，提出基于联合概率数据关联(Joint Probabilistic Data Association，JPDAF)的跟踪算法。JPDAF 是在 PDA 的基础上，通过多目标联合事件而得到的方法。JPDAF 算法的一个缺点是，它认为目标的接近（例如目标交叉）是随机的，因而它对于有固定目标接近的情况工作得不太好；另外，在跟踪目标数目较大时，由于存在组合爆炸问题，其不再有效。因此在使用 JPDAF 时，一般需要对目标数量进行限制。与此相似的是，另一类早期的数据关联跟踪算法——多假设跟踪(Multiple Hypothesis Tracking，MHT)也同样面临计算代价大的困境。为了解决这个问题，许多改进的优化算法用于跟踪算法中，实现数据关联。一些研究者将目标数据关联问题的建模转换为一个匹配的问题，即将目标在不同帧的检测结果匹配起来，其中包括两帧匹配方法以及多帧匹配方法。但这类跟踪方法仅仅关注目标在一个局部有限时间段内的活动，因此对于长时间的遮挡情况表现不佳。另外，一些方法考虑建立 k 部图，描述不同目标检测框之间的关系，进而通过一系列优化方法来求解最佳的关联结果。例如，匈牙利算法、网络流方法、K 最短路径方法、最大权重独立集方法、线性规划方法等。这类方法仅仅考虑不同目标检测框在相邻两帧之间的关系，而不是跨时间域的关系。因此若场景中出现两个空间距离相近的相似目标，则很容易出现错误关联，进而对跟踪器性能产生很大的影响。

近年来，有学者将多目标跟踪数据关联问题建模变为一个连续的能量函数优化问题，其通过建模一个全局非凸函数，来度量不同的关联情况的好坏。通过使用标准的共轭梯度方法，对这个全局目标函数进行优化，得到最优的数据关联结果。在其后续的工作中，又将目标数据关联问题表示为一种离散-连续的优化过程。即将数据关联问题拆分为两个迭代的优化步骤：一个是不同轨迹的数据关联；另外一个是目标轨迹的拟合。另外，一些研究者将此目标数据关联问题建模为轨迹的链接问题，通过层次匈牙利算法，将相邻时空域的相似轨迹链接起来，得到最终的目标轨迹。总而言之，这些方法都只考虑了不同目标在邻近局部时间窗内检测的关系，而不是全局考虑它们之间的关系，因此对于长时间遮挡以及邻近的相似目标挑战，特别是在密集的跟踪场景中性能并不健壮。

6.4.2 路径实时预测

目前自动驾驶的测试场景都是比较规则和简单的交通场景,在这种场景中有清晰的车道线、红绿灯,并且交通参与体(traffic-agents)比较单一。但很多国家的交通,如中国或印度的城市交通,具有很高的复杂度。尤其在一些十字路口,自行车、三轮车、汽车、公交车交互前进。为了在复杂的城市道路中安全、有效地行驶,自动驾驶车辆必须对周围的车辆、自行车、行人等做出可靠的预测。其关键是探索不同交通工具的运动规律,准确预测其未来的运动轨迹,帮助自动驾驶车辆做出正确的导航决策。

针对多类别体城市交通问题,百度团队提出的一种基于长短期记忆网络(LSTM)的实时路径预测算法 TrafficPredict,其细节详见 http://export.arxiv.org/abs/1811.02146。TrafficPredict 为无人车在复杂交通场景下的导航提供了更为精确的指导,进而提升自动驾驶系统的安全性。图 6-16 展示了该方法的预测结果。其中用实例层来学习个体的运动规律和它们之间的交互,用类别层来学习同一类别的个体的运动的相似性,从而进一步优化对个体的预测结果。其中绿色实线为真实轨道,粉色实线为 TrafficPredict 预测结果,其他方法分别由三种虚线表示。

■ 图 6-16　TrafficPredict 预测结果。图片来源于 Ma, et al., 2018

给定连续帧的数据,我们建立了一种 4D 图模型,解决路径实时预测问题。如图 6-17 所示,用两个维度表示交通参与个体及其之间的关系:前一个维度表示时间序列;后一个维度表示交通参与者的类别。

如图 6-17(a)所示,将交通参与者个体表示为一个节点,其类别表示为超级节点,而空间和时间上的所有关系表示为边,构成一个 4D 模型。从图 6-17 中可以看出,整体网络框架分实例层(见图 6-17(b))和类别层(见图 6-17(c)),下面分别加以介绍。

(1) 实例层(instance layer)。

实例层可以得到交通参与者个体的行动方式,包括动态属性和交互关系。如图 6-17(b)所示,每个节点(node)表示一个实例,在同一时间节点间的关系表示为空间连线(spatial edge),不同时间的关系表示为时间连线(temporal edge)。空间连线负责传递实例交互信息,时间连线负责传递时间信息。实例层通过结合节点和连线的信息来实现预测。

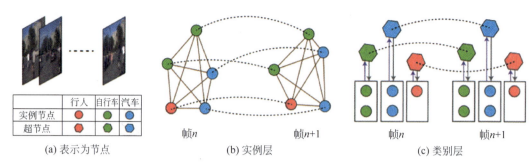

■ 图 6-17 4D 图模型示意图。图片来源于 Ma et al.，2018

将时间表示为 t，则第 i 个交通参与实例 A_i^t 的特征可表示为

$$f_i^t = (x_i^t, y_i^t, c_i^t) \quad (6\text{-}1)$$

其中，前两个元素为坐标，最后一个元素为交通参与者的种类。在本方法中设定有三个种类，分别为行人、自行车和车辆。我们的任务是观察 $[1:T_{\text{obs}}]$ 时间段内所有交通参与者的特征，然后分别预测他们在 $[T_{\text{obs}+1}:T_{\text{pred}}]$ 时间段的位置。

空间连线 (A_i^t, A_j^t) 的特征可表示为

$$f_{ij}^t = (x_{ij}^t, y_{ij}^t, c_{ij}^t) \quad (6\text{-}2)$$

其中，$x_{ij}^t = x_j^t - x_i^t$、$y_{ij}^t = y_j^t - y_i^t$ 分别表示 A_j^t 到 A_i^t 的相对位置，c_{ij}^t 表示 (A_i^t, A_j^t) 特征的一种编码。

因为不同种类的交通参与者有着不同的运动方式，因此用不同的 LSTM 来处理每种节点。以空间连线 (A_i^t, A_j^t) 的 LSTM L_{ij}^t 为例，首先将其特征 f_{ij}^t 表示为一个固定向量 e_{ij}^t，然后将其作为 L_{ij}^t 的输入：

$$e_{ij}^t = \phi(f_{ij}^t; W_{\text{spa}}^e) \quad (6\text{-}3)$$

$$h_{ij}^t = \text{LSTM}(h_{ij}^{t-1}; e_{ij}^t; W_{\text{spa}}^r) \quad (6\text{-}4)$$

其中，h_{ij}^t 是 LSTM 的输出，也是 LSTM 实例的潜在状态（hidden state），$\phi(\cdot)$ 表示嵌入函数（embedding function），W_{spa}^e 表示嵌入权重（embedding weights），W_{spa}^r 表示 LSTM 的单元格权重（cell weights，包含该实例的运动方式）。

时间连线 (A_i^t, A_i^{t+1}) 的计算方式与空间连线类似。

此外，每个实例都通过空间连线来与其他实例连接，但受其他实例的影响程度不同，所以我们用了一种软注意力（soft attention）机制来分配空间连线的权重，公式为

$$\omega(h_{ij}^t) = \text{softmax}\left(\frac{m}{\sqrt{d_e}}\text{Dot}(W_i h_{ii}^t, W_{ij} h_{ij}^t)\right) \quad (6\text{-}5)$$

其中，$\text{Dot}(\cdot)$ 表示点乘运算，W_i 和 W_{ij} 是嵌入权重，$\frac{m}{\sqrt{d_e}}$ 是一种标度因子（scaling factor）。

（2）类别层（category layer）。

一般来说，同类交通参与者有相似的动态属性，包括速度、加速度等，并且对其他物体或者环境的反应方式也类似。所以，我们提出用类别层来学习同一类别个体的运动方式，以便更好地预测实例的路径。如图 6-17(c) 所示，类别层有四个重要的组成部分：表示类别的超节点（super node）、超节点的时间连线、一组实例向超节点传递信息的过程、超节点向一组

实例传递信息的过程。下面将详细阐述类别层的原理。

图 6-18 表示了一种类别层的结构,每个超节点对应三个实例。假设一种交通参与者含有 n 个实例,已知实例 LSTM 的第一个潜在状态为 $h1$ 和单元格状态为 c,其中 c 包含该实例的历史路径。在时间 t,该类别第 m 个实例的运动特征 d 表示为

$$d_m^t = h1_m^t \otimes \text{softmax}(c_m^t) \tag{6-6}$$

超节点用 C_u^t 表示(u 表示交通参与者的种类),其特征 F_u^t 可表示为

$$F_u^t = \frac{1}{n} \sum_{m=1}^{n} d_m^t \tag{6-7}$$

其中,F_u^t 可以从实例中得到有效的路径信息,并学习该种类的内在运动规律。至此完成了从一组实例传输信息到超节点的过程。

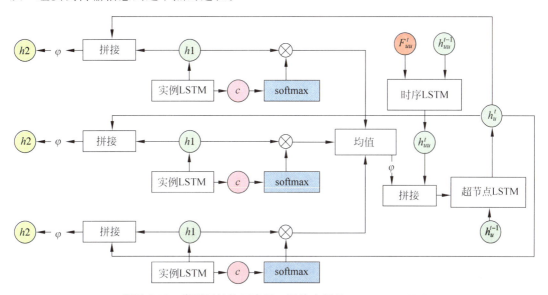

■图 6-18 类别层结构示意图。图片来源于 Ma,et al.,2018

接下来讲一下时间连线的 LSTM 计算过程,其特征为 $F_{uu}^t = F_u^t - F_u^{t-1}$,由此可以计算两相邻时间的 LSTM

$$e_{uu}^t = \phi(F_{uu}^t; W_{st}^e) \tag{6-8}$$

$$h_{uu}^t = \text{LSTM}(h_{uu}^{t-1}; e_{uu}^t; W_{st}^r) \tag{6-9}$$

其中,W_{st}^e 为嵌入权重,W_{st}^r 为 LSTM 的单元格权重。

然后,将来自实例组合和时间连线的信息统一,作为超节点的输入。其潜在状态 h_u^t 的计算过程为

$$e_u^t = \phi(F_u^t; W_{\text{sup}}^e) \tag{6-10}$$

$$h_u^t = \text{LSTM}(h_u^{t-1}; \text{concat}(e_u^t; h_{uu}^t); W_{st}^r) \tag{6-11}$$

最后是将从超节点传递信息给实例的过程。对某一类别的第 m 个实例,其第一个潜在状态为 $h1_m^t$,则其第二个潜在状态 $h2_m^t$ 就是该实例节点要求得的最终输出:

$$h2_m^t = \varphi(\text{concat}((h1_m^t; h_u^t); W_s^r)) \tag{6-12}$$

其中,W_s^r 是嵌入权重。

综上，类别层可以通过学习同种类实例的相似性来调整对实例路径的预测。

另外，2018年Ma等构建了一个新的城市交通轨道数据集，为复杂城市交通的路径规划、预测等研究提供便利。

6.4.3 行人手势识别

在自动驾驶汽车发展的未来，我们希望感知系统不仅能识别红绿灯、交通标志等固定信息，也能动态地识别行人手势、交警指示等，以做出相应的决策。

本节讲述一种在行人框检测与跟踪的基础上的更为复杂的识别系统：姿态估计（pose estimation）和动作识别（action recognition）。所谓姿态估计，就是基于某一时刻的图像给出某人身体姿态，或是直立或是弯腰等；动作识别是基于连续的视频，给出指定行人在某一时段的动作类别，例如行走、奔跑等。

这项技术属于较深层的感知，有着特殊的应用前景，并可以给无人驾驶的决策提供丰富的语义级信息。例如，无人驾驶出租车中，通过识别路人是否对其招手来决定是否载客；无人车通过识别交警手势做出符合要求的决策；在十字路口对行人的动作进行识别，进而进行轨迹预测、提前预警等。图6-19为识别行人打车和交警手势示意图。

(a) 识别行人打车　　　　　　　　　　(b) 识别交警手势

■ 图6-19　识别行人打车和交警手势示意图

1．姿态估计

姿态估计可以简单地理解为人体骨架提取。如图6-20所示，通过对人体一些关键点（例如肘部、手腕、肩膀、头部等）的定位，构建出人体骨架，将人体的姿态从图中提取出来，转化成一些二维点的坐标，便于直观地理解人体姿态。

■ 图6-20　人体关键点检测

姿态估计的实现方法一般有直接采用回归的方法和像素级的预测方法两种。其中直接采用回归的方法中，通过一个CNN模型，直接输出每个关键点的坐标，并使其回归实际坐标。这种方法简单直接，便于实现，效果也好。而像素级的预测方法目前更为流行，这种方法通过编码器和解码器，输出的是每个关键点的概率图，选取概率最高的点作为关键点的位置。这种方法的模型与语义分割模型类似，输出都是像素级的，模型计算负担较重，但是效果极好。在像素级的预测方法中，通常采用的模型为叠加沙漏网络（stacked hourglass networks），其网络基本模型如图6-21所示。

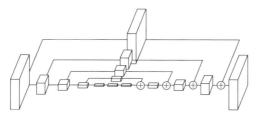

■图6-21 叠加沙漏网络基本模型。图片来源于Newell，et al.，2016

可以看出对基于像素的任务，其网络的基本结构都大同小异，都是沿用了编码器-解码器的形式。给定一张输入图像，编码器经过不断的卷积和下采样提取不同尺度的特征（图6-21中左侧不同大小的方块），解码器经过不断的卷积和上采样，将最小尺寸的特征还原到同等大小的输出，并且伴有多个不同尺度间的特征融合（如图6-21中的加号所示，此处特征融合可以选择特征之间沿通道维度的拼接，也可以选择特征之间逐像素相加）。

叠加沙漏网络的输出结果如图6-22所示，每个关键点得到一个概率密度图，选取每幅图中概率最高的点作为每个关键点的最终坐标点。

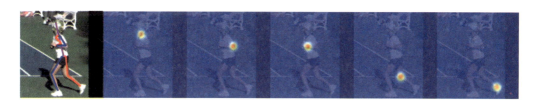

■图6-22 关键点检测输出结果。图片来源于Newell，et al.，2016

图6-21所示的基本模型从外形上看很像一个沙漏（hourglass），可以将这种编码器-解码器的结构叫作hourglass结构。这种结构如同残差网络（ResNet），可以通过多次堆叠来构成更深、更复杂网络。在基本的hourglass结构基础上增加多次迭代，就形成如图6-23所示的深层模型，其中将第一个hourglass的输出和第一个hourglass的输入融合后作为第二个hourglass的输入，类似于残差网络，并以此类推，经过多次迭代以后，得到最终的网络输出。

2．动作识别

1）基于单帧图像的动作识别

这是一种最直接的动作识别方法，将视频变换为帧序列后，每帧图像经过CNN判别器

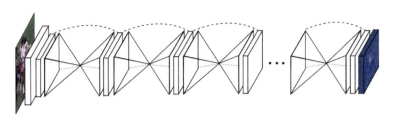

■ 图 6-23　基本模型（编码器-解码器）堆叠示意图。图片来源于 Newell，et al.，2016

得到该帧动作的分类情况，具体如图 6-24 所示。这种方法过于简单，单帧图像相对于整个动作而言，不一定具有可区分性，如果该帧图像不能很好地表达某个动作，那么基于这帧图像的分类结果会很差。总而言之，基于单帧图像的动作识别构成简单，但是没有对动作的整个过程进行分析，无法利用时序信息，只是"断章取义"，其效果也相对较差。

2）基于 CNN 的多帧图像动作识别

（1）多帧分类结果的融合：在单帧图像动作识别的基础上，使用一定数量的相邻帧图像，分别经过一个参数共享的网络，得到每一帧的动作识别结果，然后通过简单的方式，如均值、最大值、投票机制等，将其结果结合起来。这种多帧结果的融合方式虽然利用了很多帧的图像信息，但是也分别考虑了每一帧图像的信息，并没有将时序的信息加入到网络中。图 6-25 所示为分值后融合的一个示意图。

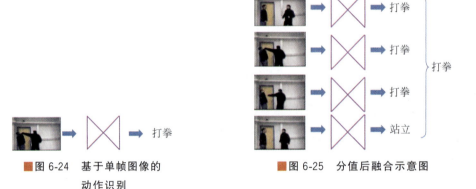

■ 图 6-24　基于单帧图像的动作识别　　　　■ 图 6-25　分值后融合示意图

（2）考虑时序信息：可以将固定数量连续的图像在通道维度堆叠起来，合成一个整体的数据，然后同样是利用一个卷积神经网络作为判别器。除此之外，还可以利用三维卷积和 LSTM 等时序网络，使效果有进一步的提升。

3）基于姿态（pose）的动作识别

以上所讲的方法是使用原始图像作为输入的方法，而人体姿态信息在动作识别中有着至关重要的作用，人们甚至可以直接从人体一个单一姿态中推测出动作类别。如图 6-26 所示，可以使用一个姿态估计网络，获取每一帧中行人的姿态信息（关键点坐标），然后使用 LSTM 网络，得到动作识别的结果。

4）多种信息融合

可以将对动作识别有帮助的一些信息在多个不同层面上分别融合起来，以求达到更好

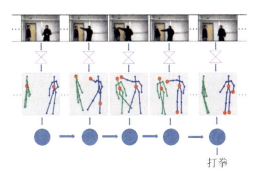

■ 图 6-26　姿态估计网络工作示意图

的效果。例如,可以将原始图像和光流信息融合起来,或者是原始图像和姿态信息融合,抑或者将这三者都融合起来。而融合的方式可分成特征级别的融合和得分级别的融合,如将图像、光流、姿态等作为神经网络识别动作的输入,这属于特征级别的融合;分别使用图像、光流、姿态预测得到动作之后,再将这些预测结果通过加权平均等方式融合起来,这属于得分级别的融合。一般而言,后一种融合方式实现过程更为简单,可以根据需求任意添加或删除某一元素的影响,自主性较好。而对于特征级别的融合,融合方式一旦确定就无法改变。

6.5 基于 PointNet 的点云分类和语义分割实验

6.5.1 应用模型介绍

1. 基于三维点云数据的深度学习

随着 CNN 的快速发展,CNN 在二维图像领域取得了十分优秀的成果。但推广到三维领域,无论是成倍增加的网络体积和计算量,还是数据存储量,都是影响 CNN 在三维领域发展的障碍。与二维图像上的检测分割不同的是,三维检测的任务主要是确定可以表示某一种类目标姿态的三维边界框,它既包含目标的空间位置信息,也包含目标的朝向、旋转状态等信息;三维分割的任务主要是分割点云,区分不同种类的物体,将整个点云划分为各种在语义上有意义的部分或是各个有意义的个体。

点云数据是一个由无序的数据点构成的集合,因此点云数据上的深度学习一直是一个较为困难的任务。在使用深度学习模型处理点云数据之前,往往需要对点云数据进行处理。目前基于三维点云数据的深度学习主要有以下四个方向。

(1) 体素(volumetric)法:将点云数据划分到有空间依赖关系的体素。该方法通过分割,将物体表现为体素,并对其进行和二维卷积类似的三维卷积,如 Huang 等人提出的三维-FCN 通过预测体素级(voxel-level)的预测实现语义分割。这种方法因引入三维卷积,网络体积和计算量成倍增加,运算复杂度很高,并且其精度极大依赖于空间分割精度,已不再是主流方法。

(2) 多视角(multi-view)投影:为了充分利用卷积网络在二维图像上的优秀表现,该方法首先将点云数据投影到某些特定视角下的二维平面上,如鸟瞰图(bird-view)和前视图(front-view),然后通过多视角下的二维图像组合为三维物体。这种方法还可以融合 RGB

图像信息来提取特征，如第 7 章介绍的 MV3D 算法就应用了该方法。但是在投影过程中往往会丢失一些点云信息。

（3）点云网络(PointNet)：直接在点云数据上应用深度学习模型，其杰出的代表就是 Qi 等人提出的 PointNet 系列方法。本章实验就是基于 PointNet++ 进行的，下一小节将介绍 PointNet(Qi, et al., 2017) 和 PointNet++(Qi, et al., 2017a) 系列网络模型。

（4）融合使用二维图像与三维点云数据的方法：如 Lahoud 等人提出了一种在 RGB 图像上的三维检测方法，它充分利用了 CNN 在二维图像上的优异表现，尽可能减少了在三维空间上的搜索范围。此外，Qi 等人提出的 F-PointNet 也应用了相似的方法。

2. PointNet

PointNet 是 Qi 等人在 2017 年 CVPR 会议的一篇文章中提出的方法，其主要完成三维检测和分割任务。PointNet 方法指出直接在点云数据上应用深度学习模型，并且用实验证明其高准确率性能。PointNet 主要针对点云数据的无序性和空间变换的不变性进行论证，并提出了很好的解决方法。文章详情见 *PointNet: Deep Learning on Point Sets for 3D Classification and Segmentation*。

无序性指点云数据是由可任意排列的数据组成的集合，而要使用深度学习模型的一个前提是需要保证不论点云顺序如何，都应该提取得到相同的特征。在 PointNet 中作者提出用最大池化对称函数来提取特征，解决无序性问题。最大池化即在每一维的特征都选取 N 个点中对应的最大的特征值。

变换不变性是指点云数据所表示的目标经过一定的空间变换（旋转、平移等）后应该保持不变，在坐标系中即为点云数据坐标发生变化后，不论其用何种坐标系表示，网络都能正确地识别目标。在 PointNet 中作者提出在对点云数据提取特征前先用空间变换网络（Spatial Transform Network, STN）对齐以保证其不变性。如图 6-27 中转换网络示意图所示，T-Net 为了让特征对齐，会通过学习点云的位置信息来找到最适合的旋转角度，得到一个转换矩阵，并通过将其与输入点云数据相乘来保证数据的不变性。

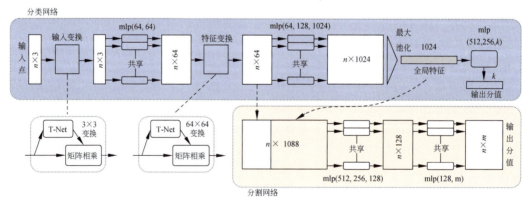

图 6-27 PointNet 网络结构图。图片来源于 Qi, et al., 2017

PointNet 的网络结构图如图 6-27 所示，其主要流程为：

（1）输入数据为 $n\times 3$（n 为点云个数，3 对应点云的 xyz 空间坐标）的点云数据集合，并将其表示为 $n\times 3$ 的张量。

(2) 首先将输入数据通过一个 STN,其将 T-Net 学习到的转换矩阵与输入数据相乘来进行对齐以保证其对一定的空间变换保持不变性。

(3) 通过多层感知机来提取点云数据特征,将其特征维数升到 64 维后,再通过一个 STN 对齐特征。

(4) 再次通过多层感知机 MLP 提取点云数据特征,将其特征维数升到 1024 维后,使用最大池化得到其全局特征。

(5) 若目的为分类,则直接将全局特征通过多层感知机得到各个种类的预测分数;若目的为分割,则将全局特征与之前提取到的 64 维特征(局部特征)进行串联,再通过多层感知机对每个点进行分类。

PointNet 在提取特征过程中应用了多层感知机 MLP,它可以看作是多个全连接层的权重加和,用到的运算只有加法和乘法,所以不会受顺序的影响。

PointNet 能够对整个点云进行分类,并可以对点云中的每个点进行分类以实现语义分割的任务,但其最终提取的是全局特征,对局部特征提取并不理想。因此 PointNet 在实例分割任务上表现并不好,Charles 基于 PointNet 做出了改进,提出了 PointNet++ 网络。

3. PointNet++

PointNet++[35] 是 Charles 发表在机器学习会议 NIPS(2017)上的一篇文章,其思想是针对 PointNet 局部特征提取表现不好的缺点,提出了一种分层神经网络结构(hierarchical neural nettwork),这种分层结构由一系列的抽象集合组成,如图 6-28 所示,其包括采样层(sampling layer)、组合层(grouping layer)和特征提取层(PointNet layer)。PointNet++ 在不同尺度下提取特征作为局部特征,并通过多层网络结构得到深层特征。相关文章详情见 *PointNet++*: *Deep Hierarchical Feature Learning on Point Sets in a Metric Space*。

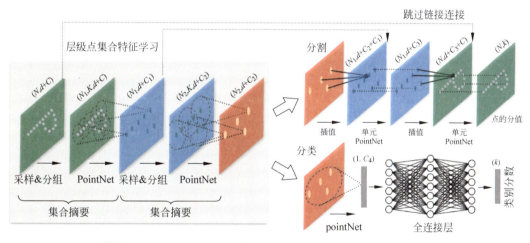

图 6-28　PointNet++ 网络结构。图片来源于 Qi,et al., 2017a

下面介绍一下抽象集合具体组成。

(1) 采样层:即在处理点云数据之前,先进行采样处理。在该文章中,Charles 使用迭代最远点采样(Farthest Point Sampling,FPS)方法。该方法根据选定的一个点云数据子集,对子集中每个点抽取其距离最远的点,得到一个新的子集,这两个子集的并集就是样本空间。与随机取样相比,FPS 能更好地覆盖整个点云数据。

(2) 组合层:其根据采样点定义了一个局部域,方便下一步在该区域中提取特征。其输入为 $N\times(d+C)$ 的点云集合以及 $N^*\times d$ 个质心的坐标,输出为 $N^*\times K\times(d+C)$ 的点云集合,其中 K 是局部区域除了质心点之外的点数。在卷积神经网络中,一张图像像素的局部区域指像素周围曼哈顿距离下的邻域点,而点云中一个点的局部区域指该点几何距离下的邻域点组成。与 K 临近算法不同的是,该文章用了 ball query 方法,其选取固定半径区域内的点(设有上限 K)。

(3) 特征提取层:即使用 PointNet 对组合层中的局部区域提取特征。

另外,不同于图像中各个像素点密度均匀分布,点云数据在空间上分布密度不均匀、不规则,在距离较远的地方激光点云十分稀疏。无差别的提取特征会使得网络很容易在低密度的地方丢失局部信息,而导致 PointNet 训练效果不理想,造成较大的误差。因此,在点云密度较小的地方应该加大选取的局部区域来更好地提取特征。Charles 提出密度自适应 PointNet 层,来组合不同密度点云数据的特征。文章中提出了两种组合的方式:多尺度组合(Multi-scale Grouping,MSG)和多分辨率组合(Multi-resolution Grouping,MRG)。具体如下。

(1) 多尺度组合:如图 6-29(a)所示,即直接在不同尺度的局部区域提取特征,然后将其串联在一起,这是一个既简单又有效的方法。利用网络学习融合不同尺度的特征的优化方法时,采用一种随机输入丢弃(random input dropout)的方法,按随机概率在每个距离下舍弃一些输入点。在多尺度组合对每个局部区域的每个尺度都要进行特征提取,其计算量十分庞大,相应的其耗时较高。因此 Charles 又提出了一种计算量较小并且可以保证自适应密度特征组合的多分辨率组合方法。

(2) 多分辨率组合:如图 6-29(b)所示,即通过对两个不同局部区域提取的特征串联来组合。在图 6-29(b)中,第一个向量(左侧)是用抽象集合级别在前一层提取的特征基础上,再次通过提取特征得到的;而第二个向量(右侧)是直接在该局部区域对所有原始点云上用 PointNet 提取特征得到的。在局部区域点云较为稀疏的时候,相对于第一个向量,第二个向量更为可靠,因为第一个向量所含的点更为稀疏,并且受采样方法的影响较大。

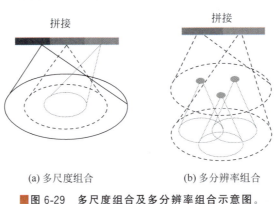

(a) 多尺度组合　　　　　　(b) 多分辨率组合

■图 6-29　多尺度组合及多分辨率组合示意图。

图片来源于 Qi,et al.,2017a

在提取特征过程中对原点云数据进行了下采样,而在语义分割任务中,需要得到所有点的分类结果。针对这个问题,Charles 提出了一种特征反传(feature propagation)结构,该反传结构采用基于距离的插值和跨级别的串联方法。

6.5.2 实验环境

1. Pytorch 概述

Pytorch 是深度学习框架的一种,可以大大提高书写代码的工作效率。Pytorch 支持 GPU 加速,支持动态神经网络,并且相对于其他主流框架,如 Tensorflow,更加简洁直观。

Pytorch 官方网站为 https://pytorch.org/,在该网站可以根据自己具体的环境选择下载的 Pytorch 类型,还可以查询 Pytorch 源文件等。

本实验默认读者已有一定的 Pytorch 使用经验,不再对 Pytorch 基础进行详细介绍。本实验使用的 Pytorch 版本为 0.4.1,对应的语言为 Python 3.5,系统版本为 Ubantu 16.04,CUDA 版本为 8.0。具体安装步骤见实验——基于 Pytorch 红绿灯检测。

另外,安装好 Python 3.5 后,鉴于服务器上可能存在其他版本的 Python 语言,所以这里建议读者通过以下指令配置好 Python 3.5 的虚拟环境:

```
conda create -n py3.5 python=3.5
```

配置环境过程中,会显示需要安装的包,如图 6-30 所示,这时输入 y 进行下一步。

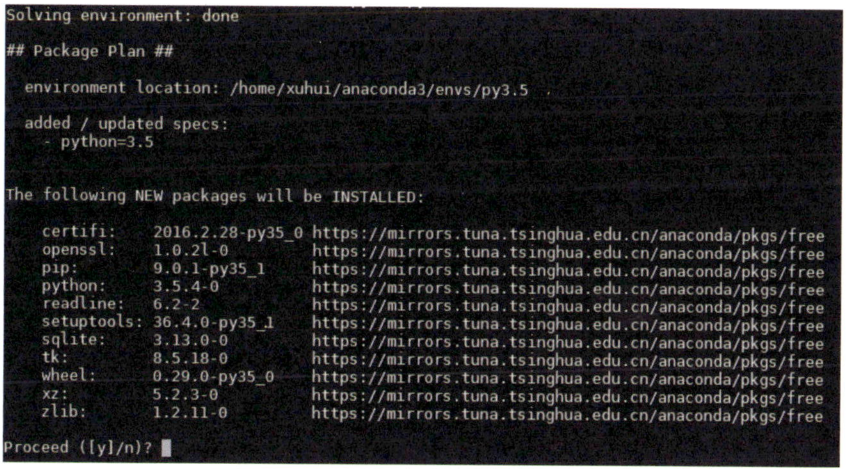

■图 6-30 配置 Python 3.5 虚拟环境

配置好虚拟环境后,输入以下指令以进入 Python 3.5 环境:

```
source activate py3.5
```

若想退出该虚拟环境,输入指令:

```
source deactivate py3.5
```

2. Visdom 可视化工具概述

本实验通过使用 Visdom 可视化工具,可实时监控训练进程,更加直观地查看训练过程中准确度和损失函数的变化，从而在整体上判断训练过程是否过拟合等。

Visdom 是一种可视化工具，支持 Pytorch 和 NumPy，可以实现远程数据的实时的可视化，清楚地显示各个数据随时间的变化。图 6-31 所示为本实验训练 PointNet＋＋分割模型过程中的可视化界面。

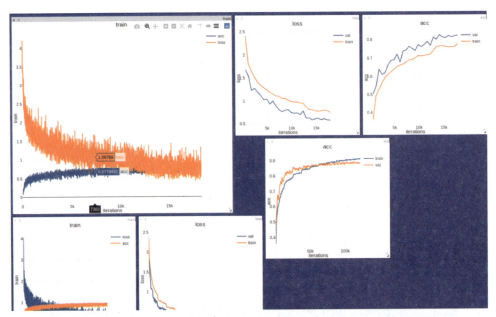

图 6-31　本实验训练 PointNet＋＋分割模型过程中的可视化界面

下面简单介绍一下如何使用 Visdom。

1) 安装 Visdom

通过 pip 指令进行安装，因为本实验使用的 Python 版本为 3.5，用以下指令：

```
pip3 install visdom
```

2) Visdom 代码编写

首先定义了一个 Visdom 类，可以直接调用，能够实时显示文本以及函数变化图像等，代码如下：

```
class VisdomViz(object):

    def __init__(
            self, env_name = 'main', *, server = 'http://localhost', port = 8097
    ):
        print('=====>')
        print('Initializing visdom env [{}]'.format(env_name))
        print('server: {}, port: {}'.format(server, port))

        self.default_vzcb = _DefaultVizCallback()

        self.viz = visdom.Visdom(
            server = server, port = port, env = env_name, use_incoming_socket = False
```

```
)
self.wins = {}
self.update_callbacks = {}
self.last_update_time = 0
self.update_interval = 1.0
self.update_cache = {}
print('<===== ')
```

其余函数,如文本显示函数 text()等不再详细列举。

3) 开启 Visdom

通过调用 Visdom 类,可以得到一个 Visdom 显示端口,通过以下指令开启端口:

```
python – m visdom.server
```

此时,命令框显示如图 6-32 所示,则说明 Visdom 端口开启成功。

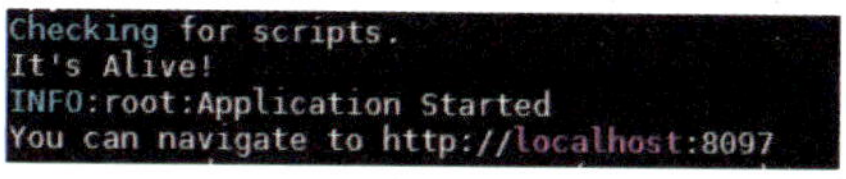

■ 图 6-32 开启 Visdom Server 后提示

若此时代码是在当前计算机上运行,则打开浏览器后输入网址 http://localhost:8097 打开端口;若此时代码是在远程服务器上运行,可以远程访问该端口。假设服务器 IP 为 192.168.1.1,则通过输入网址 http://192.168.1.1:8097 打开端口。此时,开启端口如图 6-33 所示。

■ 图 6-33 Visdom 显示窗口

3. Apollo 激光点云障碍物检测分类数据集

本实验使用了百度数据开放平台提供的 Apollo 激光点云障碍物检测分类数据集,它提供了 100 帧可下载数据,可用于算法调试、测试及可视化。下载地址为 http://data.apollo.auto/help?name=data_intro_3D&data_key=lidar_obstacle_label&data_type=0&locale=zh-cn&lang=zh。

Apollo 激光点云障碍物检测分类数据集全部为真实路面场景,数据采集场景丰富,每帧点云中通过专业标注人员标注出四类障碍物:行人(pedestrian)、机动车(vehicle)、非机动车(cyclist)以及其他(dontCare)。标注结果如图 6-34 所示,图中绿色框表示机动车,蓝色框表示非机动车,红色框表示行人,黄色框表示其他障碍物。

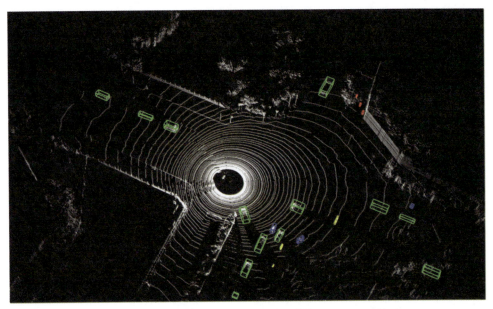

■ 图 6-34　标注结果示意图

数据采集使用的激光雷达型号为 Velodyne HDL-64E S3。传感器安装位置如图 6-35 所示。

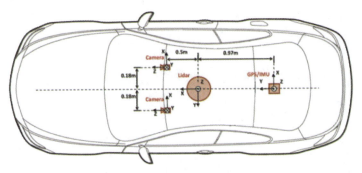

■ 图 6-35　激光雷达安装示意图

点云数据和标注文件分别存储,每一帧单独存为一个文件,名称一一对应。其中所有点存储于点云文件,图 6-35 中标注框存储于标注文件。

点云数据格式为二进制文件存储,数据依次以 $X_1,Y_1,Z_1,I_1,X_2,Y_2,Z_2,I_2$……排列($X_i,Y_i,Z_i$ 表示每个点的空间三维坐标,I_i 表示此点的反射值,反射值的有效范围为 0~255),每一维度的数据分别使用四字节 float 类型存储,点云坐标定义在 Velodyne 自身坐标系下(如图 6-35 所示),具体为:

(1) 以车顶安装的 Velodyne 中心为原点,安装高度大约离地 1.7m;

(2) 以车头正前方为 X 轴正方向;

(3) 车头朝前,垂直车身正左方为 Y 轴正方向;

(4) Z 轴方向满足右手法则,即垂直 XY 平面向上为 Z 轴正方向。

标注文件与点云文件一一对应,每一帧标注文件中存储该帧中的障碍物信息。存储的数据内容依次为 type(类别),center_x、center_y、center_z(中心点坐标)、length、width、height(障碍物长、宽、高)、yaw(偏航角,即障碍物绕 Z 轴的旋转角)。

对于可下载样例集 100 帧,可将其用于算法的训练、测试和调试。样例集中含障碍物共约 3000 个,四类障碍物占比约为

$$\text{行人:非机动车:机动车:其他} = 11.8\% : 7.8\% : 77.3\% : 3.1\%$$

点云数据命名为依此为 002_00000000.bin~002_00000099.bin;标注文件与点云数据一一对应,命名为 002_00000000.bin.txt~002_00000099.bin.txt。

存储目录如下:

```
3D-sample/
├——bin_files/
│  ├——002_00000000.bin
│  ├——002_00000001.bin
│  ├——…
│  └——002_00000099.bin
└——label_file/
   ├——002_00000000.bin.txt
   ├——002_00000001.bin.txt
   ├——…
   └——002_00000099.bin.txt
```

本数据集可用于障碍物检测算法和障碍物分类算法的研发和评测。对于基于机器学习的算法,可使用训练集对算法模型进行训练。对于基于规则的算法,可直接使用测试集对算法的效果进行评测。具体数据用途可包括模型训练、预测和评测。

在本实验中,主要将该数据集应用于分割实验,所以其标注文件不能直接使用,需要通过预处理转换成分割任务所需的标注格式,具体处理方式在 6.5.3 节中详细介绍。

6.5.3 PointNet++代码运行

1. 网络结构代码

本实验使用的是 MSG 分组方式的 PointNet++网络架构。

(1) 基础网络 PointNet 的结构代码为:

```python
class PointNetfeat(nn.Module):
    # 该类是 PointNet 基础网络结构,分类任务与分割任务通用部分
    def __init__(self, global_feat = True):
        super(PointNetfeat, self).__init__()
        self.stn = STN三维()
        self.conv1 = torch.nn.Conv1d(3, 64, 1)
        self.conv2 = torch.nn.Conv1d(64, 128, 1)
        self.conv3 = torch.nn.Conv1d(128, 1024, 1)
        self.bn1 = nn.BatchNorm1d(64)
        self.bn2 = nn.BatchNorm1d(128)
        self.bn3 = nn.BatchNorm1d(1024)
```

```python
        self.global_feat = global_feat
    def forward(self, x):
        #规定了网络每一层的顺序
        batchsize = x.size()[0]
        n_pts = x.size()[2]
        trans = self.stn(x)
        #首先用定义的STN得到转移矩阵
        x = x.transpose(2,1)
        x = torch.bmm(x, trans)
        #将点云数据与转移矩阵相乘
        x = x.transpose(2,1)
        x = F.relu(self.bn1(self.conv1(x)))
        pointfeat = x
        #pointfeat为提取的64维特征,未进行最大池化处理,用于分割任务中全局特征与局部特征相串联
        x = F.relu(self.bn2(self.conv2(x)))
        x = self.bn3(self.conv3(x))
        x = torch.max(x, 2, keepdim = True)[0]
        x = x.view(-1, 1024)
        #使用最大池化解决无序性问题,并将x转换为batchsize*1024特征向量
        if self.global_feat:
            return x, trans
        else:
            x = x.view(-1, 1024, 1).repeat(1, 1, n_pts)
            return torch.cat([x, pointfeat], 1), trans
            #如果是分类任务,需要用全局特征,则返回x;如果不是,即为分割任务,将x与pointfeat串联
```

(2) PointNet++中Set Abstraction网络架构代码如下：

```python
class _PointnetSAModuleBase(nn.Module):
    #定义了PointNet++中抽象集合基础结构
    def __init__(self):
        super().__init__()
        self.npoint = None
        self.groupers = None
        self.mlps = None
    def forward(self, xyz: torch.Tensor, features: torch.Tensor = None) -> (torch.Tensor, torch.Tensor): r"""
    Parameters
        xyz : torch.Tensor
            (B, N, 3),数据的三维特征表示
        features : torch.Tensor
            (B, N, C),特征表示
        B为batchsize,N为点云数目,3为三维坐标
    Returns
        new_xyz : torch.Tensor
            (B, npoint, 3),分组点云的三维表示
        new_features : torch.Tensor
            (B, npoint, \sum_k(mlps[k][-1])),每组点云的特征表示
```

```
"""
new_features_list = []
xyz_flipped = xyz.transpose(1, 2).contiguous()
new_xyz = pointnet2_utils.gather_operation(
    xyz_flipped,
    pointnet2_utils.furthest_point_sample(xyz, self.npoint)
).transpose(1, 2).contiguous() if self.npoint is not None else None
# 计算经过最远点采样和分组处理之后的新点云数据
for i in range(len(self.groupers)):
    new_features = self.groupers[i](
        xyz, new_xyz, features)
    # (B, C, npoint, nsample)
    new_features = self.mlps[i](new_features)
    # (B, mlp[-1], npoint, nsample)
    new_features = F.max_pool二维(new_features, kernel_size=[1, new_features.size(3)])
    # (B, mlp[-1], npoint, 1)
    new_features = new_features.squeeze(-1)
    # (B, mlp[-1], npoint)
    new_features_list.append(new_features)
    # 提取特征过程中先分组,对每一分组,用多层感知机提取特征,最后使用全局最大池
    # 化提取全局特征
    return new_xyz, torch.cat(new_features_list, dim=1)
# 返回分组后的数据以及存有每组特征的列表
```

2. 分类任务训练代码运行

本分类实验在公开数据集 Modelnet40(见 Wu,et al., 2015)上进行。

(1) 由于使用 Visdom 可视化工具,则需先打开 Visdom Server 才可以成功运行训练代码:

```
python - m visdom.server
```

(2) 通过以下指令运训练代码:

```
python train_cls.py
```

此时,代码成功运行后,命令行显示如图 6-36 所示。

■图 6-36 训练代码成功运行

(3) 模型训练时间较长,可以打开 Visdom 端口查看损失函数以及准确度随迭代次数的变化,具体如图 6-37 所示。

(4) 训练结束后,可以看到训练精确度达到了,如图 6-38 所示。为了使展示效果更好,把验证过程也在 Visdom 展示了出来,并与训练过程做了对比,准确度对比如图 6-39 所示,损失对比如图 6-40 所示。

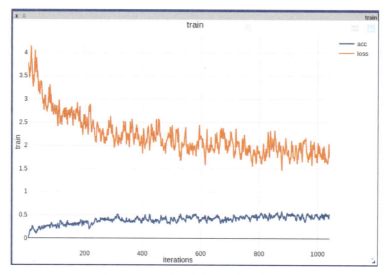

■图 6-37　损失函数及精确度随迭代次数变化示意图

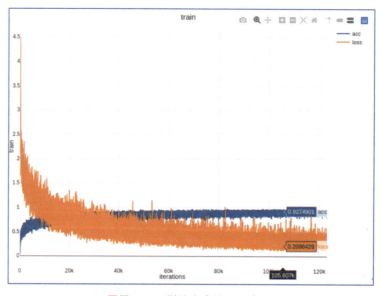

■图 6-38　训练完成结果示意图

3. 分割任务训练代码运行

本分割任务实验在 ShapeNetSem 公开数据集上进行。

（1）与分类任务相同，首先要打开 Visdom Server 才可以成功运行训练代码：

python - m visdom.server

（2）通过以下指令运训练代码：

python train_sem_seg.py

此时，代码运行成功后，命令行显示如图 6-41 所示。

第6章 自动驾驶道路复杂场景语义理解

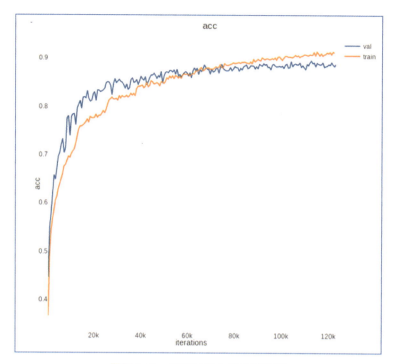

■图 6-39 准确度对比完成结果图

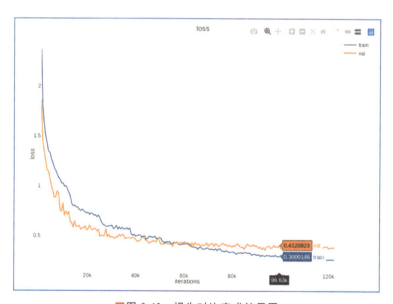

■图 6-40 损失对比完成结果图

■图 6-41 分割代码运行成功显示

（3）在训练时，可以打开 Visdom 端口查看损失函数以及准确度随迭代次数的变化。

（4）训练完成后，可以看到训练精确度达到了 98.32%，如图 6-42 所示。为了使展示效果更好，把验证过程也在 Visdom 展示了出来，并与训练过程做了对比，准确度对比如图 6-43 所示，损失对比如图 6-44 所示。

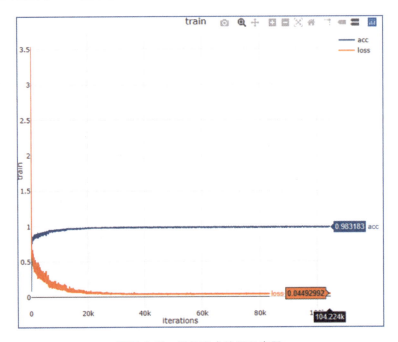

图 6-42　训练完成结果示意图

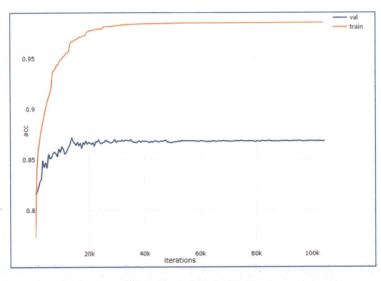

图 6-43　准确度对比图

至此，在公开点云数据集上，用 PointNet＋＋模型完成了点云分类任务和场景语义分割任务，并取得了较高的准确率。

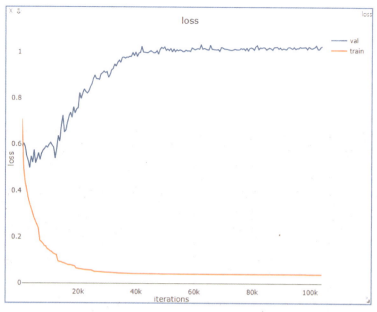

图 6-44 损失对比图

4. Apollo 激光点云障碍物数据集的分割任务实现

在 6.5.2 节介绍了 Apollo 激光点云障碍物数据集,基于该数据集,本小节使用 PointNet++ 模型实现了分割任务。PointNet++ 模型在稠密点云上能够取得较好的效果,但是 Apollo 数据集是激光雷达扫描周围环境得到的较为稀疏的点云,并且每一帧点云数据都是整个街道场景,每种障碍物的轮廓也不是很清晰,如图 6-45 所示,所以分割的效果预期不会太高。为降低一点分割的难度,本小节把车辆、行人等统一归类为障碍物种类。

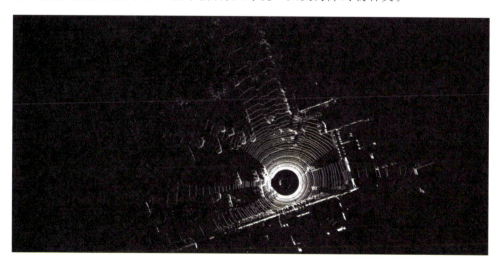

图 6-45 Apollo 激光点云障碍物数据集可视化结果

(1) 因为 Apollo 激光点云障碍物数据集的 label 文件标注了每个障碍物的种类及其对应的三维框,要实现分割任务,第一步要做的就是修改 label 文件,给每个点一个 label,以便网络能对每个点进行分类。

该任务用 C++ 程序完成,代码中函数 get_bbox_vertices() 可以通过目前的 label 文件获得三维框的 8 个顶点,函数 fill_objects_with_point_cloud() 可以通过全帧点云和每行 label 得到对应的三维框内的点,即表示障碍物的点。得到了三维框内的点后,将其单独赋值为 1,其余的点为背景点,赋值为 0。由此,就得到了分割任务所需的每个点的 label,并将其存为 txt 格式,命名与相应点云文件一致。其可视化结果如图 6-46 所示。

■ 图 6-46　可视化效果

定义的 get_bbox_vertices() 函数代码示例如下:

```cpp
bool get_bbox_vertices(const base::ObjectConstPtr object,
        std::vector<Eigen::Vector 三维>* vertices) {
    if (object == nullptr) {
        return false;
    }
    if (vertices == nullptr) {
        return false;
    }
    vertices->resize(8);
    Eigen::Vector 二维 pts[4];
    Eigen::Matrix 二维 rot;
      double cos_theta = cos(object->yaw);
    double sin_theta = sin(object->yaw);
    rot << cos_theta, -sin_theta, sin_theta, cos_theta;
        pts[0](0) = std::max<double>(object->length, 0.01) * 0.5;
        pts[0](1) = std::max<double>(object->width, 0.01) * 0.5;
    pts[1](0) = -pts[0](0);
    pts[1](1) = pts[0](1);
    pts[2](0) = -pts[0](0);
    pts[2](1) = -pts[0](1);
    pts[3](0) = pts[0](0);
    pts[3](1) = -pts[0](1);
    for (unsigned int i = 0; i < 4; ++i) {
```

```
            pts[i] = rot * pts[i];
            (*vertices)[i].head(2) = pts[i] + object->center.head(2);
            (*vertices)[i](2) = object->center(2) + object->height;
            (*vertices)[i + 4].head(2) = pts[i] + object->center.head(2);
            (*vertices)[i + 4](2) = object->center(2);
        }
        return true;
    }
```

（2）将点云文件与相应的 label 文件送入网络，因为每个点云文件的点个数不一致，在这里统一取其前 90 112 个点进行训练。另外，在读取点云文件时，本节做了数据增强，以提升预测的效果。函数 rotate_point() 可使点云绕 Z 轴旋转某一角度，函数 jitter_point() 可在点云坐标上加一定高斯噪声。代码如下：

```python
def rotate_point(point, rotation_angle):
    point = np.array(point)
    cos_theta = np.cos(rotation_angle)
    sin_theta = np.sin(rotation_angle)
    rotation_matrix = np.array([[cos_theta, sin_theta, 0],
                                [-sin_theta, cos_theta, 0],
                                [0, 0, 1]])
    rotated_point = np.dot(point.reshape(-1, 3), rotation_matrix)
    return rotated_point

def jitter_point(point, sigma = 0.01, clip = 0.05):
    assert(clip > 0)
    point = np.array(point)
    point = point.reshape(-1,3)
    Row, Col = point.shape
    jittered_point = np.clip(sigma * np.random.randn(Row, Col), -1 * clip, clip)
    jittered_point += point
    return jittered_point

def augment_data(point, rotation_angle, sigma, clip):
    return jitter_point(rotate_point(point, rotation_angle), sigma, clip)
```

开始训练的操作与前两个实验类似，首先打开 Visdom 可视化工具，然后运行训练代码开始训练，在 Visdom 端口可以查看损失函数以及准确度随迭代次数的变化。如图 6-47 所示，训练过程中很快就过拟合了。

（3）训练结束后，用训练好的模型在 Apollo 数据集上进行了测试，并得到了每个点云的预测结果，预测的障碍物点标为 1，其余标为 0。测试过程中将每个点云文件测试的准确度显示出来，并显示进程，其中一部分如图 6-48 所示。准确度是由预测点与 label 相同的点的个数除以总点数得到的，求解代

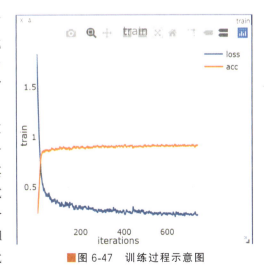

图 6-47 训练过程示意图

码为

```
acc = (classes == labels).float().sum()/labels.numel()
```

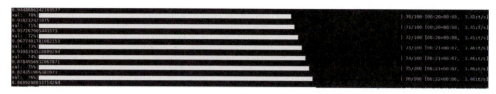

■ 图 6-48 测试准确度示意图

（4）最后一步为可视化预测结果。在此过程中，加了一步后处理操作：邻域点染色。这是因为测试的召回率较低，很多前景点被误判为背景。具体为在预测为障碍物的点周围取 10 个点染为红色，减小召回率低造成的影响。但是，这样也会导致障碍物周围的一些背景点被染红。可视化预测结果如图 6-49 所示。

■ 图 6-49 可视化预测结果

5．实验结果分析

PointNet++论文的复现很成功，准确率也很高，但在应用到 Apollo 激光点云障碍物数据集上的表现并不理想。其表现不理想的原因主要有以下两点。

（1）PointNet++模型是基于稠密点云数据集提出的，在激光雷达稀疏点云数据集上的效果表现不好可以预见。

（2）Apollo 激光点云障碍物数据集每一帧点云中障碍物的轮廓并不完整，只含有该物体在某一方向上的信息，而 PointNet++期望能获得物体完整的轮廓信息。

想要解决上述问题，需要有更丰富的点云数据，进行点云配准，在训练的时候最好能将每个种类物体的完整轮廓作为输入。

回顾整个实验过程，首先介绍了点云数据特征和 PointNet 模型。因为点云数据与二维图像的不同，PointNet 提出了不同于普通卷积神经网络的模型，并保证了提取的特征向量对点云数据的不同排列保持不变。而后介绍关于本实验的基础框架的相关内容，包括深度学习框架 Pytorch、配置 Python 虚拟环境、Visdom 可视化工具、百度公开数据集等。最后便是具体代码的运行，展示的代码有基础网络结构、分层结构及特征反传结构、训练代码，并一步步展示了实验过程中需要运行的代码及相关结果。由于篇幅限制，没有把所有步骤及相关代码详细展示出来，感兴趣的读者可以在提供的思路和代码的基础上继续深入探索。

6.6 本章小结

本章针对自动驾驶汽车环境感知中较为困难复杂场景理解的任务，介绍了目前研究领域提出的一些先进算法。首先，介绍了 ApolloScape 数据集，其是由百度阿波罗自动驾驶项目提供的，是目前行业内环境最复杂、标注最精准、数据量最大的三维自动驾驶数据集。对可行驶区域检测任务，其主要是为自动驾驶提供路径规划辅助，是自动驾驶汽车能否上路的决定性因素。本章介绍了两种可行驶区域检测方法：基于传统计算机视觉的方法和基于深度学习的方法，其中基于深度学习的方法是通过语义分割来得到可行驶区域。对自动驾驶领域的感知场景，本章将其分为复杂静态场景与复杂动态场景。复杂场景分类指的是车辆根据周围环境来区分车辆所处的场景。复杂静态场景如城市繁华地段道路环境，对自动驾驶汽车来说是较大的挑战。针对该种情况，本章介绍了一种 CNN+LSTM 的场景识别机制。对复杂动态场景，主要介绍了三种分析方法：多目标跟踪、路径实时预测和行人手势识别（包括姿态估计和动作识别）。多目标跟踪问题是一个横跨时间和空间两个维度的复杂问题，一个多目标跟踪算法大都包括目标外观模型、目标运动估计、目标检测、数据关联四个部分。然后，介绍了一种路径实时预测方法 TrafficPredict，该方法用实例层来学习个体的运动规律和它们之间的交互，用类别层来学习同一类别的个体运动的相似性，能够较为准确地预测其他个体未来的运动轨迹，帮助自主车辆做出合理的导航决策。姿态估计和动作识别是一种在行人框检测与跟踪的基础上，更为复杂的识别系统。本章以叠加沙漏网络模型为基础介绍了在像素级别识别姿态与动作的方法。最后，详细介绍了实验——基于点云的三维检测和语义分割。该实验部分包含 PointNet 系列网络讲解、环境配置以及具体的分类任务和分割任务的代码运行，并展示了关键代码供读者理解。

参考文献

[1] YILMAZ A. Object tracking: A survey[J]. Acm Computing Surveys, 2006, 38(4): 81-93.
[2] SMEULDERS A W, CHU D M, CUCCHIARA R, et al. Visual Tracking: An Experimental Survey[J]. IEEE Transactions on Pattern Analysis & Machine Intelligence, 2014, 36(7): 1442-1468.
[3] YANG H, SHAO L, ZHENG F, et al. Recent advances and trends in visual tracking: A review[J]. Neurocomputing, 2011, 74(18): 3823-3831.
[4] LUO W, ZHAO X, KIM T K. Multiple Object Tracking: A literature Review[J]. arXiv preprint arXiv: 1409.7618, 2014.
[5] VEENMAN, C, REINDERS, M, BACKER, E. Resolving motion correspondence for densely moving points[J]. IEEE Transactions on Pattern Analysis & Machine Intelligence, 2001, 23(1), 54-72.
[6] SERBY D, KOLLER-MEIER S, GOOL L V. Probabilistic object tracking using multiple features

[C]. IEEE International Conference of Pattern Recognition (ICPR). 2004,2: 184-187.

[7] COMANICIU D, RAMESH V, ANDMEER P. Kernel-based object tracking[J]. IEEE Transactions on Pattern Analysis & Machine Intelligence, 2003,25, 564-575.

[8] YILMAZ A, LI X, SHAH M. Contour based object tracking with occlusion handling in video acquired using mobile cameras[J]. IEEE Transactions on Pattern Analysis & Machine Intelligence, 2003,26, 11, 1531-1536.

[9] ALI A AGGARWAL J. Segmentation and recognition of continuous human activity[C]. Proceedings IEEE Workshop on Detection and Recognition of Events in Video. 2001: 28-35.

[10] CANNY J. A computational approach to edge detection[J]. IEEE Transactions on Pattern Analysis & Machine Intelligence, 1986,8(6), 679-698.

[11] WU B, NEVATIA R, Optimizing discrimination-efficiency tradeoff in integrating heterogeneous local features for object detection[C]//2008 IEEE Conference on Computer Vision and Pattern Recognition. IEEE,2008: 1-8.

[12] WANG X, HAN T, YAN S, A HOG-LBP human detector with partial occlusion handling[C]// 2009 IEEE 12th Interenational Conference on Computer Vision. IEEE,2009: 32-39.

[13] ANDRIYENKO A, SCHINDLER K. Multi-target tracking by continuous energy minimization [C]//Computer Vision and Pattern Recognition (CVPR), 2011 IEEE Conference, 2011: 1265-1272.

[14] BAR-SHALOM Y, LI X R. Multitarget-Multisensor Tracking: Principles and Techniques[M]. Storrs. CT: YBS,1995.

[15] GONG Y J, LI J J, ZHOU Y, et al. Genetic learning particle swarm optimization[J]. IEEE Transcation on Cybernetics, 2015, 99: 1.

[16] XING J, AI H, LAO S, Multi-object tracking through occlusions by localtracklets filtering and global tracklets association with detection responses[J]. Proc. IEEE Comput. Soc. Conf. Comput. Vis. Pattern Recognit (CVPR), 2009: 1200-1207.

[17] YANG M, YU T, WU Y. Game-theoretic multiple target tracking[C]. ICCV. 2007,1-8.

[18] BREITENSTEIN M D, REICHLIN F, LEIBE B, et al. Robust tracking-by-detection using a detector confidence particle filter[C]. ICCV,2009: 1515-1522.

[19] YANG B,NEVATIA R. Multi-target tracking by online learning of non-linear motion patterns and robust appearance models[J]. Proc. IEEE Comput. Soc. Conf. Comput. Vis. Pattern Recognit (CVPR), 2012: 1918-1925.

[20] KHAN Z H,GU I Y H. Nonlinear dynamic model for visual object tracking on grassmann manifolds with partial occlusion handling[J]. IEEE Transcation on Cybernetics, 2013, 43(6): 2005-2019.

[21] WAN E,MERWE R V D. The unscented kalman filter[J]. Kalman Filtering and Neural Networks, 2001,5(2007): 221-280.

[22] LI X R,ZHANG Y. Multiple-model estimation with variable structure. v. likely-model set algorithm [J]. IEEE Transcation Aerospace Electron System, 2000, 36(2): 448-466.

[23] TSAI L W, HSIEH J W, FAN K C. Vehicle Detection Using Normalized Color and Edge Map[J]. IEEE Transactions on Image Processing, 2007,16(3): 850-864.

[24] TAKEUCHI A, MITA S, MCALLESTER D. On-road vehicle tracking using deformable object model and particle filter with integrated likelihoods[J]. Intelligent Vehicles Symposium (IV), 2010: 1014-1021.

[25] FERIS R S,et al. Large-Scale Vehicle Detection, Indexing, and Search in UrbanSurveillance Videos [J]. IEEE Transactions on Multimedia, 2012, 14(1): 28-42.

[26] MA X X,GRIMSON W E L. Edge-based rich representation for vehicle classification[C]. IEEE

International Conference,2005,4(2):1185-1192.

[27] BAR-SHALOM Y,FORTMANN T,SCHEFFE M,et al. Joint probabilistic data association for multiple targets in clutter[C]. Conference on Information Sciences and Systems,1980.

[28] REID D B. An Algorithm for Tracking Multiple Targets[J]. IEEE Transactions on Automatic Control,1979:1202-1211.

[29] QI C R,SU H,MO K,et al. Pointnet:Deep learning on point sets for 3D classification and segmentation[J]. Computer Vision and Pattern Recognition (CVPR),IEEE,2017,1(2):4.

[30] QI C R,YI L,SU H,et al. PointNet++:Deep hierarchical feature learning on point sets in a metric space[C]//Advances in Neural Information Processing Systems. 2017:5099-5108.

[31] WU Z,SONG S,KHOSLA A,et al. 3D ShapeNets:A deep representation for volumetric shape modeling[C]//CVPR. 2015,1(2):3.

[32] HUANG X,WANG P,CHENG X,et al. The ApolloScape Open Dataset for Autonomous Driving and its Application[J]. arXiv:1803,06184,2018.

[33] MA Y,ZHU X,ZHANG S,et al. TrafficPredict:Trajectory Prediction for Heterogeneous Traffic-Agents[J]. arXiv:1811,02146v5,2018.

[34] Apolloscape. Trajectory dataset for urban traffic[EB/OL]. http://apolloscape.auto/trajectory.html.5.

[35] LONG J,SHELHAMER E,DARRELL T. Fully convolutional networks for semantic segmentation[C]//Proceedings of the IEEE Conference on Computer Vision and Pattern Recognition. 2015:3431-3440.

[36] NEWELL A,YANG K,DENG J. Stacked hourglass networks for human pose estimation[C]//European Conference on Computer Vision. Springer,Cham,2016:483-499.

[37] HUANG J,YOU S. Point cloud labeling using 3D convolutional neural network[C]. ICPR,2016.

[38] LAHOUD J,GHANEM B. 2D-driven 3D object detection in rgb-d images[C]. Proceedings of the IEEE Conference on Computer Vision and Pattern Recognition,2017:4622-4630.

[39] QI C R,LIU W,WU C,et al. Frustum pointnets for 3D object detection from rgb-d data[C]//Proceedings of the IEEE Conference on Computer Vision and Pattern Recognition. 2018:918-927.

[40] 邵帅,董二宝,柯艳国,等.服务机器人的路面识别研究[J].工业控制计算机,2018,31(09):31-32.

[41] HOCHREITER S,SCHMIDHUBER J. Long Short-Term Memory[J]. Neural Computation,1997,9(8):1735-1780.

第7章 多传感器融合

7.1 概述

1. 必然性

不同车载传感器的原理、功能各异,在不同的场景下发挥着各自的优势,其获取的信息各不相同,不能相互替代。由于每个传感器存在差异,仅通过增加单一传感器数量并不能从根本上解决问题。实现自动驾驶,就需要多个传感器相互配合,共同构成自动驾驶汽车的感知系统。例如,相比于摄像头,雷达的分辨率较差,难以识别具体的物体种类,但是其抗干扰能力强,在恶劣环境下如夜晚、雾天等仍然可以工作,并且可以得到距离信息。而摄像头虽然受环境影响较大,但是其分辨率高,并且能获取丰富的图像信息,便于物体的识别。由此可见,摄像头与雷达之间有着很强的互补性,成功实现两者信息的融合,能有效增强系统的感知能力。

综上考虑,多传感器融合可发挥各传感器的优势,使采集的信息有一定的冗余度,即使某个传感器出现问题也不会影响行车安全,显著提高系统的容错性,从而保证决策的快速性和准确性,这是自动驾驶的必然趋势。

2. 挑战与问题

多个同类或者不同类的传感器分别获得不同局部和不同特点的信息,这些信息之间可能相互补充,也可能存在冗余和矛盾。在多传感器信息融合过程中,需要解决如下几个关键问题。

(1)数据对准。由于每个传感器观测到的数据都在各自的参考框架内,在对这些信息进行融合之前,必须将它们变换到同一时空框架中。需要注意的是,由于时空配准导致的舍入误差必须得到相应的补偿。

(2)传感器观测数据的不确定性。由于传感器工作环境的不确定性,导致观测数据中有噪声成分,在融合过程中需要在最大程度上降低这些信息的不确定性。

(3)数据关联。数据关联问题广泛存在,需要解决单传感器时间域上的关联问题,以及多传感空间域上的关联问题,从而能够确定来源于同一目标源的数据。

(4) 不完整、不一致以及虚假数据。在多传感器信息融合系统中,对传感器接收到的量测数据有时会存在多种解释,称之为数据的不完整性;多传感器数据往往也会对观测环境做出不一致甚至相互矛盾的解释,如激光雷达感知系统检测到前方障碍物车辆速度为 0,毫米波感知系统检测到前方障碍物车辆速度为 10m/s;另外,由于噪声及干扰因素的存在,往往会产生一些虚假的量测数据。信息融合系统需要能够对这些不完整数据、不一致数据以及虚假数据进行有效的筛选、处理和融合。

3. 对车载系统的要求

多传感器融合对车载系统的要求主要包括如下两个方面:
(1) 统一的同步时钟,保证传感器信息的时间一致性和正确性;
(2) 准确的多传感器标定,保证相同时间下不同传感器信息的空间一致性。

7.2 多传感器信息融合基础理论

7.2.1 多传感器信息融合概述

从生物学的角度看,人类和其他动物对客观世界的认知过程,其实质就是对多源数据的融合过程。人类通过视觉、听觉、触觉等多种感官获得外界的多种信息,然后大脑依据某种准则对这些信息进行统一处理,从而获得了对该物体的统一的理解和认识。传感器融合实际上就是模仿这种由感知到认知的过程。

传感器数据融合是针对一个系统使用多个(种)传感器这一特定问题而提出的信息处理方法,可发挥多个(种)传感器的联合优势,消除单一传感器的局限性。把分布在不同位置的多个同类或不同类传感器所提供的数据资源加以综合,采用使计算机技术对其进行分析,加以互补,实现最佳协同效果,获得对被观测对象的一致性解释与描述,提高系统的容错性,从而提高系统决策、规划、反应的快速性和正确性,使系统获得更充分的信息。

具体来说,在自动驾驶汽车系统中使用多传感器融合技术主要有如下优势。

(1) 提高系统感知的准确度。多种传感器联合互补,可避免单一传感器的局限性,最大程度发挥各个(种)传感器的优势,能同时获取被检测物体的多种不同特征信息,减少环境、噪声等干扰。

(2) 增加系统的感知维度,提高系统的可靠性和健壮性。多传感器融合可带来一定的信息冗余度,即使某一个传感器出现故障,系统仍可在一定范围内继续正常工作,具有较高的容错性,增加了系统决策的可靠性和置信度。

(3) 增强环境适应能力。应用多传感器融合技术采集的信息具有明显的特征互补性,对空间和时间的覆盖范围更广,弥补了单一传感器对空间的分辨率和环境的语义不确定性。

(4) 有效减少成本。融合可以实现多个价格低廉的传感器代替价格昂贵的传感器设备,在保证性能的基础上又可以降低成本预算。

多传感器融合可以充分利用多传感器的优势,减小单一传感器的局限性,采集多个(种)传感器的观测信息,通过对这些数据和信息的合理支配和使用,利用其在空间或时间上的冗余或互补信息,基于优化算法进行分析、综合、支配和使用,以获得被观测对象的一致性解释或描述。具体地说,传感器融合过程如下:

(1) 多个(种)传感器独立工作获得观测数据;

(2) 对各传感器数据(RGB图像、点云数据等)进行预处理;

(3) 对处理数据进行特征提取、变换,并对其进行模式识别处理,获取对观测对象的描述信息;

(4) 在数据融合中心按照一定的准则进行数据关联;

(5) 使用足够优化的算法对各传感器数据进行融合,获得对观测对象的一致性描述和解释。

7.2.2 多传感器融合结构

根据传感器信息在不同信息层次上的融合,可以将多传感器信息融合划分为Low-level融合、High-level融合和混合融合结构。其中,Low-level融合体系结构包括数据级融合和特征级融合,是一种集中式融合结构;High-level融合体系结构是一种决策级别融合,可以是集中式融合或者分布式融合;混合融合结构是多种Low-level和High-level融合结构组合而成。

1. Low-level 融合

Low-level融合体系结构是一种较低信息层次上的融合,是集中式融合结构。集中式融合结构将各传感器获得的原始数据直接送到数据融合中心,进行数据对准、数据关联、预测等,在传感器端不需要任何处理,可以实现实时融合,其结构如图7-1所示。集中式融合结构具有较高的融合精度,算法灵活。但是其对处理器的要求高,计算量大,成本较高。另外,其数据流向单一,缺少底层传感器之间的信息交流,可靠性较低,实现难度较大。

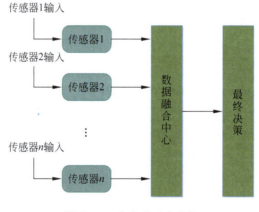

图7-1 集中式融合结构

1) 数据级融合

数据级融合又称为像素级融合,是最低层次的融合,直接对传感器的观测数据进行融合处理,然后基于融合后的结果进行特征提取和判断决策,其结构如图7-2所示。经过数据级融合以后得到的图像不论是内容还是细节都会有所增加,如边缘、纹理的提取,有利于图像的进一步分析、处理与理解,还能够把潜在的目标暴露出来,有利于判断识别潜在的目标像素点的操作。

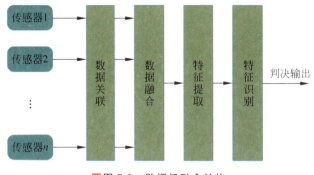

■ 图 7-2 数据级融合结构

数据级融合处理的数据是最底层融合,精确到图像像素级别的,但其计算量大、处理所耗费的时间成本巨大,不利于实时处理;另外,其在进行数据通信时,容易受不稳定性、不确定性因素的影响;最后,其处理过程都是在同种传感器下进行,无法有效地处理异构数据。

根据融合内容,数据级融合又可以分为图像级融合、目标级融合和信号级融合。图像级融合以视觉为主体,将雷达输出的整体信息进行图像特征转化,与视觉系统的图像输出进行融合;目标级融合是对视觉和雷达的输出进行综合可信度加权,配合精度标定信息进行自适应的搜索匹配后融合输出;信号级融合是对视觉和雷达传感器 ECU 传出的数据源进行融合,其数据损失小、可靠性高,但需要大量的计算。

2) 特征级融合

特征级融合指在提取所采集数据包含的特征向量之后融合。特征向量用来体现所监测物理量的属性,在面向检测对象特征的融合中,这些特征信息是指采集图像中的目标或特别区域,如边缘、人物、建筑或车辆等信息,其结构如图 7-3 所示。特征级融合通过各传感器的原始数据结合决策推理算法,对特征信息进行分类、汇集和综合,提取具有表示能力及统计信息的属性特征。对融合后的特征进行目标识别的精确度明显高于原始图像的精确度。

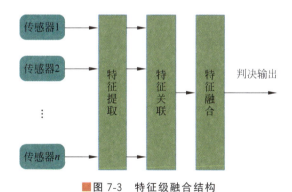

■ 图 7-3 特征级融合结构

特征级融合先对图像信息进行了压缩,再用计算机分析与处理,所消耗的内存、时间与数量级相对会减少,因此处理的实时性就会有所提高。特征级融合提取图像特征作为融合信息，不可避免地会丢掉一部分的细节性特征，因此，对图像匹配的精确度的要求没有数据级融合高，但计算速度比数据级融合快。

根据融合内容，特征级融合又分为目标状态信息融合和目标特性融合两大类。其中，前者是先进行数据配准，以实现对状态和参数相关估计，更加适用于目标追踪。后者是借用传统模式识别技术，在特征预处理的前提下进行分类组合。

2. High-level 融合

High-level 融合体系结构是一种较高语义层次上的融合，可以是分布式融合结构或者集中式融合结构。分布式融合结构在各独立节点都设置相应的处理单元，在对各个独立传感器所获得的原始数据进行局部处理的基础上，再将结果输入到数据融合中心，进行智能优化、组合、推理来获得最终的结果，其结构如图 7-4 所示。分布式融合结构计算速度快、延续性好，在某一传感器失灵的情况下仍可以继续工作，可靠性更高。分布式融合结构对通信带宽的需求低，适用于远距离传感器信息反馈，但在低通信带宽中传输会造成一定的损失，精度降低。

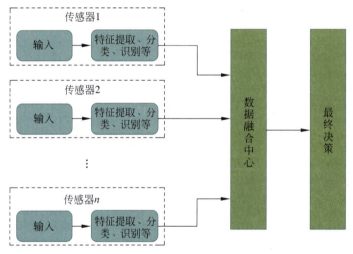

■ 图 7-4 分布式融合结构

集中式融合结构如图 7-5 所示，根据不同种类的传感器对同一目标观测的原始数据，进行一定的特征提取、分类、判别，以及简单的逻辑运算，然后根据应用需求进行较高级的决策，获得简明的综合推断结果，是高语义层次上的融合。

3. 混合式融合结构

混合式融合结构是由多种 Low-Level 和 High-Level 融合结构组合而成，如图 7-6 所示，部分传感器采用集中式融合方式，其余的传感器采用分布式融合结构，兼有二者的优点，能够根据不同需要灵活且合理地完成信息处理工作。但是，混合式融合方法的结构复杂，对结构设计要求高，加大了通信和计算上的代价。

4. 三种融合结构的比较

基于精度、通信带宽和可靠性等方面，将分布式、集中式、混合式结构融合方法进行比较，如表 7-1 所示。

第 7 章 多传感器融合

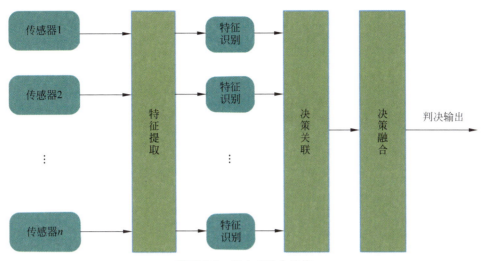

■ 图 7-5 集中式融合结构

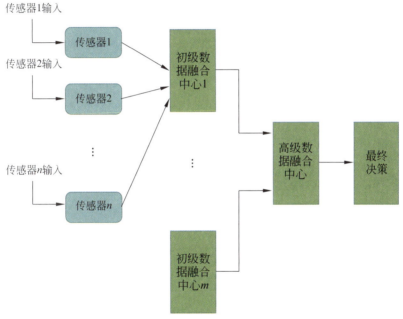

■ 图 7-6 混合式融合结构

表 7-1 三种融合结构比较

体 系 结 构	分布式	集中式	混合式
信息损失	大	小	中
精度	低	高	中
通信带宽	小	大	中
可靠性	高	低	高
计算速度	快	慢	中
可扩充性	好	差	一般
融合处理	容易	复杂	中等
融合控制	复杂	容易	中等

7.2.3　多传感器融合算法

目前,多传感器融合在硬件方面的实现并不困难,传感器标定技术已经较为成熟,其实现的关键问题在于足够优化的算法上。多传感器数据融合虽然未形成完整的理论体系,但在实际工程中,根据不同的应用背景,已经提出了很多有效并且不断优化的融合算法。

多传感器融合常用的算法大致可以分为两类:随机类方法和人工智能方法。随机类方法的杰出代表是卡尔曼滤波法(Kalman filtering),此外还有加权平均法、贝叶斯估计法(Bayesian estimation)、D-S(Dempster-Shafer)证据理论等;人工智能方法的常用方法主要有专家系统、模糊逻辑理论、人工神经网络、遗传算法等。

1. 随机类方法

1)加权平均法

加权平均法比较简单、直观,根据多个传感器独立探测的数据(有一定的冗余),乘上相应的权值,之后累加求和并取平均值,将其结果作为融合值。由此可知,加权平均法实现起来较为容易,实时性好。但是,其权值的分配和取值带有一定的主观性,过于简单,融合效果并不够理想,实用性差。

2)贝叶斯估计法

贝叶斯估计法是由 Thomas Bayes 提出的,它基于先验概率,并不断结合新的数据信息来得到新的概率。贝叶斯估计法常用于静态环境下特征层的融合,主要公式为

$$P(A_i \mid B) = \frac{P(B \mid A_i)P(A_i)}{\sum_{i=1}^{n} P(B \mid A_i)P(A_i)} \tag{7-1}$$

贝叶斯估计法在融合过程中,因传感器的输出信息有不确定性,对这些数据进行似然估计,并以条件概率表示该不确定性。在工作过程中,不断结合新数据来更新似然估计,并依概率将信息进行融合,按照一定的原则做出最优决策。贝叶斯估计法的局限性在于其工作基于先验概率,若没有先验概率,则需要通过大量的数据统计来实现,这往往要耗费大量的时间和精力。

3)D-S 证据理论

D-S 证据理论是贝叶斯估计的拓展,是一种用于决策层的信息融合方法,其三个基本要素是基本概率赋值函数、信任函数和似然函数。D-S 证据理论突破了贝叶斯估计法需要先验概率的局限,开创性地提出了置信区间和不确定区间的概念。其推论的具体过程是利用多个传感器探测到的被测物体的数据信息,并根据这些数据信息得到每个传感器对应的证据(对被测物体的支持度)。D-S 证据理论就是按照一定的原则对这些证据进行组合,并最终得到对被测物体的一致决策。D-S 证据理论不要求在未知情况下对每个事件进行单独赋值,仅将信任值(基本概览赋值)赋给信任项,先将所有不确定时间都归为未知命题,然后通过证据组合来不断缩小未知的范围,直到达到判决条件。

4)卡尔曼滤波法

卡尔曼滤波法是一种利用线性状态方程,通过系统输入输出观测数据,对系统状态进行最优估计的算法。卡尔曼滤波法能合理并充分地处理多种差异很大的传感器信息,通过被

测系统的模型以及测量得到的信息完成对被测量物体的最优估计,并能适应复杂多样的环境。卡尔曼滤波法具有的递推特性既可以对当前状态进行估计,也可以对未来的状态进行预测。

卡尔曼滤波法本质就是最小均方误差准则下的最优线性估计,因此在这里首先介绍几种最优估计方法。

估计就是根据测量得出的跟目前的状态 $x(t)$ 有关的数据 $z(t)=h[x(t)]+v(t)$ 解算出 $x(t)$ 的计算值 $\hat{x}(t)$,其中随机向量 $v(t)$ 称为量测误差,$\hat{x}(t)$ 称为 $x(t)$ 的估计,$z(t)$ 称为 $x(t)$ 的量测。因为 $\hat{x}(t)$ 是根据 $z(t)$ 确定的,所以 $\hat{x}(t)$ 是 $z(t)$ 的函数。若是 $\hat{x}(t)$ 是 $z(t)$ 的线性函数,则 $\hat{x}(t)$ 称为 $x(t)$ 的线性估计。

设在 $[t_0,t_1]$ 时间段内的量测为 $z(t)$,与之对应的估计为 $\hat{x}(t)$,则有下面三种对应关系:

若 $t=t_1$,则 $\hat{x}(t)$ 称为 $x(t)$ 的估计;

若 $t>t_1$,则 $\hat{x}(t)$ 称为 $x(t)$ 的预测;

若 $t<t_1$,则 $\hat{x}(t)$ 称为 $x(t)$ 的平滑。

最优估计是指某一指标函数达到最值时的估计。若以测量估计 $z(t)$ 的偏差的平方和达到最小为指标,即

$$\min(z-\hat{z})^{\mathrm{T}}(z-\hat{z}) \tag{7-2}$$

则所得估计 $\hat{x}(t)$ 称为 $x(t)$ 的最小二乘估计

$$\min E((x-\hat{x})^{\mathrm{T}}(x-\hat{x})) \tag{7-3}$$

若 $\hat{x}(t)$ 又为 $x(t)$ 的线性估计,则 $\hat{x}(t)$ 称为 $x(t)$ 的线性最小方差估计。

最小二乘估计和最小方差估计是最常用的估计方法。前者适用于对随机向量或常值向量的估计,其达到的最优的指标是使量测估计的精度达到最佳。在估计过程中,可以不使用与估计量相关的动态信息和统计信息,所以估计精度不高,但较为简单,对被估计量和量测误差之间的关系不做要求。后者是使均方差最小的估计,是估计方法中精度最高的。但是最小方差估计只确定了估计值在量测空间上的条件均值这一抽象关系,而条件均值的求取较为困难,所以按照条件均值来进行最小方差估计较为困难。

(1)线性离散卡尔曼滤波方程。

设 t_k 时刻,随机离散系统状态方程为

$$X_k = \boldsymbol{\Phi}_{k,k-1} X_{k-1} + \boldsymbol{\Gamma}_{k-1} W_{k-1} \tag{7-4}$$

相应的量测方程为

$$Z_k = H_k X_k + V_k \tag{7-5}$$

式(7-4)中,X_k 表示 t_k 时刻的被估计状态;$\boldsymbol{\Phi}_{k,k-1}$ 是 t_{k-1} 时刻到 t_k 时刻系统的 $n \times n$ 维状态转移阵;$\boldsymbol{\Gamma}_{k-1}$ 表示 t_{k-1} 时刻系统 $n \times p$ 维噪声驱动矩阵;W_{k-1} 表示 t_{k-1} 时刻系统激励噪声。式(7-5)中,Z_k 表示 t_k 时刻的量测;H_k 表示 t_k 时刻 $m \times n$ 维量测矩阵;V_k 指的是 t_k 时刻的量测噪声。这里,系统激励噪声 W_k 和量测噪声 V_k 应具有以下性质:

$$\begin{cases} E[W_k]=0 \\ E[V_k]=0 \\ \mathrm{Cov}[W_k,V_j]=E[W_k V_j^{\mathrm{T}}]=0 \end{cases} \quad \begin{aligned} \mathrm{Cov}[W_k,V_j]&=E[W_k V_j^{\mathrm{T}}]=Q_k \boldsymbol{\delta}_{kj} \\ \mathrm{Cov}[V_k,V_j]&=E[V_k V_j^{\mathrm{T}}]=R_k \boldsymbol{\delta}_{kj} \end{aligned} \tag{7-6}$$

式(7-6)中,Q_k 和 R_k 分别是系统噪声的非负定方差矩阵和量测噪声的正定方差阵非负定的;δ_{kj} 表示克罗内克函数。

假若 X_k 和 Z_k 能分别满足上述状态方程和相对应的量测方程,W_k 和 V_k 能同时满足式(7-6),则 k 时刻 X_k 的最优估计值 $\hat{X}_k$ 可由以下方程递推得到:

$$\hat{X}_{k,k-1} = \boldsymbol{\Phi}_{k,k-1} X_{k-1} \tag{7-7}$$

(2) 状态估计。

$$\hat{X}_k = \hat{X}_{k,k-1} + K_k(Z_k - H_k \hat{X}_{k,k-1}) \tag{7-8}$$

滤波增益矩阵:

$$K_k = P_{k,k-1} H_k^{\mathrm{T}} (H_k P_{k,k-1} H_k^{\mathrm{T}} + R_k)^{-1} \tag{7-9}$$

或

$$H_k = P_k H_k^{\mathrm{T}} P_k^{-1} \tag{7-9a}$$

进一步预测误差方差阵:

$$P_{k,k-1} = \boldsymbol{\Phi}_{k,k-1} P_{k-1} \boldsymbol{\Phi}_{k,k-1}^{\mathrm{T}} + \boldsymbol{\Gamma}_{k-1} Q_{k-1} \boldsymbol{\Gamma}_{k-1}^{\mathrm{T}} \tag{7-10}$$

估计均方误差:

$$P_k = (I - K_k H_k) P_{k,k-1} (I - K_k H_k)^{\mathrm{T}} + K_k R_k K_k^{\mathrm{T}} \tag{7-11}$$

或

$$P_k = (I - K_k H_k) P_{k,k-1} \tag{7-11a}$$

或

$$P_k^{-1} = P_{k,k-1}^{-1} + H_k^{\mathrm{T}} R_k^{-1} H_k \tag{7-11b}$$

公式(7-7)~公式(7-11)即离散型卡尔曼滤波的基本方程。在假定已知系统初始估计值 $\hat{X}_0$ 和初始估计均方误差阵 P_0 的条件下,再结合 t_k 时刻的量测量 Z_k 就可以利用卡尔曼滤波方程得到系统 t_k 时刻的状态估计 $\hat{X}_k$。

2. 人工智能方法

下面主要介绍模糊逻辑理论和人工神经网络。

1) 模糊逻辑理论

模糊逻辑理论基于多值逻辑,其打破以二值逻辑为基础的传统思想,模仿人脑的不确定性概念判断、推理思维方式。其实质是将一个给定输入空间通过模糊逻辑的方法映射到一个特定输出空间的计算过程,比较适合高层次上的融合,如决策级融合。

与概率统计方法相比,模糊逻辑理论将传感器探测信息的不确定性用模糊量来表示,将数据融合变为确定输出隶属函数的位置问题,在一定程度上突破了传统概率论的局限性,使得数据融合的精度得到了较大的提高。但是,模糊逻辑推理对信息的描述具有较大的主观因素,信息的表示缺乏客观性。另外,其计算量较大,计算过程较为复杂,实时性不高。

2) 人工神经网路

人工神经网路是一种模拟人脑神经网络而设计的数据模型或计算模型,它从结构、实现机理和功能上模拟人脑神经网络。在本书的 4.2 节、4.3 节中对人工神经网络有更为深入的介绍。神经网络具有很强的容错性,很强的自学习、自组织以及非线性映射能力,能够模拟复杂的非线性映射。神经网络的这些特性使其在传感器融合系统中有极大的优势。在融合处理不完整或者带有噪声的数据时,神经网络的性能通常比传统的聚类方法好很多。

如前文提到的,在多传感器数据融合的过程中,各传感器的输出信息都存在一定程度上的不确定性,对这些不确定性信息的融合过程实际上是一个不确定性推理过程。神经网络基于大量传感器的输出信息,通过不断训练,学习更新网络权值,并且采用判定的学习算法来获取知识,得到不确定性推理机制。利用神经网络的信号处理能力和自动推理功能,就可以实现多传感器的数据融合。

目前,多传感器融合技术可以分为后融合与前融合。

7.3 多传感器后融合技术

后融合技术指的是每个传感器都独立地输出探测数据信息,在对每个传感器的数据信息进行处理后,再把最后的感知结果进行融合汇总。如摄像头会有独立的感知信息,生成一个自己探测到的目标列表,同样激光雷达也会根据探测得到的点云数据生成一个探测目标列表,最后将这些探测结果按照一种合适的算法做融合。后融合的结构如图 7-7 所示。

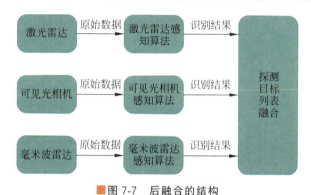

■ 图 7-7 后融合的结构

基于充足的实验,研究者们提出了很多优秀的多传感器后融合方法,本节将重点介绍其中两种算法:Ulm 大学自动驾驶项目提出的一种模块化、传感器独立的融合方法以及 Chavez-Garcia 等人提出的针对运动目标检测和追踪的多传感器融合方法——FOP(Frontal Object Perception)-MOC(Moving Object Detection)模型。

7.3.1 Ulm 自动驾驶:模块化的融合方法

Ulm 大学自动驾驶项目提出了一种模块化的、传感器独立的融合方法,它允许高效的传感器替换,通过在网格映射、定位和追踪等关键模块中使用多种传感器来确保信息冗余性。将各传感器的信息进行概率融合后,环境感知系统能够有效利用信息的冗余性和互补性,提高了系统的感知能力。

该算法主要对雷达、摄像头、激光扫描仪三种传感器的探测信息进行融合,三台 IBEO LUX 激光扫描仪安装在前保险杠上,摄像头安装在挡风玻璃后面,并配备了多台雷达。完整的传感器覆盖范围如图 7-8 所示,蓝色表示摄像头视野范围,红色表示激光扫描仪感知范围,绿色表示雷达感知范围。

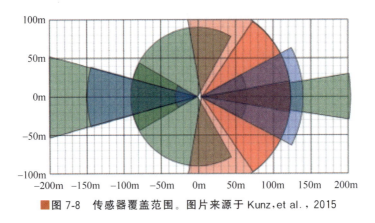

■ 图 7-8 传感器覆盖范围。图片来源于 Kunz,et al.,2015

该算法提出了一个分层模块化环境感知系统(HMEP),它包含三个感知层:网格映射、定位和目标跟踪,如图 7-9 所示。每个感知层都会进行传感器融合,并产生一个环境模型结果。除了传感器数据外,感知层还可以使用上一层的结果,其顺序是按照环境模型元素的抽象级提高的。不同感知层的结果可能是冗余的,甚至是矛盾的,因此组合模型将所有结果组合到一个统一的环境模型中。为了便于组合,每层的输出都必须包含不确定性信息,以概率作为结果。

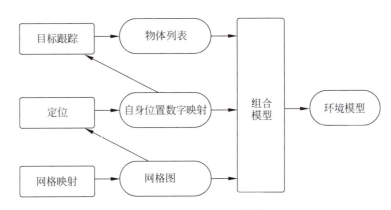

■ 图 7-9 分层模块化环境感知系统结构。图片来源于 Kunz,et al.,2015

网格映射层作为最底层,结构如图 7-10 所示。它将周围环境划分为单个网格单元,并根据经典的占用网格映射方法来估计每个单元在网格图中的占比状态,输出结果为每个单元格的占比概率。组合模块主要使用其输出信息来预测目标物体边界。具体地,基于传感器数据,逆传感器模型可以预测每个单元格占比概率,其被称为测量网格。然后,映射算法通过使用二进制贝叶斯滤波器更新测量网格的网格映射,并将多传感器数据融合到网格映射层中。

定位层融合传感器探测数据、网格层信息和数字地图,输出带有自定位信息的数字地图,结构如图 7-11 所示。具体地,在由三个激光扫描仪构建的网格图中利用极大稳定极值区域(Maximally Stable Extremal Regions,MSER)提取特征,网格图中的特征包括树干、路标等。基于特征图显示,定位层利用蒙特卡洛定位(Monte-Carlo Localization,MCL)方法来预测目标姿态。

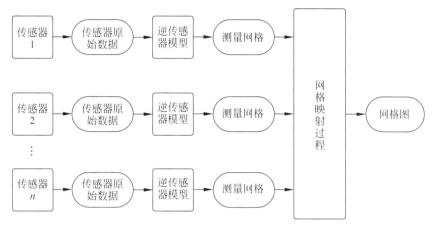

■ 图7-10　网格映射层结构。图片来源于Kunz,et al.,2015

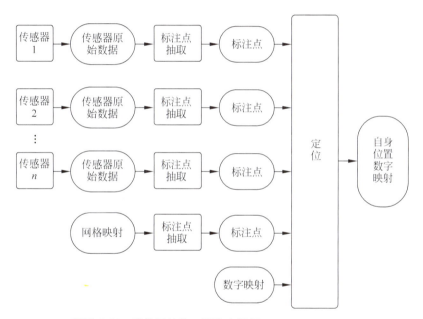

■ 图7-11　定位层结构。图片来源于Kunz,et al.,2015

跟踪层通过将雷达、摄像头、激光雷达的探测数据进行集中式融合实现对周围环境中移动物体的感知,还可以利用来自网格映射层和定位层的信息获取目标朝向、最大速度等信息,从而完成多目标跟踪任务,结构如图7-12所示。融合模块通过使用带有标签的多伯努利(Labeled Muti-Bernouli,LMB)滤波器实现,输出一个包含目标轨迹空间分布和存在概率的列表。另外,跟踪层使用DempsterShafer方法来实现传感器融合感知,能有效发挥各传感器的优势,避免因传感器的限制而导致的失败。例如,在恶劣环境中,基于视频图像的跟踪容易产生检测目标丢失的情况,而利用DempsterShafer方法能有效减少丢失目标的数目。

该算法提出,对于未来自动驾驶感知系统来说,其关键技术是在不改变融合系统核心的情况下更换传感器的能力。因此,每个感知层都提供一个通用传感器接口,其可以在不改变感知系统融合核心的前提下合并额外的传感器或替换现有的传感器。总的来说,其提出的

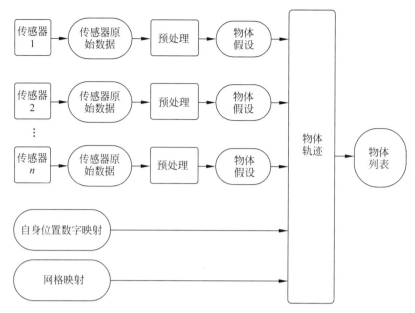

■ 图 7-12　跟踪层结构。图片来源于 Kunz，et al.，2015

模块化的结构有助于传感器的更换，并且传感器独立接口在网格映射、定位和跟踪模块的应用使得修改传感器设置不需要对融合算法进行任何调整。

7.3.2　FOP-MOC 模型

为了更加可靠地检测与跟踪以运动状态和外观信息表示的移动目标，Chavez-Garcia 等人提出了 FOP-MOC 模型，将目标的分类信息作为传感器融合的关键元素，以基于证据框架的方法作为传感器融合算法，着重解决了传感器数据关联、传感器融合的问题。图 7-13 显示了感知系统内的不同级别的融合方式，低层融合在 SLAM 模块中执行；检测层融合了各个传感器检测到的目标列表；跟踪层融合了各个传感器模块追踪目标的轨迹列表，以生成最终结果。为了避免因为检测失误导致生成错误的目标轨迹，FOP-MOC 在检测层进行传感器融合来提高感知系统的感知能力。

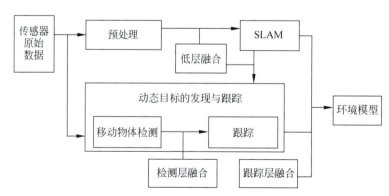

■ 图 7-13　不同级别的融合方式。图片来源于 Chavez-Garcia，et al.，2016

FOP-MOC 使用 CRF 演示器进行实验，使用摄像头采集黑白图像、雷达采集移动目标信息、激光雷达生成扫描点的二维列表。完整的传感器覆盖范围如图 7-14 所示，棕色表示摄像头视野范围，蓝色表示激光雷达感知范围，绿色表示雷达感知范围。

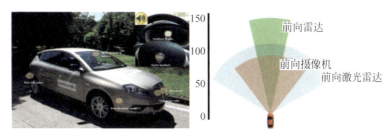

■ 图 7-14　CRF 车辆演示及传感器范围

FOP-MOC 模型结构如图 7-15 所示，融合模型的输入信息有三种，分别是雷达、摄像头和激光雷达的检测目标列表，输出结果为融合后的目标检测信息，并送入到跟踪模块中。其中雷达和激光雷达的探测数据主要用于移动目标检测，摄像头采集的图像主要用于目标分类，每个目标都由其位置、尺寸、类别假设的证据分布来表示，而类别信息是从检测结果中的形状、相对速度和视觉外观中获得的。

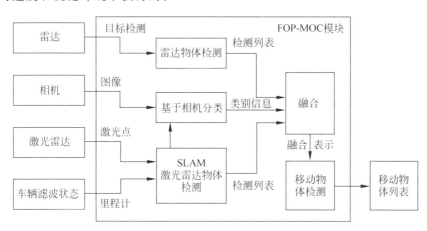

■ 图 7-15　FOP-MOC 模型结构。图片来源于 Chavez-Garcia, et al., 2016

总而言之，FOP-MOC 在检测层对雷达、摄像头和激光雷达进行传感器融合，将分类信息作为融合的关键元素，使得融合能够通过被检测对象的不同类别假设的证据分布信息来提高检测准确度，减少了误检的概率，并有益于跟踪任务的进行。

7.4　多传感器前融合技术

前融合技术是指在原始数据层面，把所有传感器的数据信息进行直接融合，然后再根据融合后的数据信息实现感知功能，最后输出一个结果层的探测目标。前融合的结构如图 7-16 所示。基于这种融合方式，仅需要设计一种感知算法来处理融合信息，这种融合信息包含着十分丰富的信息，如 RGB 信息、纹理特征、三维信息等，这样极大地提高了感知的精确度。

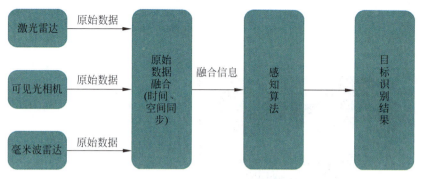

■ 图 7-16　前融合方法结构

与后融合相比，前融合在很多场景的检测精度更高，有着更为广阔的发展前景。例如，针对同一个探测目标，激光雷达探测到了其中一部分，摄像头看到了另一部分，在这种情况下，如果使用后融合方法，由于每个传感器都只探测到了目标的某一部分，而这一部分极有可能不能提供足够的信息让系统完成识别，最终就会被作为背景滤除。但使用前融合方法，融合是在原始数据层进行的，感知算法能获得此目标更多的信息，相当于该目标的两个部分都被探测到了，这样识别结果会更加可靠。也就是说，在后融合过程中，低置信度信息会被过滤掉，产生原始数据的丢失。而这些滤除掉的低置信度信息，往往能够通过对原始数据融合来提高置信度。

当前，为了实现目标检测和语义分割等功能，学者们提出了一系列性能强大的基于神经网络的融合方法，其中杰出的代表是 MV3D（Multi-View 3D Object Detection）、AVOD（Aggregate View Object Detection）、F-PointNet（Frustum PointNets for 3D Object Detection）等。

7.4.1　MV3D

MV3D 将激光雷达探测的点云数据和可将光摄像头拍摄的 RGB 图像进行融合，其输入数据为激光雷达投影的鸟瞰图（LIDAR bird view）、前视图（LIDAR front view）和二维 RGB 图像，其网络结构主要有三维区域生成网络（3D proposal network）和基于区域的融合网络（region-based fusion network），使用深度融合（deep fusion）方式进行融合，具体如图 7-17 所示。

因为激光雷达的点云数据是一个无序的数据点构成的集合，在用设计好的神经网络模型处理点云数据之前，为了更加有效地保留三维点云数据的信息，并方便处理，MV3D 将点云数据投影到了特定的二维平面，得到鸟瞰图和前视图。

图 7-17 中网络结构的第一部分称为 3D proposal network。其类似 Faster-RCNN 检测模型中应用的区域生成网络（Region Proposal Network，RPN），并在三维层面推广，其实现的一个功能就是生成目标的三维候选框。这部分功能是在鸟瞰图中完成的，因为在鸟瞰图中各个目标的遮挡较少，候选框提取的效率最好。

在提取了候选框后，其分别向三种图中进行映射，得到各自的感兴趣区域（Region of Interest，ROI），然后进入 region-based fusion network 进行融合。在融合方式的选择上，通过先对早期融合（early fusion）、后期融合（late fusion）和深度融合（deep fusion）方式对比（具体见图 7-18），最终选择深度融合方式。

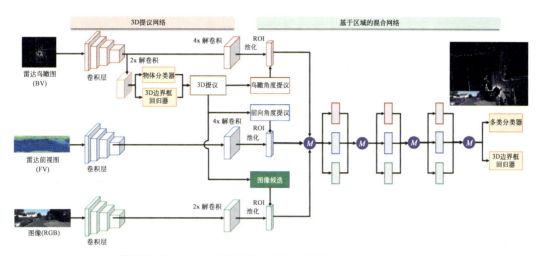

■ 图 7-17 MV3D 网络结构。图片来源于 Chen, et al., 2017

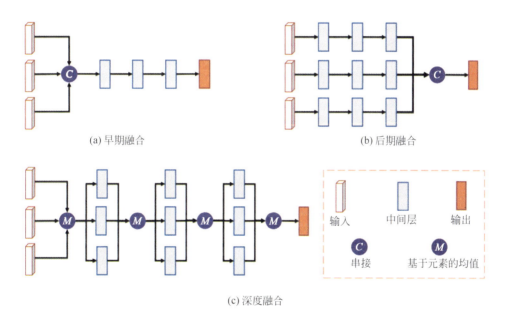

■ 图 7-18 不同融合结构对比。图片来源于 Chen, et al., 2017

对同样层数的网络，早期融合在输入阶段就将各个特征图融合起来。与之相对应，后期融合先用独立的网络提取特征，最后在决策层融合每个输出。为了从每个视角特征图中学到更多信息，MV3D 选择的深度融合方式在每一层都进行融合，采用的算法为逐点均值运算。与 Faster RCNN 相似，MV3D 最后对区域内目标进行分类并且对三维候选框回归。

7.4.2 AVOD

AVOD 是一种融合激光雷达点云数据以及 RGB 图像信息的三维目标检测算法，与 MV3D 不同的是，它的输入只有激光雷达生成的鸟瞰图（Bird's Eye View，BEV）Map 和摄像头采集的 RGB 图像，舍弃了激光雷达前向图（Front View，FV）和 BEV 中的密度特征（intensity feature），其网络结构如图 7-19 所示。

对两种输入数据,AVOD 首先进行特征提取,得到两种全分辨率的特征映射,然后输入到 RPN 中生成没有朝向的区域建议,最后挑选出合适的提议候选送入到检测网络生成带有朝向的三维边界框,完成目标检测任务。如图 7-19 所示,AVOD 存在两处传感器数据的融合:第一处是特征融合;第二处是区域建议融合。

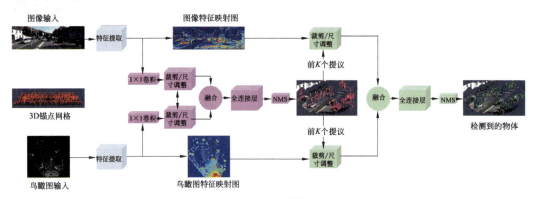

■ 图 7-19　AVOD 网络结构。图片来源于 Ku,et al., 2018

为了提高小目标物体的检测效果,AVOD 借鉴了 FPN 的思想,其特征提取网络使用了编码器-解码器(encoder-decoder)结构,如图 7-20 所示,每层解码器首先对输入进行上采样,然后与对应编码器的输出串联,最终通过一个 3×3 的卷积进行融合。该特征提取结构可以提取到全分辨率的特征映射,有效避免了小目标物体因为下采样在输出的特征映射上所占像素不足 1 的问题。最终输出的特征映射既包含底层细节信息,又融合了高层语义信息,能有效提高小目标物体的检测效果。

此外,在三维边界框的编码上,AVOD 创新性地添加了几何约束,并且起到了编码降维的作用。如图 7-21 所示,从左到右依次是 MV3D、轴对齐、AVOD 的三维边界框编码方式示意图。与 MV3D 指定八个顶点坐标的编码方式相比,AVOD 利用一个底面和高度约束了三维边界框的形状,并且只用一个 10(即 2×4+1+1)维的向量表示即可,而 MV3D 需要 24(即 3×8)维的向量表示。

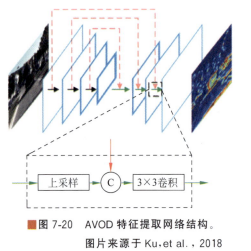

■ 图 7-20　AVOD 特征提取网络结构。
图片来源于 Ku,et al., 2018

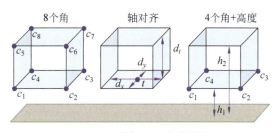

■ 图 7-21　三种边界框编码方式的对比。图片来源于 Ku,et al., 2018

7.4.3 F-PointNet

F-PointNet 是 Charles Ruizhongtai Qi 在 PointNet 系列的又一力作,不同的是,F-PointNet 结合了成熟的二维图像中的目标检测方法来对目标进行定位,得到对应三维点云数据中的视锥体(frustum),如图 7-22 所示,并对其进行边界框回归从而完成检测任务。

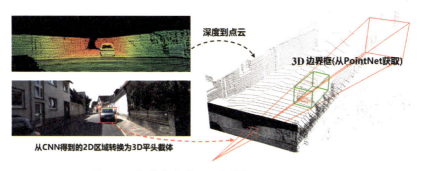

图 7-22 视锥体生成。图片来源于 Qi,et al.,2018

如图 7-23 所示,F-PointNet 整个网络结构由三部分组成:视锥体生成(frustum proposal)、三维实例分割(3D instance segmentation)和三维边界框回归(amodal 3D box estimation)。

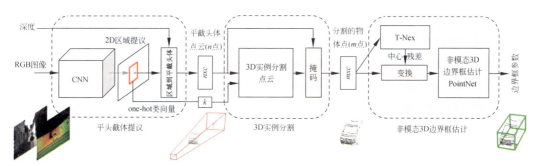

图 7-23 F-PointNet 网络结构。图片来源于 Qi,et al.,2018

与其他三维传感器产生的数据相比,摄像头得到的 RGB 图像分辨率更高,F-PointNet 充分利用了 RGB 图像的这一优点,采用基于 FPN 的检测模型首先得到目标在二维图像上的边界框,然后按照已知的摄像头投影矩阵,将二维边界框提升到定义了目标三维搜索空间的视锥体,并收集截体内的所有点构成锥体点云。由于视锥体可能有多个朝向,如图 7-24(a)所示,这将导致视锥点云有着较大的可变性,因此 F-PointNet 将其旋转至以中心视角为坐标轴的坐标系,来对视锥体做归一化,以提高算法的旋转不变性。图 7-24(a)为摄像头坐标系,图 7-24(b)为锥体坐标系,图 7-24(c)为三维掩膜(mask)局部坐标系,图 7-24(d)为 T-Net 预测的 3D 目标坐标系。

为了避免遮挡和模糊的问题,对锥体点云数据,F-PointNet 使用 PointNet(或 PointNet++)模型进行实例分割。因为在三维空间中,物体之间大都是分离的,三维分割更加可靠。此处的实例分割是一个二分类的问题,用于判断锥体内每个点是否属于目标物体。通过实例分割,可以得到目标物体的三维掩膜(即属于该目标的所有点云),并计算其质心作为新的坐标

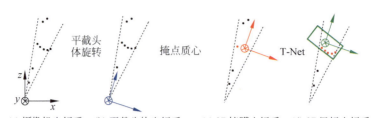

(a) 摄像机坐标系　(b) 平截头体坐标系　(c) 3D掩膜坐标系　(d) 3D目标坐标系

■ 图 7-24　坐标系转换示意图。图片来源于 Qi, et al., 2018

原点,如图 7-24(c)所示,转换为局部坐标系,以提高算法的平移不变性。

最后,对目标点云数据,F-PointNet 通过使用带有 T-Net(预处理转换网络)的 PointNet(或 PointNet+ +)模型来进行回归操作,预测目标三维边界框的中心、尺寸和朝向,如图 7-24(d)所示,最终完成检测任务。T-Net 的作用是预测目标三维边界框真实中心到目标质心的距离,然后以预测中心为原点,得到目标坐标系。

总而言之,F-PointNet 为了保证每个步骤点云数据的视角不变性和最终更加准确地回归三维边界框,共需要进行三次坐标系转换,分别是视锥体转换、掩膜质心转换和 T-Net 预测,如图 7-24 所示。

7.5　本章小结

各种车载传感器的特性各有长短,将多传感器融合可以发挥各传感器的优势,显著提高系统的容错性,是自动驾驶的必然趋势。本章主要介绍了多传感器融合的基础理论、算法以及在自动驾驶汽车上的应用技术。传感器数据融合是针对一个系统使用多个(种)传感器这一特定问题而提出的信息处理方法,可发挥多个(种)传感器的联合优势,消除单一传感器的局限性。根据传感器信息在不同信息层次上的融合,可以将融合划分为 Low-level 融合、High-level 融合和混合融合结构,其中 Low-level 融合体系结构包括数据级融合和特征级融合,是一种集中式融合结构;High-level 融合体系结构是一种决策级别融合,可以是集中式融合或者分布式融合;混合融合结构是由多种 Low-level 和 High-level 融合结构组合而成。在融合算法方面,主要分为两类:随机类方法和人工智能方法。随机类方法本章主要介绍了加权平均法、贝叶斯估计法、D-S 证据理论和卡尔曼滤波法,其中卡尔曼滤波法是最为经典并且应用最为广泛的方法。人工智能方法本章主要介绍了逻辑模糊理论和人工神经网络。目前,多传感器融合技术在自动驾驶汽车领域的应用可以分为前融合与后融合。后融合技术指的是每个传感器都独立地输出探测数据信息,在对每个传感器的数据信息进行处理后,再把最后的感知结果进行融合汇总。本章详细介绍了自动驾驶领域的两种后融合算法:Ulm 大学自动驾驶项目提出的一种模块化、传感器独立的融合方法以及 Chavez-Garcia 等人提出的针对运动目标检测和追踪的多传感器融合方法——FOP(Frontal Object Perception)-MOC(Moving Object Detection)模型。前融合技术是指在原始数据层就把所有传感器的数据信息融合到一起,然后再根据融合后的数据信息实现感知功能,最后输出一个结果层的探测目标。另外,本章介绍了三种基于神经网络的前融合方法:MV3D、AVOD、F-PointNet,它们在三维目标检测和语义分割等任务上取得了十分优秀的效果。

参考文献

[1] 崔硕,姜洪亮,戎辉,等.多传感器信息融合技术综述[J].汽车电器,2018(09):41-43.
[2] 韩崇昭,朱洪艳,段战胜,等.多源信息融合[M].北京:清华大学出版社,2010.
[3] 许德章,何去非.多传感器集成与信息融合原理[J].安徽工程科技学院学报(自然科学版),2006(02):74-78.
[4] 韩增奇,于俊杰,李宁霞,等.信息融合技术综述[J].情报杂志,2010,29(S1):110-114.
[5] 彭力.信息融合关键技术及其应用[M].北京:冶金工业出版社,2010.
[6] 仲腾.基于卡尔曼滤波的多传感器信息融合的列车定位方法研究[D].北京:北京交通大学,2018.
[7] 张志.多传感器信息融合及其应用研究[D].西安:西安电子科技大学,2017.
[8] ROY S,PETERSEN I R. Robust H estimation of uncertain linear quantum systems[J]. International of Robust & Nonlinear Control,2016,26(17):3723-3736.
[9] ADBELHAKIM A. Two-Stage Weighted Least Squares Estimation of No stationary Random Coefficient Auto regressions[J]. Journal of Time Series Econometrics,2013,5(1):25-46.
[10] 党宏社,韩崇昭,王立琦,等.基于模糊推理原理的多传感器数据融合方法[J].仪器仪表学报,2004(04):527-530.
[11] 肖雷.多传感器最优估计与融合算法[D].西安:西安电子科技大学,2009.
[12] 丁维福.多传感器信息融合理论及其在机动目标跟踪中的应用[D].西安:西北工业大学,2007.
[13] CHEN X,MA H,WAN J,et al. Multi-view 3D object detection network for autonomous driving [C]. IEEE CVPR,2017,1(2):3.
[14] LIN T Y,DOLLAR P,GIRSHICK R,et al. Feature pyramid networks for object detection[C]// proceedings of the IEEE Conference on Computer Vision and Pattern Recognition. 2017:2117-2125.
[15] REN S,HE K,GIRSHICK R,et al. Faster RCNN:Towards real-time object detection with region proposal networks[C]//Advances in Neural Information Processing Systems. 2015:91-99.
[16] QI C R,LIU W,WU C,et al. Frustum pointnets for 3D object detection from rgb-d data[C]// Proceedings of the IEEE Conference on Computer Vision and Pattern Recognition. 2018:918-927.
[17] KU J,MOZIFIAN M,LEE J,et al. Joint 3D proposal generation and object detection from view aggregation[C]//2018 IEEE/RSJ International Conference on Intelligent Robots and Systems (IROS). IEEE,2018:1-8.
[18] SONG S,XIAO J. Deep sliding shapes for amodal 3D object detection in rgb-d images[C]. Proceedings of the IEEE Conference on Computer Vision and Pattern Recognition,2016,pp. 808-816.
[19] KUNZ F,NUSS D,WIEST J,et al. Autonomous driving at Ulm University:A modular,robust, and sensor-independent fusion approach [J]. Proceedings of the IEEE Intelligent Vehicles Symposium,2015:666-673.
[20] CHAVEZ-GARCIA R O,AYCARD O. Multiple sensor fusion and classi-fication for moving object detection and tracking[J]. IEEE Transactions on Intelligent Transportation Systems,2016,17(2):525-534.
[21] NUSS D,STUEBLER M,DIETMAYER K. Consistent environmental modeling by use of occupancy grid maps,digital road maps,and multi-object tracking[J]. Proceedings of the IEEE Intelligent Vehicles Symposium,2014:1371-1377.
[22] ELFES A. Using occupancy grids for mobile robot perception and navigation[J]. Computer,1989, 22(6):46-57.

[23] MATAS J, CHUM O, URBAN M, et al. Robust wide baseline stereo from maximally stable extremal regions[C]. British Machine Vision Conference, 2002: 384-393.

[24] LABAYRADE R, GRUYER D, ROYERE C, et al. Obstacle detection based on fusion between stereovision and 2D laser scanner[J]. Mobile Robots: Perception & Navigation. Augsburg, Germany: Pro Literatur Verlag, 2007.

[25] 邹永祥. 基于神经网络的信息融合技术与应用[D]. 成都: 成都理工大学, 2008.